考 古 笔 记　疫中读书记

READING ARCHAEOLOGY

|下篇|

魂断蓝山

李 零 著

生活·讀書·新知 三联书店　生活書店出版有限公司

狐死首丘，代马依风

目录

461　下　篇　魂断蓝山
463　　Ⅰ　《史前学家柴尔德传》
523　　Ⅱ　《柴尔德的方法和理论：史前史的经济、社会和文化阐释》
561　　Ⅲ　《柴尔德：考古学的革命》
615　　Ⅳ　《柴尔德的神秘生涯：人类精神的独特显现》
667　　Ⅴ　《致命的政治诱惑：柴尔德的生平和思想》
735　附　录　柴尔德的书
756　总　结
774　后　记

下篇

魂断蓝山

青年柴尔德(澳大利亚)

《史前学家柴尔德传》*

---

* Sally Green, *Prehistorian: A Biography of V. Gordon Childe*, Wiltshire: Moonraker Press, 1981（简称 Green 1981）。Moonraker Press 已不存在。以下四部传记仿此，皆用简称。凡引用柴尔德著作，专书出处详见下篇附录，文中只注中文译名，文章出处则随文出注。

作者萨利·格林，谢菲尔德大学博士，曾任教于谢菲尔德大学经济管理学院。

1980年代有个重新认识柴尔德的运动，即所谓let-us-know-Childe-better movement，代表作有三：一是此书，二是芭芭拉·麦克奈恩的书（详下第二章），三是布鲁斯·特里格的书（详下第三章）。此书是综合性传记，以人为主，另外两种偏重思想，属于学术传记。

柴尔德的一生，学术和政治密不可分，立场不同，评价自然不同。这三本书，当年有两种评价。

彼得·盖瑟科尔（柴尔德最忠实的学生）认为，三位作者都没有讲清柴尔德与马克思主义的关系，"太学术""太中立""太仁慈"，[1]故后来有威廉·皮斯和特里·欧文的两本政治传记（详下第四、第五章）。

露丝·特林厄姆认为，格林写人，疏于思想；特里格、麦克奈恩写思想，疏于人。他说，讲学术，还是特里格的书更好。[2]

其实，作为一个完整的人，特别是柴尔德这样的历史人物，这两个方面根本分不开。五本传记最好合起来读。

此书正式出版虽比麦克奈恩书和特里格书晚一年，但写作实比二书早。如特里格书就参考过此书初稿（《柴尔德传》，1976年）。[3]格林的博士论文（《柴尔德的生平和著作》，1978年）也在麦克奈恩书和特里格书之

---

[1] Peter Gathercole, "Gordon Childe: Man or Myth?" *Antiquity*, vol. 56（1982）, pp. 195-198. 案：盖瑟科尔（1929—2010年）是柴尔德在伦敦大学考古所当所长时的学生，后任教于剑桥大学达尔文学院。

[2] Ruth Tringham, "V. Gordon Childe 25 Years after: His Relevance for the Archaeology of the Eighties," *Journal of Field Archaeology*, vol. 10, no. 1（Spring, 1983）, pp. 85-100. 案：露丝·特林厄姆是爱丁堡大学1966年毕业的博士，写作此文时是加州大学伯克利分校人类学系副教授。

[3] Sally Green, *A Biography of Gordon Childe*, Manuscript, 1976.

前。[1]所以我先谈格林。

格林，名气不如特里格大，但她的书是第一本柴尔德传，不光写人，也介绍书，也介绍思想，作为传记，内容最全面。特别是在描述生活细节和刻画人物性格方面，很生动，把人写活了。我觉得，即使今天，这本书也是一本好书。

可惜，关于作者本人，我一无所知。

申 谢

致谢名单中包括两类人：一类是老一代的著名考古学家，如布雷德伍德、伯基特、丹尼尔、霍克斯、皮戈特等；[2] 一类是柴尔德的亲友和学生，如他的老友林赛、侄女玛丽、学生盖瑟科尔等。[3] 如今，这些人多已作古，他们的回忆弥足珍重。我发现，特里格的名字也出现在这个名单中，时年44岁，算是最年轻的。特里格没见过柴尔德，也没采访过有关当事人，主要是从书本了解柴尔德。他虽推崇柴尔德，认为他对后人仍有启发，但更多代表的是新一代考古学家的看法。格林的书没有引用特里格的书。

作者说，柴尔德传难写。原因是他终生不娶，无妻无子，活着的亲

---

[1] Sally Green, *Life and Work of Vere Gordon Childe*, PhD. Dissertation, University of Sheffield, Ancient History & Archaeology; Prehistory and Archaeology, 1978。案：作者还有篇《柴尔德传略》("V. Gordon Childe: A Biographical Sketch," *Australian Archaeology*, 30:1, pp.18-25)，相当柴尔德的年谱。

[2] 布雷德伍德(Robbert. J. Braidwood)，美国考古学家。伯基特(Peggy Burkitt)、丹尼尔(Glyn Daniel)、霍克斯(C. F. C. Hawks)、皮戈特(Stuart Piggott)，英国考古学家。详下。

[3] 林赛(Jack Lindsay, 1900—1990年)，澳大利亚出生，柴尔德在布里斯班时就认识他，后来在英国也经常往来，两人是终生好友。玛丽(Mary Childe, 1913—?)，柴尔德三哥(同父异母的哥哥)Laurence 的女儿。

戚很少，朋友虽多而亲密者少，[1]自杀前，他还特意销毁了他的私人文件（信件和日记）。[2]为此，作者开始搜集一切尽可能搜集到的材料（如亲友手中保留的信件），并采访柴尔德生前的同事、学生和朋友，书中穿插着他们的回忆。

案 柴尔德关系最好的朋友：悉尼大学时期有伊瓦特，牛津大学时期有达特，布里斯班时期有林赛，回到伦敦后有克劳福德。详下。

研究历史人物，后人总是希望知道更多的生活细节（包括各种八卦、秘辛），但柴尔德却并不希望后人关注他的私人生活。他不希望别人打搅他，也不希望打搅别人，就连告别人世，也是悄然离去。

序　言

出自杰克·林赛（1900 — 1990年）。

林赛说，老乡老友，恐怕就剩他了（他的另一位老乡老友伊瓦特卒于1965年，已经不在）。[3]在这篇序言中，林赛回顾了他与柴尔德的交往和友谊。

林赛说，他与柴尔德相识是在布里斯班。早年的柴尔德，他并不了解，反而是从格林的书才略知一二。柴尔德生前，他本打算写一本讲公元4世纪不列颠非正统教派（cults of Britain）的书，献给柴尔德，一直未能写出。柴尔德死后，他另外写了本讲埃及的书，《罗马时期埃及的日常

---

[1] 作者说，柴尔德交游甚广，朋友很多，待人友善，但他终生不婚，无妻无子，性格孤僻，并且肯定，他不是同性恋，见 Green 1981, pp. 19-20。
[2] Green 1981, Acknowledgements, vii. 案：柴尔德的藏书、笔记、书信仍有不少存世，尤以伦敦大学考古研究所保存最多，威廉·皮斯对有关收藏有介绍，见 Peace 1992, pp. 335-341。
[3] 伊瓦特，详下第一章。

生活》(Daily Life in Roman Egypt, 1963)。他把此书献给柴尔德。书前的献词是用韵文写成，类似我们的诗赋，回忆当年与他同游铃鼓山(Mount Tambourine，在布里斯班以南)。他说，他俩在悬崖上的小木屋中，海阔天空，无话不谈(详下第三章)。这种记忆让他穿越时空。他说，他仿佛看见，柴尔德站在强光映射下的悬崖边，默然无语，山下五彩缤纷，一览无余，他从那里纵身一跃，"降啊降啊，直到命归黄泉。庙门洞开，金光闪闪在眼前。当你从中穿过，胜似万语千言"(xvii)。

在前言结束的地方，林赛说：

> 我一听说他死了，就断定是自杀。我意识到，他已到达人生的终点，1956年赫鲁晓夫的秘密报告对他打击太大，尽管他有很多朋友，但深陷孤独，不能自拔。我从萨利·格林的书才知道，他对澳大利亚有多么失望，以至越来越不想再活下去。
>
> 脉搏已停止跳动，他义无反顾地舍弃了自己，葬身于这片他挚爱的土地。(xvii)

案 林赛生于澳大利亚，毕业于布里斯班大学，比柴尔德小八岁。1919年，柴尔德在布里斯班就认识他。他是柴尔德的老乡老友，英国著名左翼作家，[1]参加过英国共产党。

序言的回忆分两段：一段是1919年他们在布里斯班的交往，那是柴尔德最沮丧失落的时候；一段是1945年以来他们在英国的交往，其

---

[1] 代表作有《1649》(1938)、《我们一定会回来》(1942)、《生存时刻》(1946)、《48年的人们》(1948)、《被出卖了的春天》(1953)、《涨潮》(1953)、《抉择的时刻》(1955)等。《被出卖了的春天》写艾德礼工党政府出卖英国工人阶级，有上海文艺出版社1957年和北京商务印书馆1960年姜华节译本。

中提到他俩参加共产党组织的会议。欧文书第二十章特别讲到他们的后一段交往。

柴尔德刚死，林赛就猜到他是自杀，可见相知甚深。柴尔德的死因有各种猜测，1956年受赫鲁晓夫秘密报告刺激说是其中一种，盖瑟科尔主此说。[1] 欧文称之为"冷战之殇"（详下欧文书导论）。

导　言

柴尔德的全名是 Vere Gordon Childe。Vere（桤木）是教名，Gordon（强壮的人）是母姓，Childe（公子）是父姓。Childe 与 Child 同源，有点像西周金文中的"小子"，意思是贵族子弟。皮戈特献诗称他为 Prince（见159页）。英美姓名多以第一字为教名（英式英语可省略或缩写），第二字为私名（美式英语可省略或缩写），第三字为父姓（女子多用夫姓）。他的名字则以教名加母姓加父姓。

导言前有个柴尔德父母双方的世系表。格林考证，柴尔德的双亲皆出身高贵：父系出自英国的什罗普郡，可能与住在金莱特（Kinlet）的柴尔德家族有关，母系出自英国的柯尔库布里郡，祖先可以追溯到肯穆尔城堡的肯穆尔勋爵（Lords Kenmure of Kenmure Castle），甚至英国皇室。[2]

研究柴尔德，只谈学术，不谈政治，不能理解这个人，也无法理解他的思想。他是个什么样的人？第一，他是个马克思主义者和激进左翼分子，这样的人，在当时那个左翼思潮风起云涌的时代很多，他只是其中之一。第二，他是个考古学家，在当时的考古学家中是个异类，几乎

---

[1] Peter Gathercole, "Gordon Child: Man or Myth?" *Antiquity*, vol. 56 (1982), pp. 195-198.
[2] Green 1981, p.1, 5 and pp. 20-23.

跟所有考古学家都不一样。凡是研究这段历史，谁也无法回避这一点。我们只能设身处地，将心比心，沿着他自己的思路来理解他。

作者说，柴尔德致力学术的一生，使他成为"举世公认20世纪欧洲史前学最杰出、最有影响力的学者"，但"他从未像莫蒂默·惠勒和路易斯·利基那样，成为吸引公众的大名人"(xix)。他不以擅长田野发掘方法著称，也不以引人注目的考古发现出名。"我们与其说他是考古学家，还不如说他是史前学家，他更像学者，而不是挖掘匠(digger)"(xx)。本书书名就是把柴尔德定位于"史前学家"。"史前学家"是研究史前史的学者，史前史属于广义的历史学。

作者说，"他对马克思主义哲学深信不疑，他对苏联共产主义有时会天真崇拜，这也使他疏离了他的很多同行"(xx)。

作者说，"在悉尼大学，他就读过黑格尔、马克思、恩格斯的著作。后来他对政治哲学的兴趣，唯有史前考古学的吸引力可以相比，他与他在牛津的一位伟大朋友，即优秀学者帕姆·达特分享这些兴趣。达特后来成为英国共产党的创始人和一流理论家"(xx)。

作者说，"即使在他事业的巅峰，他也依然故我，保持着他的所有怪癖"(xxi)。

作者说，"尽管很清楚，他从来不是共产党员，但他的同行却很少有人理解他沉迷马克思主义到底有多深。他很少跟他的史前学同行谈他的信仰，因此当你注意到有些评论家对其晚期著作中的这类话题横加指责时，不必大惊小怪。无论如何，他照样会坚持他对苏联的近乎孩子般的爱和他对苏联考古组织的艳羡，并且喜欢用西里尔字母在旅途中寄出的明信片上签名"(xxi)。[1]

案 柴尔德或以Childeish Professor（柴尔德式的教授）自嘲（见林赛序，xv），这是拿自己的名字开玩笑，属于Childeish joke（柴尔德式的玩笑）。Childeish与childish谐音，后者的意思是"孩子气的"。

"柴尔德的怪癖"，反映在他的衣着装束上。如作者说，柴尔德不修边幅，一条裤子可以穿20年。其典型装束是头戴宽边黑帽（乍看好像澳大利亚牧羊人的帽子，其实是购自伦敦杰明街的帽店），[2] 鼻子上架副眼镜，身穿油光发亮的黑色风衣（有时挂在臂弯，有时披在肩上），手拿烟斗，夏天常穿吊袜短裤，脚穿沉重的靴子。他的办公室里总是放着《工人日报》。红衬衫、红领带是他的左翼标志。[3]

"他照样会坚持他对苏联的近乎孩子般的爱"，"孩子般的爱"，原文作childish love，意思是天真的爱、幼稚的爱、冒傻气的爱，暗示Childeish love。

柴尔德有很多共产党朋友，他们把柴尔德当自己人，很多人误以为他是共产党员，但他从未加入。作者分析，原因可能是：第一，他较早的观点与英共路线不一致；第二，欧洲各国的共产党，数英共最弱。如1931年，柴尔德给伊瓦特的太太写信，说英共没戏，[4] 但我理解，更重要的原因恐怕是，英国是欧洲反共势力最强大的国家，如果加入英共，有可能重蹈他在澳大利亚的覆辙，断送自己的学术生涯。他是为了保护

---

[1] 俄文是用西里尔字母拼写。
[2] 杰明街（Jermyn Street），英国绅士喜欢去的"男人街"，位于伦敦西区的威斯敏斯特，卖男士名牌货。
[3] 见Green 1981, pp. 75-76。
[4] 见Green 1981, p. 41。

自己。

  这个介绍很重要。因为他死后,总是有人(主要是考古学家)不厌其烦地讨论,柴尔德是不是个马克思主义者。他们特别希望把这位20世纪最伟大的考古学家从当时的历史环境中"拯救"出来,变成一个对后人"无害"的人。

  然而,经"无害处理"的柴尔德还是柴尔德吗?

第一章

早 年

所谓"早年",指1892—1914年柴尔德在澳大利亚度过的青少年时代(1—22岁)。

1892年4月14日,柴尔德出生于澳大利亚悉尼市的一个很传统也很保守的家庭。[1]他爸爸,斯蒂芬·亨利·柴尔德(Stephen Henry Childe, 1844—1928年)是悉尼北郊圣公会汤姆斯教区的教区长。他妈妈,哈丽雅特·伊丽莎·戈登(Harriet Eliza Gordon, 1853—1910年)是老柴尔德的第二个妻子。

柴尔德是家中最小的孩子。三个同父异母的姐姐和两个同父异母的哥哥,年龄都比他大很多(大16—21岁)。[2]

---

[1] 他家是从他父母这一代才移居澳大利亚,见Green 1981, pp. 4-5。
[2] 关于柴尔德的姐姐,参看Green 1981, pp. 147-149。

柴尔德有个亲哥哥，生下不到一个月就死了。他是他妈妈唯一的孩子，妈妈对他非常疼爱。

小时候，他是个多病的孩子，[1]相貌古怪，[2]身材单薄，常受同学欺负。18岁，他妈妈死了，父亲续娶，继母给他留下的印象很糟，从此很少回家。上大学，他是住在他舅舅亚历山大·戈登（Alexander Gordon，1858—1942年）家。亚历山大·戈登是他妈妈的弟弟，他家有他的两个表弟。

1911年初，柴尔德入悉尼大学，学习古典学。他博览群书，尤喜黑格尔、马克思、恩格斯的书。他有个老师，弗朗西斯·安德森（Francis Anderson，后封Sir），就是个黑格尔专家。从此，他成为一个理性主义者，反叛家庭，厌恶宗教，总是把宗教当统治阶级愚弄民众和阻碍历史进步的力量。

柴尔德在悉尼大学有个同学叫伊瓦特（Herbert Vere Evatt，1894—1965年），年龄比他小两岁，也读马克思的书，后来是澳大利亚工党领袖，当过澳大利亚大法官、外交部长、副总理和联合国大会第三届主席。他和他太太玛丽·爱丽丝（Mary Alice Evatt，美国商人的女儿）是柴尔德的终生好友。

1913年末，柴尔德修完全部课程，成绩优异，获库珀古典学研究生奖学金（Cooper Graduate Scholarship，每年200英镑）。伍德豪斯（W. J. Woodhouse）教授鼓励他到牛津大学女王学院（Queen's College）攻读学

---

[1] 作者说，"他是个多病的孩子，有几年是在家里受教育"，见Green 1981, p. 7.
[2] 格林频频提到他的"怪脸"（odd face、odd looks），说他长相丑陋。她说，柴尔德在牛津大学有个外号，"帅哥柴尔德"（Handsome Childe），人们对他的长相印象深刻，主要是男生，而非女生，外号是男生起的，见Green 1981, p. 19.

位。此时距他赴英留学还有六个月，他想利用这段空闲时间挣点外快。他曾在格伦因尼斯（Glen Innes）的一家文法学校教书，并当过家庭教师。

1914年4月4日，柴尔德以希腊文、拉丁文和哲学头等生的成绩从悉尼大学毕业，并获悉尼大学古典学金奖和弗朗西斯·安德森教授哲学奖（紧随其后，伊瓦特也拿过这个奖）。

1914年8月，[1]柴尔德乘船前往英国。

案 作者认为，柴尔德性格孤僻，异常敏感，落落寡合，当与他小时候的经历有关。这有一定道理。

然而更主要的原因恐怕还在他后来的遭遇。他从25岁起，屡遭迫害，巨大压力来自他格格不入的政治环境和社会舆论，就像动物敏感来自杀机四伏的丛林草莽，生存本能教他不得不学会保护自己。[2]

他是个佯狂避世的人，用学术把自己包裹起来，把他的政治追求深藏在学术之中。

---

[1] 准确日期是1914年8月1日，见Irving 2020, p. 45。
[2] 林赛初见柴尔德，柴尔德给他留下的印象是谈吐文雅、语含讥讽、超然物外、深藏不露。这可能与他刚刚遭受的政治挫折有关。他回澳大利亚，受到来自其祖国和母校的政治迫害，从此学乖了，学会把自己藏得很深，见Green 1981, p. 33。

魂断蓝山

第二章

"一战"中的牛津

1914—1917年,柴尔德在牛津大学读研究生。他拜了两位名师,交了一位好友。

1914年10月,柴尔德入女王学院,攻读古典考古的文学学士学位(B.Litt),[1] 当时攻读这一学位,只有两个学生,一个是他,一个是琼·伊文思。[2] 琼·伊文思跟柴尔德没什么来往。

---

[1] 柴尔德在《回顾》一文中提到他在牛津的学位论文,沈辛成译本(附载柴尔德《历史的重建》中文本中)217—218页作"和古斯塔夫·科西纳一样,我是从比较语言学的领域进入史前史的;我开始欧洲考古学的研究是期望发现印欧语系的起源并分辨其原始文化……这一探索——很自然是徒劳的——是我在牛津大学论文的主题"。"我在牛津大学论文的主题",原文是"theme of my B. Litt. at Oxford","B. Litt."没翻,其实是文学学士(Bachelor of Literature)。

[2] 琼·伊文思(Joan Evans, 1893—1977年,后封Dame),约翰·伊文思(1823—1908年)的女儿,亚瑟·伊文思同父异母的妹妹(他比这个妹妹大42岁)。1973年和1980年,夏鼐访英见过她。当时,她是伦敦大学考古所的所长,见《夏鼐日记》1973年10月2日、8日(卷七,386、389页)和1980年5月15日(卷八,417页)。

柴尔德治古典学，出发点是philology（类似中国的小学或考据学）。他一生最想弄清的问题是印欧人的起源。他的学位论文，题目是《史前希腊的印欧人影响》(The Influence of Indo-Europeans in Prehistoric Greece)，一份也没保存下来。作者推测，"雅利安人"的话题与纳粹崛起有关，原稿恐怕被柴尔德销毁，而当时的牛津大学也没有把论文上交学校存底的规定。威廉·皮斯认为，其主要内容恐怕已经被柴尔德吸收进他的《雅利安人》。[1]

柴尔德在女王学院有好几位老师，导师是伊文思（Sir. Arthur John Evans, 1851—1941年）和迈尔斯（Sir. John Linton Myres, 1869—1954年）。当时，伊文思63岁，迈尔斯45岁，他们都是研究古典学和古典考古的大师。迈尔斯擅长语言考证和地理研究，以宏观视野和综合能力著称，对他影响最大。[2] 特里格反复强调这一点（详下第三章）。

入校不久，他参加牛津大学的费边社，认识了许多左翼朋友。其中最重要当数拉加尼·帕姆·达特（Rajani Palme Dutt, 1896—1974年）。达特生于英国剑桥，父亲是印度医生，母亲是瑞典人，当时就读于牛津大学的贝利奥尔学院（Balliol College）。他俩认识后，各自搬出各自的学院，合租一套房间，常彻夜讨论黑格尔、马克思、青铜时代和迈锡尼文明。他俩是终生好友。

这一时期，正当第一次世界大战（1914年7月28日—1918年11月11日）。英国从1916年开始征兵。当时，凡是参加反战，都会被扣上一顶"亲德分子"的帽子。柴尔德的很多朋友都因反征兵而被捕。达特参加反

---

[1] 参看Peace 1992, pp. 106-112。
[2] 柴尔德在牛津大学还有一位老师是澳大利亚出生的希腊语教授吉尔伯特·穆瑞（Sir. Gilbert Murray），这个人也比较重要，欧文书多次提到，但格林书没有提到。

征兵运动。征兵的军官说，你是印度人，我们不要你，他反而说，我是男人，我是英国人，完全符合《兵役法》的规定，宁愿被捕入狱。柴尔德也参加反征兵运动，达特入狱，柴尔德为他送行。当时，这批年轻学生的一举一动都受到英国军情五处的严密监控。[1]

1917年3月，柴尔德给澳大利亚驻伦敦办事处写信，申请回澳大利亚，信中明确表示他持反战立场，拒绝服役，如果回澳大利亚非得服役，他就不回。他是收到回国不必参军的承诺，才准备启程回国。

1917年6月，一帮反战朋友为他饯行。后来，他乘船回了澳大利亚。[2]

案 柴尔德，一生凡历三厄，第一厄是他在牛津碰上第一次世界大战。第一次世界大战完全是帝国主义狗咬狗的战争（打压冒头的德国，解体奥斯曼帝国，分裂和控制中东）。支持战争还是反对战争，对谁都是最大考验。他持反战立场。这有什么不对吗？没有，完全正确。

迈尔斯（Sir. John Linton Myres，1869—1954年），英国考古学家、历史学家、地理学家、人类学家，知识面极广，对柴尔德影响最大。他曾先后就读于温彻斯特公学、牛津大学新学院、牛津大学。早年跟皮特·里弗斯博物馆关系很密切。1895—1907年，他随亚瑟·伊文思周游希腊和克里特岛。1907年任古典考古讲师。后任利物浦大学希腊语教授和古代地理学讲师。1910年回牛津任维克汉姆古代史教授。1939年退休（70岁）。他是很多学术机构的负责人，如古物学会副会长（1924—

---

[1] 军情五处〔MI5（Military Intelligence，Section 5）〕，英国情报机关，负责国内安全，相当美国的FBI。军情六处相当美国的CIA。

[2] 准确日期是1917年8月12日，见Irving 2020, p. 80。

1929年)、希腊学会会长(1935—1938年)、不列颠科学促进会秘书长(1919—1932年)、民间学会会长和信托人(1924—1926年)、皇家人类学会会长(1928—1931年)。柴尔德的地理眼光是受惠于他。

注意,这里的迈尔斯与中篇第一章、第二章提到的迈尔斯(大骂埃及人的迈尔斯)不是同一人。他俩名不同,姓的拼写也有别(虽然中文都作"迈尔斯")。前者姓Myres,是个老头子,比柴尔德大23岁,比夏鼐大41岁;后者姓Myers,比较年轻,比柴尔德小11岁,比夏鼐大7岁。

达特始终是斯大林和苏共路线的坚定支持者。1920年,英国共产党(CPGB)成立,达特是创建者之一。1921年,他创办了《劳工月刊》(*Labour Monthly*)。1936年,他代表第三国际监督指导印度共产党,并主管过《工人日报》(*Daily Worker*)。

柴尔德在世期间,英共遭遇过两次大危机:一次是1939年苏德和约签订,英共表态(支持本国政府与德国开战)遭苏共批评,波利特(Harry Bollitt)辞去总书记;一次是1956年赫鲁晓夫在苏共二十大做秘密报告,引发匈牙利事件,英共党员大批退党,达特的表态("斯大林的错误只是太阳上的黑子")饱受批评。[1]

---

[1] 达特传有二:1.John Callaghan, *Rajani Palme Dutt: A Study in British Stalinism*, Lawrence & Wishart Ltd, 1993; 2.Panchanan Saha, *Rajani Palme Dutt: A Biography*, Biswabiksha, 2004。

第三章

澳大利亚——政治与偏见

1917—1921年,柴尔德持反战立场,参加当地的社会主义运动,卷入澳大利亚的工人运动,遭保守势力迫害。"政治"指这种政治,"偏见"指保守势力的偏见。

1917年,柴尔德回到澳大利亚。虽然,他是牛津大学培养的第一位澳大利亚古典考古学家,但从重新踏上澳大利亚土地的第一天就上了澳大利亚国防部的黑名单,受到严密监控。他找到的第一份工作是在昆士兰的马里伯勒文法学校(Maryborough Grammar School)教拉丁文,为校长、同事所不容,遭学生围攻,只好离开。[1] 11月,他在悉尼大学找到新工作,在圣安德鲁学院(St. Andrew's College)担任资深驻校导师(Senior

---

[1] 柴尔德任教马里伯勒文法学校是在他被圣安德鲁学院解聘之后而不是之前,参看 Irving 2020, pp. 117-120。

Resident Tutor），又有人向学校当局举报，校方裁决，这种危险分子不宜任教。虽然工党方面有人为他打抱不平，如新南威尔士州劳工部部长麦克凯尔（William McKell，1891—1985年）两次为他打官司，还是无济于事。事实上，由于政治立场问题，他始终受英国军情五处（MI 5）和澳大利亚国防部监控，根本不可能找到任何教职。

1918年5月31日，因上述信件，以及参加工人运动和社会主义活动，柴尔德被他的母校正式辞退，从事学术研究的路被堵死，乃投身政治。麦克凯尔同情他，帮他在昆士兰州政府找了份当秘书的工作（相当我们所谓的"入幕"）。1919年，他在布里斯班认识了杰克·林赛。林赛前言提到他俩爬铃鼓山就在这一段。

1919年8月，工党领袖约翰·斯托雷（John Storey，1869—1921年）雇他当私人秘书。

1920年4月，斯托雷当选新南威尔士州州长，正式任命他为州长秘书。

1921年9月底，柴尔德受斯托雷之命，出访惠灵顿，然后去伦敦，出任澳大利亚工党驻伦敦调研员和发言人（Research and Publicity Officer）。启程之际，斯托雷病故（10月5日）。

1921年10月15日，柴尔德从惠灵顿启程，经合恩角去伦敦。

案 柴尔德从25岁起就遭英国和澳大利亚情报部门监视，无法在大学任教，也无法从事学术研究，不得已才投身政治。从政也命途多舛，不久又被政治抛弃。他把这次回国称为"伤心之旅"，后来写成《劳工如何执政》，就是利用这段经历。现在治澳大利亚工运史者，无不奉此书为经典。

第四章

转折点

1921—1927年，柴尔德的一生发生重大转折。所谓"转折点"指他困居伦敦，绝望政治，回归学术，从此走上学术道路。

1921年12月7日，柴尔德到伦敦履新赴职。没想到，12月20日，工党败选，保守党上台，不再雇他，虽然有人说情，1922年6月4日，保守党政府还是解雇了他。

1922—1924年，他决心不回澳大利亚，留在伦敦，但到处找工作，找不到，只能靠各种临时工作（如给两位自由党议员当秘书，在工党组织的学校教书）和家里的资助为生。柴尔德精通欧洲各国语言，这段时间，他为一家名叫"科甘·保罗"（Kegan Paul, Trench, Trubner & Co., Ltd.）的出版社翻译多语种的"文明史丛书"，这对他的写作很有帮助。后来，他的成名作《欧洲文明的曙光》《雅利安人》《远古的东方》，还有后来的很多书，都是在这家出版社出版。伦敦是个世界性的文化中心。

他不但与他的左翼老朋友重聚，还认识了不少新朋友。

1925—1927年，由老师迈尔斯推荐，柴尔德找到一份全职工作。他在皇家人类学学会（Royal Anthropological Institute）的图书馆当管理员，蹲图书馆，跑博物馆，为他日后的写作积累了大量素材。此外，他认识了不少考古学家，如克劳福德，[1]如惠勒。[2]他们对柴尔德后来的发展也有重要影响。

这段时间里，柴尔德还到国外进行考察。如：

1922年，受奥地利自然历史博物馆史前部邀请，他曾前往维也纳，帮助该馆鉴定、整理文物，顺便访问中东欧各国的博物馆，特别是匈牙利和捷克斯洛伐克。

1926年，在路易斯·克拉克资助下，[3]柴尔德与达里尔·福德结伴，[4]到南斯拉夫、罗马尼亚和匈牙利考察，到处跑遗址（如贝尔格莱德附近的Vinča遗址），看博物馆，也为他的写作积累了大量素材。

这一时期，柴尔德有三部名著（柴尔德的书，传记所见，不烦详记出处，可参看下篇附录）：

---

[1] 克劳福德（O. G. S. Crawford，1886—1957年）是英国地形测量局负责考古测绘的官员。他是航空考古的先驱。后来，1927年，他创办了著名的《古物》杂志，专门发表考古新材料。1957年，他去世后，格林·丹尼尔接手这个杂志。克劳福德信仰马克思主义，是少数跟柴尔德谈得来的朋友。

[2] 当时，惠勒是威尔士博物馆馆长，后来他和他太太想办个考古研究所。1937年，他们创办了伦敦大学考古研究所。夏鼐留学英国时（1935—1941年），惠勒是伦敦博物馆馆长，兼伦敦大学考古所名誉所长。

[3] 路易斯·克拉克（Louis Colville Gray Clarke，1881—1960年），见Green 1981, p. 55，当时是剑桥大学考古和人类学博物馆的Curator。

[4] 达里尔·福德（Daryll Forde，1902—1973年），见Green 1981, pp. 40-41，当时与柴尔德曾同住卡特赖特花园（Cartwright Gardens）的布鲁姆斯伯里屋（Bloomsbury Club），成为好友。福德早年就读于伦敦大学学院地理系，导师是解剖学家和极端传播论者G. 埃利奥特·史密斯。1924年毕业，留校任解剖系讲师。1928—1930年访学美国加州大学的伯克利分校，把鲍亚士派的美式人类学（文化人类学）介绍到英国。1930—1945年任教威尔士的亚伯大学。1945—1973年任教伦敦大学学院，建美式人类学派。

1.《劳工如何执政》(1923)。写于1921—1922年，由伦敦的劳工出版社出版。这是他在澳大利亚参加工运的总结。书名，陈淳译"工党如何执政"，不妥，今改译"劳工如何执政"（理由详下第五章）。

2.《欧洲文明的曙光》(1925)。这是他的成名作，前后六版（1925、1927、1939、1947、1950、1957年）。他来自澳大利亚，对欧洲而言，是个"外来者"，但旁观者清。他为欧洲文明自豪，不是爱某一国某一族，目标是欧亚大陆西段，整个环地中海地区。

3.《雅利安人：印欧人探源》(1926)。"二战"前，英国考古学家与德国考古学家关系很密切。在《回顾》一文的开头，柴尔德承认，他的学术研究是从印欧语探源起步，与科西纳相同。[1]但同是讲雅利安人的起源，他与科西纳不同：科西纳主西方主义（Occidentalism），以德国人为雅利安人，认为雅利安人来自西北，属于欧洲的"北佬"（Nordic Race）；他主东方主义（Orientalism），认为雅利安人的摇篮可能在俄国西南，欧洲文明受近东影响。[2]1933年，希特勒上台，柴尔德与科西纳决裂，再也不提这本书，也未再版此书。

最后，作者引了一段话，作为此章结语。1965年，达特回忆，"他写信给我说，本来他会选择革命政治，但发现代价太高。他更喜欢他称为'奢侈享受'的教授身份"（57页）。[3]

案 柴尔德困居伦敦，到处找工作，穷愁潦倒，默默无闻。但这

---

[1] 科西纳（Gustaf Kossinna，1858—1931年），柏林大学考古学教授，德国史前史学会的创始人，著有《德国人的起源》。
[2] 雅利安人，意思是"血统高贵的人"（Great Man）。柴尔德反对这种虚构的"血统论"。认为人民才是"高贵的人"（Great People），见Green 1981, p. 54。
[3] R. P. Dutt, "The Pre-Historical Childe," *Times*, Supplement, 539 (1965).

段不得志的生活反而成就了他后来的学术辉煌。这些年,他缺钱,但有时间。他蹲图书馆,读了很多书,游历欧洲,看了很多遗址、博物馆,为他重归学术做了很好的铺垫。他的成名之作《欧洲文明的曙光》就是写于这一时期。最后,苍天不负有心人,他终于找到一份最适合他的工作,大学教授。

从此,他虽淡出政治,却未忘情"革命"。在他看来,他从事的工作,其实是另一种形式的"革命",即特里格说的"考古学的革命"。他的理论,要以"两个革命"说(新石器革命和城市革命)最有名。尽管有人不喜欢"革命",觉得这个词太夸张、太刺激,让人不由自主联想到他们视为洪水猛兽避之唯恐不及的那种"革命",但柴尔德是马克思主义者,他不忌讳这个词,专门用它指历史上的沧桑巨变。现在,柴尔德的"革命"已被普遍接受,甚至不断发明类似的新词,如谢拉特的"副产品革命"。[1]

达特的话很重要。各家传记都提到这段话。其最后一句,原文是 he preferred what he termed the *bios apolausticos* (fleshpots) of professional status。句中的斜体字是拉丁文,本指沉迷酒色、寻欢作乐,这里指他更享受当教授的滋味。

柴尔德当上大教授,工资很高。他喜欢美食,喜欢音乐,喜欢打桥牌,不置房产,住豪华饭店,出门开豪车,旅行坐头等车厢,难怪格拉厄姆·克拉克说,"柴尔德是全世界最布尔乔亚的人"。[2] 然而真实的他却痛恨资本主义,视金钱为粪土。1957年回澳大利亚前,他把所有财产都处理光,什么都不留。

---

[1] Andrew Sherratt, *Economy and Society in Prehistoric Europe*, Edinburgh: Edinburgh University Press, 1997.

[2] Grahame Clark, "Prehistory Since Childe," *Institute of Archaeology Bulletin*, University of London, vol. 13, pp. 1-21.

魂断蓝山

第五章

阿伯克龙比教授[1]

1927—1946年,柴尔德获得爱丁堡大学的教席,任阿伯克龙比考古学教授(Abercromby Chair of Archaeology),从事苏格兰考古研究。爱丁堡时期,世界多灾多难。1929年,大萧条。1933年,希特勒上台、法西斯横行。1939—1945年,第二次世界大战。这些灾难,全让柴尔德赶上。[1]

首先,作者花了不少篇幅讲他在爱丁堡大学的逸闻趣事,介绍他的同事和学生。[2]他在苏格兰,半年教书,半年出国,或去伦敦查资料、会朋友,如看望考古学家皮戈特夫妇,并参加一个叫Tots and Quots的聚

---

[1] 阿伯克龙比(John Abercromby,1841—1924年),苏格兰考古学家。
[2] 他在爱丁堡大学的学生有Stewart Cruden、Basil Skinner、J. H. Burns、Margaret E. Crichton Mitchell、R. B. K. Stevenson,见Green 1981, p. 62。威廉·皮斯说,这些学生只有一个以优异成绩毕业,见Peace 1992, p. 11。

餐会，[1] 参加者是一伙年轻的科学家，如祖克曼（Solley Zuckerman，动物学家）、李约瑟（Joseph Needham，化学家）、霍尔丹（J. B. S. Haldane，生物学家）、贝尔纳（J. D. Bernal，物理学家）、列维（Hyman Levy，数学家）。他年年带学生发掘，发掘过斯卡拉布雷（在苏格兰最北的小岛上）等遗址，出版过《斯卡拉布雷：奥克雷的皮克特人村庄》（*Skara Brae: a Pictish Village in Orkney*, 1931），为他赢得声誉。

其次，作者分析了柴尔德与马克思主义的关系。柴尔德很少卖弄马克思主义词句，但1949年他写过一篇文章，专谈马克思主义。这篇题为"史前史和马克思主义"（Prehistory and Marxism）的文章，本来是投给短命的《剑桥学报》（*Cambridge Journal*），30年后才由格林·丹尼尔发表，[2] 作者把它全文收录于此章。

作者提到，1930年代，伯基特的太太问柴尔德：你的哲学是什么？柴尔德说，"我想我算克罗齐主义者吧"（83页）。克罗齐是新黑格尔主义者。马克思也曾经是黑格尔学派的学生。柴尔德跟马克思、恩格斯有缘，也跟黑格尔有缘。他想用这种方式沟通马克思主义者和非马克思主义者。

最后，作者讲柴尔德对第二次世界大战的看法。1939—1945年，第二次世界大战。柴尔德痛恨希特勒，反对张伯伦的绥靖政策，主张由苏联、美国参加的国际联盟（League of Nations）维护和平，主张战后取消殖民地。

柴尔德曾三次访美（1935、1936和1939年），三次都在战前。最后一次，他从美国返回是1939年8月16日，9月3日英国对德宣战，他差点回

---

[1] 聚餐会的名字源自拉丁成语 quot homines, tot sententiae（有多少人就有多少意见），谐音 Hottentots（南非部落名），曾叫 Quottentots，最后变成 Tots and Quots (pp. 74-75)。这是文字游戏。

[2] Childe, "Prehistory and Marxism," *Antiquity*, no. 53 (1979), pp. 93-95.

不来。[1]

作者说，柴尔德不太欣赏美国的生活方式。他经常在课堂上骂美国人是"讨厌的法西斯鬣狗"(86页)，虽然他有美国朋友，如布雷德伍德。[2] 鬣狗是吃腐肉的动物，他是骂美国政府隔岸观火、袖手旁观、坐收渔利。

柴尔德也不太关注美洲考古(玛雅和印加)。他的兴趣是旧世界，是欧亚大陆西段，是欧洲和近东。他认为，美洲的考古发现是在人类进步的主流之外，属于例外。他曾跟布雷德伍德说，玛雅没有金属，没有贸易，没有交通工具，跟他说的"城市革命"不搭调(87页)。

柴尔德一辈子致力于欧洲和近东考古的年代问题。1949年，他请美国芝加哥大学的利比(W. F. Libby)教授在英国皇家学会(Royal Society)演讲。他已注意到，碳-14测年将对世界考古产生革命性的作用。[3]

案 英国的考古学讲席很少，最初只有剑桥大学的迪斯尼教授。后来有两个新的考古学讲席出现，全跟柴尔德有关。1927年，他拿到阿伯克龙比教授的位子，这是第二个讲席。1946年，他转赴伦敦大学考古所当所长，这是第三个讲席。阿伯克龙比考古学教授的位子本来是给伯基特或惠勒的，他俩都有项目在手，无法接受，柴尔德才获得这个职位。

柴尔德和通常理解的考古学家不同。他那个时代的考古学家，很多都是半路出家干中学的探险家和发掘者，如施里曼、伊文思、皮特里、卡特、吴雷、惠勒等。这类考古学家几乎都是因发现或发掘方法而出名。

---

[1] 威廉·皮斯说，二次大战前，柴尔德曾考虑移民美国，躲避战祸，见 Peace 1992, p. 26。
[2] 布雷德伍德(Robert Braidwood, 1907—2003年)，芝加哥大学的近东考古学家，曾在伊拉克发掘卡里姆·沙希尔(Karim Shahir)、耶莫(Jarmo)等遗址，探索近东农业起源。
[3] Green 1981, pp. 118-119.

柴尔德完全不同于这类考古学家。当时，考古是冷门，缺乏大学专设的考古教学和理论研究。他的贡献主要在研究，在概括，在总结，在理论。

爱丁堡19年，柴尔德经常带学生发掘，如发掘斯卡拉布雷。这是职业要求。其成果除上文所述，还有《奥克雷的斯卡拉布雷古代居址》(*Ancient Dwellings at Skara Brae, Orkney*, 1933)。

注意，他是先出书，后当考古学教授；先当考古学教授，后从事田野发掘。

第六章

爱丁堡时期的著作

这一时期的柴尔德著作，作者所述，凡11种。

第一组写作较早，属于《曙光》话题的延伸。

1.《史前的多瑙河》(1929)。[1]欧洲考古，史前重西北，古典重东南。柴尔德是古典考古出身，特别看重东南。他认为，多瑙河流域是沟通东南欧和西北欧的大通道。此书出版于1929年，但写作属于前一时期。

2.《青铜时代》(1930)。柴尔德治史前史，关注点不是旧石器，不是新石器，而是陶器和青铜器。他给欧洲文明找背景，特别看重青铜器，特别是青铜工具，属于我们常说的"文明探源"。

3.《远古的东方：欧洲史前史的东方序幕》(1928)。欧洲文明探源，

---

[1] 特里格提到"1927年，作为他后一本书研究的一部分，柴尔德参加了位于匈牙利托谢格(Tószeg)遗址的剑桥大学—匈牙利联合发掘项目(Makkay 1991)"，见《考古学思想史》(第2版)，187页。

一向有西方主义和东方主义之争。柴尔德认为，欧洲史前史是以东方为序幕，倾向后者。此书是蹲图书馆、搜集书本资料写成。

4.《远古东方新探：欧洲史前史的东方序幕》(1934)。1933年，柴尔德访伊拉克、印度，参观考古现场和博物馆，有不少新想法。他用考古新发现重写前书，而成此书。他以此书为前书第二版。此书在柴尔德的早期著作中，重要性仅次于《曙光》，此版之后又出过两版(1935、1952年)。[1]

这四本书，1、2讲欧洲，3、4讲近东。

第二组写于希特勒上台后、二次大战结束前，讨论人类创造自身，进步战胜黑暗。

1.《人类创造自身》(1936)。人类文明，盛衰兴亡，悉决于人类自身的选择。题目借自马克思、恩格斯的说法，但隐而不发，正式引用是在11年后出版的《历史》一书中。柴尔德反对各种决定论，强调历史是人类自我创造的过程。

2.《历史上发生过什么》(1942)。此书是前书主题的再一次讲述，它把欧洲史从史前一直讲到罗马帝国崩溃（本来还想包括拜占庭时期和伊斯兰时期）。[2]

3.《进步与考古学》(1944)。二次大战，希特勒大有席卷欧洲、吞并世界之势，生死存亡，面临选择，普遍悲观。此书用考古学讲社会进步，

---

[1] 格林把《远古的东方》算第一版，而以《远古东方新探》的三个版本为前书的第二、第三、第四版。此书所附书目同。

[2] 格林说，柴尔德写作此书时曾参考过海歇尔海姆（F. M. Heichelheim）的《从旧石器时代到日耳曼人、斯拉夫人、阿拉伯人民族大迁徙的古代经济史》(*Wirtschaftsgeschichte des Altertums vom Päalolithikum bis zur Völkerwanderung der Germanen, Slaven und Araber*, 1938)，但没有在书中向这位流亡剑桥的德国学者致谢，见 Green 1981, p.98。

强调光明终将战胜黑暗,有利鼓舞人心,提振士气。

4.《工具的故事》(1944)。此书是为英国共青团而作。工具跟劳动和劳动者有关,跟社会生产的发展和科学技术的进步有关,适合做考古研究。柴尔德很重视工具的研究。

这四本书,均与二次大战有关,与反法西斯有关。

第三组属于本职工作。

1.《苏格兰史前史》(1935)。写于二次大战前。

2.《不列颠群岛的史前社群》(1940)。写于二次大战中。

3.《苏格兰人前的苏格兰》(1946)。1944年,柴尔德在爱丁堡大学的莱因德讲座(Rhind Lectures)做演讲,[1]演讲题目是《前罗马时代苏格兰部落社会的发展》(*The Development of Tribal Society in Scoland in Pre-Roman Times*)。此书是据演讲内容整理而成。1941年德国入侵苏联后,英苏关系改善。英国人突然开始同情苏联,两国的交流变得比较容易,柴尔德又重新开始阅读苏联的考古材料。在这种气氛下,他尝试用马克思主义和苏联考古学的本土起源说(苏联考古反对传播论)解释苏格兰史前史。此书受苏联考古学影响,引起英国同行和苏格兰人不满。

作者说,这一时期,柴尔德的最大失误是他没有在爱丁堡大学建立自己的考古学派,带一批学生出来。他一直单枪匹马。

案 柴尔德的人生第二大厄是法西斯崛起和第二次世界大战,爱丁堡时期正好是这一段。他是坚定的反法西斯主义者,同样做得很对。

作者说,柴尔德的"两个革命"说有个发展过程。它在《远古的

---

[1] 讲座是以埃及学家莱因德(A. H. Rhind)命名。

东方》(1928年)中已初见端倪,第一次正式提出是在《远古东方新探》(1934年)中,并在《人类创造自身》(1936年)中得到详尽阐述。

"人们自己创造自己的历史"或"人们自己创造着自己的历史"是马克思的名言,见马克思《路易·波拿巴的雾月十八日》。[1]恩格斯《致瓦·博尔吉乌斯》也有此语。[2]柴尔德正式引用此语,见《历史》一书的第四部分,出处是恩格斯《致瓦·博尔吉乌斯》(中文译本旧误作《致亨·施塔尔肯堡》)。

通常,考古学家认为,柴尔德对考古学的贡献主要是上述第一组作品,第二组作品只是他的通俗著作,第三组作品只与苏格兰史前史有关。注意,这一时期,柴尔德还出版过《史前的苏格兰》。

其实,柴尔德本人最看重而且对世界影响最大,反而是他的第二组作品。

语曰:得学生者得天下。柴尔德不是靠学生出名,而是靠他的思想和著作出名。

---

[1]《马克思恩格斯全集》第二版,第8卷,117—227页。
[2]《马克思恩格斯全集》第二版,第39卷,198—201页。

第七章

考古研究所

1946—1956年，柴尔德任伦敦大学考古研究所所长。[1]这一章，作者也讲了不少同事和学生的逸闻趣事。[2]

伦敦大学考古所是1937年由莫蒂默·惠勒（Sir. Mortimer Wheeler，1890—1976年）和他的妻子韦尔内·惠勒（Tessa Verney Wheeler）创建。"二战"中，惠勒在军中服役，凯瑟琳·肯尼恩（Dame Kathleen Kenyon，1906—1978年）曾代理所长职务，她是发掘耶利哥古城的大名

---

[1] 布鲁斯·特里格《柴尔德》173—174页提到，这一时期，柴尔德将其余生花在了研读考古报告、参观欧洲和近东的博物馆与考古遗址上，1946年圣诞节，他用了数周时间与约翰·加斯唐（John Garstang）发掘土耳其梅尔辛（Mersin）遗址。

[2] 柴尔德在伦敦大学考古研究所学生有Paul Ashbee、John Alexander、Humphrey Case、Peter Gathercole、Henry Hodges、Sinclair Hood、Alison Ravetz、Nancy Sandars、Isobel Smith。见Green 1981, p. 110。据皮斯说，他们当中，只有Peter Gathercole和Alison Ravetz是左翼，其他都是保守派，见Peace 1992, p. 13。

人。1946—1947年，柴尔德当所长的头两年，惠勒在印度当考古总监，1948年才重返英国，加入伦敦大学考古所。惠勒、肯尼恩、柴尔德是这个所的核心人物。作者曾比较惠勒和柴尔德。她说，柴尔德不会当领导，全靠秘书办事。惠勒与之相反，他是英国最著名的田野考古学家，"二战"中当过军官，他有管理才能，霸道不容人，容易树敌，喜欢出风头，经常上电视。[1]

此外，所中还有佐伊纳(F. E. Zeuner，研究环境考古)、康沃尔(Ian Cornwall，研究骨器，当过所秘书)、皮多克(Edward Pyddoke，康沃尔之后的所秘书)、科德林顿(K. de B. Codrington，研究印度考古)、马洛温(Sir. Max Mallowan，尼姆鲁德的发掘者)和他的妻子阿加莎·克里斯蒂(Agatha Christie)。阿加莎是柴尔德的牌友，经常一块儿打桥牌，其悬疑小说，名气很大。[2]

这十年正当冷战时期，美苏对抗，让柴尔德重新思考人类命运。他的很多新书，仍在思考旧作中提出的问题，既是历史研究，也是现实关怀，有着一以贯之的追求。

这一时期，柴尔德是史前学界公认享有国际声誉的领军人物，但他对社会主义的政治活动，依旧兴致不减。

柴尔德是很多左翼活动的参与者(背着他的考古界同行)。

1. 1952年，英国马克思主义历史学家创办《古今》期刊(*Past and Present*)，他是编委会成员。

2. 1941—1957年，他是理性主义者出版协会(Rationalist Press Association)的荣誉审稿人。这是个提倡思想自由和世俗化的组织。

---

[1] 见Green 1981, pp. 107-109。
[2] 见Green 1981, p. 106。

3. 1950年代早期，他是《现代季刊》(*The Modern Quarterly*)杂志的编委会成员，李约瑟也是。达特是编委会主席。这个杂志是1938年创刊，后更名《马克思主义季刊》(*Marxist Quarterly*)。[1]虽然，这一刊物并非英国共产党的正式宣传品，但越来越朝这一方向走。编委会经常在国王街的共产党总部开。开会时，柴尔德总是一言不发。

4. 1950年代，他是科学工作者协会(Association of Scientific Workers)执行委员会的委员，并一度担任副主席。1939—1946年，他还担任过爱丁堡分会的主席。

柴尔德亲共亲苏，对苏联、东欧和中国的考古很有兴趣。

他是英苏文化关系委员会(Society for Cultural Relations with U. S. S. R.)的委员和爱丁堡分会主席。他曾三次访苏，最后一次是1953年。这一次，他从伦敦，经布鲁塞尔、布拉格、明斯克，前往苏联，访问过莫斯科、列宁格勒(今彼得堡)、塔什干、斯大林纳巴德(今杜尚别)。1956年，他曾邀请苏联考古学家托尔斯托夫(S. P. Tolstov)和阿尔茨霍夫斯基(A. V. Artsikhovsji)访英。

他喜欢匈牙利。1955年9月，他参加过匈牙利科学院在布达佩斯召开的考古会议。

他也喜欢捷克，特别是布拉格。1956年，他曾请捷克考古学家伊吉·内乌斯图普尼(Jiří V. Neustupný)访英。

有件事，作者没提，柴尔德跟中国也有缘。他是英中友好协会(Britain-China Friendship Association)的副主席，主席是李约瑟。[2]朝鲜

---

[1]《马克思主义季刊》，英国共产党的刊物，1937年创办，1938年改名《现代季刊》，1950年恢复旧名。
[2] 见石兴邦为《中国大百科全书》考古学卷撰写的词条：柴尔德(59页)。中苏分裂后，李约瑟与亲苏的该会决裂，另外成立英中了解协会(The Society for Anglo-Chinese Understanding)，任该会主席。

UNIVERSITY OF LONDON
INSTITUTE OF ARCHAEOLOGY
INNER CIRCLE, REGENT'S PARK,
LONDON, N.W.1.
Tel.: WELbeck 1697

Director:
PROFESSOR V. G. CHILDE,
D.Litt., D.Sc., F.B.A.

1/4/52

Dear Colleague,

Though essentially an European prehistorian, I always try to remember the cultural unity of Eurasia going back into prehistoric times and so to keep myself informed of the discoveries of Chinese colleagues relating to the earlier periods. I was therefore delighted by an article in China Reconstructs, 1952, 4 which, though essentially popular allows one to recognize both the immense scientific importance of the recent discoveries and the superb technical skill with which they have been excavated. Particularly strikingly was this demonstrated by a photograph "remains of chariots and horses of the Warring States period" from a tomb at Liuliko near Hueihsien. To me it was of special interest since I am working on early vehicles (see enclosed paper) But excellent though the photograph is it does not settle one crucial point and my friend Dr. Joseph Needham suggests you might be willing to advise me thereon. I gather that in Yin times horses were harnessed as in Western Asia on either side of a central POLE while by Han times a pair of shafts had already been introduced. What I should like to know is whether POLE or SHAFTS were used in these earlier Warring States chariots. The photograph suggests POLES, but it does not seem quite certain. No photograph of the tomb would be likely to show this, but it can be explained in a word.

It would be nice too to have a print of the excellent photograph for reproduction in an English archaeological periodical as a concrete demonstration of the high technical level of Chinese excavations attained even when our colleagues are threatened so badly by the aggression of American imperialism.

With warm congratualtions,
yours very truly,
B.F. Young
V. Gordon Childe.

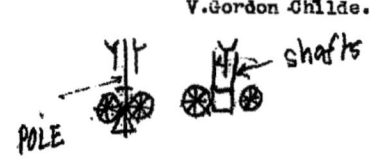

POLE   shafts

柴尔德致王振铎信
(柴尔德请李约瑟转郭沫若,
李强提供)

魂断蓝山

战争，李约瑟支持中、朝，谴责美国，使他饱受攻击。1952年11月1日柴尔德致王振铎信说："当我们的同人们受到美帝国主义侵略的严重威胁时，倘若能有一张很好的照片，翻印在英国的考古期刊上，作为中国考古发掘达到高度技术水平的具体说明，那也是好的。"[1]可见他的政治立场与李约瑟相近。

他不但不介意与"铁幕"后面的国家来往，还很热衷。

柴尔德与达特保持着终生友谊。达特曾与柴尔德商量，为《家庭、私有制和国家的起源》出个英译注释本，柴尔德用考古材料做注，他写序言，但计划流产。[2]柴尔德读这本书，第一印象是，它"太过时"，"充满无谓的争论"，但最后承认，"恩格斯有恩格斯的贡献，他比他大段抄袭的摩尔根的话讲得更好，因为他确实了解德国的历史和考古。在某些方面，他相信，恩格斯确有远见卓识，例如他主张，青铜工具并不总是代替石制工具，这一事实一直被他的同代人和更晚近的调查所忽略"（120—121页）。

作者讲达特，有段话很重要。1956年，赫鲁晓夫秘密报告和匈牙利事件对英国共产党造成巨大冲击。当时，世界各国的共产党人都有一种被突然抛弃的感觉，令他们的领导者无所适从。我想把这段话翻译如下：

> 1921年，达特创办了一份叫《劳工月刊》的左翼杂志，一办

---

[1] 王木南、李强《柴尔德与王振铎关于河南辉县琉璃阁墓中出土车制的询复信件》，《中国科技史杂志》第28卷第1期（2007年），47—49页；王木南、李强《柴尔德与王振铎关于河南辉县琉璃阁墓中出土车制的询复信件译读》，《华夏考古》2007年3期，138—141页。案：西方的各种柴尔德著作目都未收此信。

[2] 格林未讲计划流产的原因，其实是意见不合，参看Irving 2020, pp. 290-291。

就是50多年，柴尔德给它写过一篇即兴的文章。1956年，匈牙利共产党领导遭暴乱威胁，求助于苏联。呐喊声随这一行动和赫鲁晓夫攻击斯大林主义而起，共产党深陷危机之中。接连数月，达特在英国成为众矢之的。他在《劳工月刊》五月号发表了一篇臭名昭著的文章，声称斯大林的错误只不过是"太阳上的黑子""只会让密特拉崇拜者（指太阳神崇拜者——零案）大吃一惊"。柴尔德借《劳工季刊》创办35周年庆，在该刊1956年7月号上表达了他和达特持续多年的友谊。他自告奋勇换下赞美达特的致敬辞，改讲他跟达特在牛津的交往，以及后来他朋友担任该刊主编时的工作。

不过，柴尔德的言论并不包含他对达特为斯大林辩护的任何谴责。苏联入侵匈牙利使世界共产主义运动深陷危机，导致大批党员退党。《新政治家》刊登了一封由共产党领导和前共产党员签名的著名信件，声明与苏联一刀两断。柴尔德没有参加签名，他后来解释说，他之所以这样做，是不愿令其毕生的敌人称心如意。尽管他仍然相信共产主义，那仍然是他的理想，但他还是为苏联的行动深感不安，不再相信苏式共产主义。他为1956年的事件震惊不已，因为之前他羡慕苏联。他去苏联是想了解其长处，他是苏联政府的贵宾，他被精心安排正好可以看到这些，虽然他也不会无视其缺点。（121页）

柴尔德并未背弃他的朋友和信仰。

11月20日，他给他的表弟亚历山大·戈登写信，讲到他的不快：

1956年的世界形势显然令人不快——但未必比公元前1956年乌尔王舒尔吉（一个穷兵黩武的王——零案）治下的情况更糟糕。紧随其后，你想不到还有什么比封锁苏伊士运河更愚蠢到家，它让英国在印度和中东不受欢迎。我并非因喜欢苏联才为匈牙利事件深感不安（一年前我刚好在那儿），我是担心我在匈牙利国家博物馆的可爱同行，以及馆中经科学发掘无可替代的珍宝[绝大多数尚未发表]。当然，你不必相信你读到的东西——哪怕是《工人日报》的消息。（122页）

当整个西方世界都在谴责苏军用武力平定匈牙利事件(1956年10月23日至11月4日)时，他特意提到另一个入侵事件，即英、法和以色列入侵埃及(10月29日—11月6日)。

案 丘吉尔是"铁幕"一词的发明者（就像"洗脑"一词是美国特工发明）。"铁幕"是西方制裁的结果，不是被制裁者的选择。西方从外面给苏联上把锁，把苏联困在里面，反而说苏联自己把自己锁在里面，威胁到西方的安全。这是典型的西方话术。

柴尔德一生凡历三厄，20世纪的三次大战全都让他赶上了。这三次大战，全都是西方发动，每一次战争都是下一次战争的祸因。

"一战"是不义之战，并非"公理战胜"。英、法、美东联俄国，夹击德、奥、土，德、俄死人最多，受创最深，逼出"十月革命"和后来的法西斯。奥匈帝国和奥斯曼帝国解体，也导致中东欧和中近东地缘格局的整体洗牌，英国利用"白俄"余孽，发起协约国武装干涉（注意：类似如今的北约东扩),[1]想把饱受战祸、满目疮痍、看似不堪一击的苏维埃政权扼杀在摇篮之中,竟然宣告失败。

"二战",德、意、日崛起,希特勒利用经济大萧条以来人们对资本主义的普遍失望和德国战败的屈辱悲情,反犹反苏反共,英、法绥靖,纵容德国,希望祸水东引,反噬其身,最后反而与苏联结盟,才打败德、意、日。战争结果,苏、中、德受创最深。英国衰落,李代桃僵,躲在英国背后的美国成了最大的赢家。

冷战,其实是由英国怂恿美国发动(北约成立在前,华约成立在后)。美国联合其昔日的盟友,接收所有战败国和伪政权,于"二战"刚刚结束就发动了这场战争,它不再是以往理解的那种列强争霸战,而是以反苏反华反共为中心(加上"反民族主义""反恐怖主义"的话术),围剿全世界的战争。只不过手段更高明。它以军事围剿为后盾、经济制裁为杠杆,利用双重施压,造成被围剿国一穷二乱。老百姓怕穷,知识分子怕言论不自由,西方最喜欢拿这两件事做文章,随时随地,寻找借口,策动军事政变,操纵街头革命,使用一切可能采用的手段,公开的和隐蔽的,合法的和非法的,比前两次世界大战更具综合性、整体性和欺骗性,更加杀人不见血,杀人不见人。

这些战争,特点是"总体战"(Total War)。克劳塞维茨的名言"战争是政治的继续"就是"总体战"的核心。鲁登道夫总结"一战"经验,用这个题目写过书。其实"一战"以来,西方列强都是动员其综合国力,

---

[1] 这一历史事件,或称"十四国武装干涉"。据徐天新《评"十四国武装干涉苏俄"及其他》(《历史教学问题》2004年第3期)考证,所谓"十四国武装干涉",其实出自丘吉尔,本是顺嘴一说,同样,列宁电文批注中的英、美、法、意、日、芬兰、爱沙尼亚、拉脱维亚、立陶宛、乌克兰、波兰、格鲁吉亚、阿塞拜疆、亚美尼亚也是他对丘吉尔说的猜测。其实,当时参加者还有德国、捷克、罗马尼亚、希腊、土耳其等国,不止十四国。

用政治、外交、经济、科技、情报、舆论等多种手段打仗。这种特点，冷战更突出。

现在，我们仍然生活在冷战的阴影下，或更准确地说，我们仍生活在冷战之中，尽管西方把苏东巨变后的时代叫"后冷战时代"。

冷战，柴尔德依然是坚定的反对者。他始终属于左翼，没有背叛朋友，没有背叛信念(请与奥威尔对比)。他首先是个执着的马克思主义者，其次才是非凡的考古学家。

第八章

最后十年的著作

作者说，二次大战后的十年，在柴尔德早期著作的影响下，新一代史前学家正在悄然崛起，作者提到五个人：牛津大学的霍克斯、剑桥大学的克拉克和希格斯、爱丁堡大学的皮戈特和伦敦大学的葛莱姆斯。[1]

柴尔德出任伦敦大学考古所所长，发表《考古学与人类学》，强调考古学与人类学（或民族志学）互补，就像古生物学与动物学互补。[2]

这一时期的柴尔德著作，作者所述，凡七种。

---

[1] 霍克斯(Cristopher Hawkes, 1905—1992年)，"二战"前在不列颠博物馆工作，"二战"后任牛津大学的欧洲考古讲席教授，柴尔德对他评价很高。克拉克(John Grahame Douglas Clark, 1907—1995年)，剑桥大学的第八位迪斯尼讲座教授(1952—1974年)，长于史前社会的经济研究和环境研究。希格斯(Eric Higgs, 1908—1976年)，剑桥大学古代经济学派的代表，长于"遗址资源域分析"(site catchment analysis)。皮戈特(Stuart Piggott, 1910—1996年)，柴尔德在爱丁堡大学的继任者。葛莱姆斯(W. F. Grimes, 1905—1988年)，柴尔德在伦敦大学的继任者。参看Green 1981, pp. 128-129。

[2] Childe, "Archaeology and Anthropology," *Southwestern Journal of Anthropology*, vol. 2, no. 3 (1946), pp. 243-251.

第一组写于冷战初期，讨论历史理论。

1.《历史》(History, 1947)。此书是《古与今》丛书的第六种，丛书作者一半是马克思主义者。书中评点各种历史理论，如斯宾格勒的西方没落说（属退化论）和汤因比的21种文明并行说（排斥传播论），独宗唯物史观。其第七章不仅引用马、恩、列、斯，并以"一位当今的大政治家已经成功预见到世界历史发展的进程"作全书结语，所谓"当今的大政治家"指斯大林。丛书美国版，本来签约Barnes and Nobles，被查禁。1953年的Henry Schuman版，作者被调整（如加进持保守立场的格拉厄姆·克拉克）。柴尔德名气太大，仍保留，但题目被改成《什么是历史》（假装是另一本书），第七章引用的马、恩、列、斯被删。[1]

2.《社会进化》(Social Evolution, 1951)。1947—1948年，柴尔德在伯明翰大学举办讲座，此书是据讲授内容整理而成。进化论强调本土起源，传播论强调入侵、迁徙。战前和战争中，他讲进化论，是为反法西斯，战后重申传播论，回到老观点。柴尔德重大局观，认为两者互补，并非势若水火，讲大局，他更倾向传播论，属于适度的传播论者。

3.《欧洲的史前迁徙》(Prehistoric Migrations in Europe, 1950)。1946年，柴尔德在奥斯陆大学人类文化比较研究所(Instituttet for Sammenlignende Kulturforskning)举办讲座（凡十次），此书是据讲授内容整理而成。迁徙与传播有关。区域文化，每一区域都有自己的源头，但多源汇聚到一块儿，不能不讲互动。讲互动，就有传播。柴尔德是有条件的传播论者。

此外，1949年11月，柴尔德为弗雷泽讲座(Frazer Lecture)做过一场题为"巫术、手艺和科学"的演讲。他一向把巫术类的东西视为阻碍科

---

[1] Peace 1992, pp. 220-233.

学发展的消极因素，而把手艺视为科学的基础。

第二组属于柴尔德最后的著作。

1.《重缀过去：考古材料的阐释》（1956）。此书是据柴尔德在伦敦大学考古所的授课内容整理而成。柴尔德认为，考古材料是用来阐释历史。考古有助理解古人的思想。古人的思想分两种：一种与研究经济、社会有关，与实用科学有关，这类思想可用考古材料研究；另一种是作器者的动机、情感，多属无知妄想，这种东西根本留不下来，没法研究，也没必要研究。

2.《考古学导论》（1956）。这是一部通俗著作。特里格《柴尔德》除注文偶见，未提此书。

3.《社会与知识》（1956）。这是柴尔德唯一的哲学著作，在美国出版。柴尔德说，"尽管有麦卡锡"，此书竟然在美国出版（138页）。在这本写给美国人的书中，他不讲马克思主义（麦卡锡时代，绝对不能讲），也不讲考古，主题是认识论（epistemology），试图折中涂尔干的理论与马克思主义。[1]

4.《欧洲社会的史前史》（1958）。这是柴尔德的绝笔之作，死后才出版。话题返回其成名之作，反思《曙光》提出的老问题：野蛮的欧洲为什么会后来居上，超过它的老师，古老的东方？他的解释是，东方极权，从事冶金业的工匠来到欧洲，要比在东方更自由，因此欧洲青铜时代有自己的特色。柴尔德在《曙光》第六版序中说，霍克斯在1940年就已指出这一点。格林指出，柴尔德在《曙光》一书中早就这样讲，他好像忘

---

[1] 柴尔德写给他表弟亚历山大·戈登（Alexander Gordon，与柴尔德的舅舅同名同姓）的信，见 Green 1981, p. 138 引。

了。霍克斯发表过类似看法，但没有回答为什么会如此，柴尔德在他的这部绝笔之作中试图回答这一问题。[1]

案 《欧洲社会的史前史》是他的绝笔之作，死后才出版。他自认为找到了他毕生追求的最后答案。但作者说，柴尔德的解释仍建立在假设之上。

我认为，柴尔德毕生关心的问题与"李约瑟问题"是一类的问题，他们都想弄清，为什么不是其他文明，唯独欧洲文明后来居上成为横绝四海的文明。用现在时髦的说法表示，就是"欧洲文明的基因"是什么，或当代资本主义的起源是什么。

欧洲有个古老偏见：西方自由，东方专制。他们把地方自治和个人自由叫自由，把国家干预叫专制。19世纪，欧洲流行亚细亚生产方式说，也叫东方专制主义说，马克思从黑格尔那里继承了这一说法。

极权主义（totalitarianism）是20世纪的新说法。字面含义类似我国的"大一统"。其发明者是乔瓦尼·金蒂利（Giovanni Gentile，1875—1944年）。金蒂利是意大利新黑格尔主义哲学家，墨索里尼的教育部部长，1944年被意大利共产党杀掉。汉娜·阿伦特也用这个词兼指法西斯主义和共产主义，"二战"后它发展成西方洗脑术的基础概念。

历史上的意大利，除罗马帝国，没有统一国家。从马基雅维利到克罗齐到金蒂利到葛兰西，统一国家一直是意大利人共同关注的话题。欧洲长期四分五裂，没有统一国家，因而有强烈的反"大一统"传统，但反专制主义变成泛专制主义。

---

[1] 见Green 1981, pp. 139-140。

柴尔德在《回顾》一文中说，他是从海歇尔海姆的《从旧石器时代到日耳曼人、斯拉夫人、阿拉伯人民族大迁徙的古代经济史》接受这一概念。柴尔德不仅用这个词指近东各国（"东方专制主义"）和解释东西方差异，也用这个词指德国的法西斯主义和苏联的社会主义。其实，这是完全不同的三种历史现象。

柴尔德的答案不一定对。其"东方极权"说仍带有古典时代的东方视角和19世纪欧洲历史学的传统偏见。他的老师迈尔斯有这类说法，黑格尔和马克思也有这类说法。这是欧洲人的古典思维定式，根深蒂固。

第九章

回　家

讲柴尔德生命的最后一段（1956—1957年）。中国话，"回家"有双重含义，既可指告老还乡，也可指告别人生。

柴尔德的死是精心安排，狐死首丘，代马依风，方式很古老。

1956年，柴尔德提前退休。按照合同，他应把秋季开始的学期（9—12月）干完，下一年再退休，但当年夏天他就把所长职务辞了，让他的继任者葛莱姆斯在考古所新址有个全新的开始。他想早点"回家"。

柴尔德在考古所的最后一课，属于系列讲座《欧洲文明曙光的再思考》（*A Reconsideration of the Dawn of European Civilization*）。他一辈子都在谈这个话题。这个话题与他的最后一部著作有关。他以柴尔德式的幽默，自己给自己当主持人。

1958年，达里尔·福特（Daryll Forde）在BBC广播电台的一个节目上回忆柴尔德此课的开场白："他走上讲台，面对听众，台下基本上都是他研究所的学生和同事……他以研究所所长的身份致辞,说他很高兴向大家介绍柴尔德教授来做系列讲座,而且愿意在柴尔德教授发言之前,对柴尔德教授的研究作简短评论。接着,他以所长的身份讲了一个小时,就柴尔德教授四分之一世纪前阐述的其欧洲文明曙光说的背景做出批评,列举了柴尔德教授所犯的愚蠢错误,指出在哪些要点上他采用了不成熟的解释等等……整个事件非常成功——绝对可称得上是杰作,当然听众也非常高兴。"(142页)

柴尔德当所长的最后一天,为他荣休编印的《史前学会会刊》(Proceedings of the Prehistoric Society)的纪念专号印出来了,来自世界各地的考古学家都写了纪念文章。柴尔德非常感动,一一给投稿人回信以示谢忱。

1956年4月23日,古物学会(Society of Antiquaries)向他颁发金奖,表彰他对考古学的杰出贡献。尽管他对学会印象不好,还是表示感谢。[1] 惠勒作为会长致辞,最后说:"很久以前,我应邀去芝加哥大学参加一个研讨会,大家对我提出的第一个要求是:'请给我们讲讲柴尔德教授的情况。'在另一所著名学校,有人向我保证说,本科生在选课的时候首先会问'戈登·柴尔德教授有没有相关著作?',他当然有。"(143页)

随后,伦敦大学考古所为他举办了盛大的告别会,高朋云集,大厅里摆满了鲜花。

退休后,很多朋友都问柴尔德,问他以后打算干点什么。他跟不止一人(主要是考古圈的朋友,而非左翼的朋友)说,他想回澳大利亚,找个合适的山头跳下去。

---

[1] 1927年,柴尔德当选为古物学会的fellow,但1949年辞职,见Green 1981, p. 118。

他在这个世界上，孑然一身，遗世独立。格林猜测，他可能患有抑郁症：他害怕年老而无人照料，害怕得了癌症，医生瞒着他。他看过一些上年纪的学界朋友，他们老态龙钟，让他十分震惊。

他的死，似乎很从容，很理智，并非悲观厌世，所有安排，有条不紊。

柴尔德的遗嘱是1953年就写好。那年他61岁。

退休后，他开始安排后事。学者的后事是处理书。他把他的大部分藏书和版税收入统统捐给伦敦大学考古所，少数藏书托书商卖掉，养老金付给他住在昆士兰的姐姐埃塞尔（Ethel）当生活费。考古所的秘书爱德华·皮多克是负责其私人财产的遗嘱执行人，格拉厄姆·克拉克是负责其藏书和文件的遗嘱执行人。

他这一生，对亲戚、对朋友、对学生，能帮就帮，慷慨大度，身后什么都不留。

他已经没有退路。

1956年12月，柴尔德退掉了他在草坪路的公寓，坐飞机去印度参加科学大会。他在雅典稍事停留。他先前的学生、时任雅典英国考古学校（British School of Archaeology at Athens）主任的辛克莱·胡德（Sinclair Hood）陪他。回英国，他住雅典娜俱乐部，花很多时间打桥牌。

1957年2月10日，柴尔德曾去直布罗陀一游，他的学生西莉亚·托普（Celia Topp）陪他玩了两周。他们在西班牙参观了很多考古遗址。柴尔德为当地的考古学会做了关于欧洲青铜时代的演讲，讲《欧洲社会的史前史》。他很享受他在那里的社交生活和打桥牌。3月17日，他从英国坐船回悉尼。4月14日，到达悉尼，正好是他65岁生日。

他回澳大利亚，故地重游，看望亲友。他的三个哥哥去世多年，两个姐姐还在。大姐86岁,二姐81岁。朋友,伊瓦特也在。伊瓦特正饱受右翼攻击。

他回澳大利亚,到处有人请他演讲。当年把他赶走的悉尼大学授予他荣誉博士。[1]

怀旧多半令人失望,徒增伤感。他发现,三十多年过去,澳大利亚依然老旧,好像文化沙漠。他说,澳大利亚的旅馆太差,还不如苏联。

1957年10月,他在悉尼蓝山的卡通巴镇(Katoomba)写下遗书,一篇是《回顾》(日期不详,估计在9月),寄给考古学家格拉厄姆·克拉克;[2] 一篇是《展望》(10月1日,旧题《告别》或《告别辞》),寄给伦敦大学考古所。[3] 一篇是《告别》(10月19日,篇题是我拟补),寄给伦敦大学考古所的继任所长葛莱姆斯。[4] 我叫"绝命三书"(详下《尾声》)。

柴尔德死于10月19日。但最后这封信,署名日期是10月20日,不知是笔误,还是另有深意。他跟葛莱姆斯说,为了不惊动大家,此信务必等1968年1月再打开。他希望人们把他的死当意外事故,十年后人们早已淡忘。

1980年,这封遗书被公布出来,人们才知道他是自杀身亡。二十多年过去,学界依然震惊。作者把全文照录于此章(152—154页)。

信件是谈"老年"问题。柴尔德一辈子研究古代文明。他太清楚,

---

[1] 澳大利亚人想不到,这个被他们无情赶走的年轻人,后来会成为世界级人物。早在1927年,悉尼报纸就有"悉尼小子震惊欧洲"["Sydney Boy Startles Europe," *Smiths Weekly* (Sydney), 11 June 1927]的报道。那一年,柴尔德当上爱丁堡大学的阿伯克龙比教授。30年后,他的名气更大。

[2] Childe, "Retrospect," *Antiquity*, vol. 32 (1958), pp. 69-74.

[3] Childe, "Valediction," *Bulletin of the Institute of Archaeology*, University of London, no.1 (1958), pp. 1-8.案:Valediction,意思是"告别辞",不合适,应改题《展望》。

[4] *Antiquity*, vol. 54 (1980), pp. 1-3.

古代文明的衰落跟供养太多不事生产者有关。[1]他把自己看作"多余的人"。

他说，医疗进步给社会造成太大负担，不得不牺牲太多的年轻人，让他们照顾各种退休老人。他不愿意倚老卖老、尸位素餐，挡年轻人的道，像某些大牌老教授，明明已经口齿不清，还占据讲台，浪费系里的钱，买过时的设备。他想到的例子是亚瑟·伊文思。伊文思活了90岁（1851—1941年）。[2]

他说，老人统治是最坏的领导方式。超过65岁，记忆力就靠不住，他的记忆力已一塌糊涂。

他说，他一直认为，一个健全的社会应该以安乐死为无上光荣，哪怕情况再糟，也要推广，当然不是用通货膨胀把他们穷死、饿死。

他说，他已不再相信，自己对史前史还能有什么贡献。他不想再赖在学术界。

他说，他想旅行，比如到苏联和中国（显然是他最想去的地方），但缺乏毅力，无法面对旅途的不适。柴尔德小时候得过脊髓灰质炎（俗称小儿麻痹症），一着凉，马上转支气管炎。[3]

他说，他从不攒钱，就算有点钱，也禁不住通货膨胀。他不想成为社会负担，宁愿在贫病发生之前早早了断。

最后，他说：

---

[1] 老年问题，不仅是古代问题，也是现代问题。中国以农业立国，有养老传统（"西伯昌善养老"）。司马迁说，匈奴贵壮健，贱老弱，传统不同。西方缺养老传统，近胡而远汉。
[2] 当年，夏鼐留学英国，赶去听伊文思演讲，伊文思已85岁。柴尔德说这话时，伊文思已经去世16年。
[3] 参看Irving 2020, p. 8引Angus Graham说。

> 英国人反对自杀的偏见完全不合理。其实，从容赴死是人类之所以异于其他动物之处，甚至比为他举行葬礼更好。但我不想因藐视偏见而伤害我的朋友。在悬崖顶上，一个偶然事故突然发生，太顺理成章。故地重游，我发现，澳大利亚社会远不如英国，我不信我还能比我在英国做得更好，因为我已失去信念，没有理想。但再次登临蓝山，重游儿时常去的地方，依旧令人神往。我已解答了当年令我好奇的所有问题。我见过澳大利亚的春天，我闻过波罗尼亚花的花香，我凝视过蛇、蜴，我倾听过"蝉"鸣。现在，在这儿，我已经没什么想干，没什么该干，也没什么可干。我恨蓝山的夏日风光，更恨英国的寒冬雾雪。趁心情还愉快、身体也健康了结此生，那是再好不过。（154页）

人固有一死。少年怕死，老年怕病。什么叫"老"，过去和现在，理解不一样。

王国维说，"五十之年，只欠一死"。50岁就活够了，未免太早。

柴尔德的死，更像拉法格夫妇（他的妻子劳拉是马克思的女儿）。他们是马克思主义者和无神论者，根本不在乎基督教世界对自杀的反对。

拉法格在他的遗嘱中说：

> 我的身体和精神都还很健康，我不愿忍受无情的垂暮之年接连夺去我的生活乐趣，削弱我的体力和智力，耗尽我的精力，摧折我的意志，使我成为自己和别人的累赘。在这样的时刻到来之前，我先行结束自己的生命。

多年以来，我就决定不逾越七十岁这个期限；[1]我确定了自己离开人世的时间并准备了把我的决定付诸实行的办法：皮下注射氢氰酸。

我怀着无限欢乐的心情离开人世，深信我为之奋斗了四十五年的事业在不久的将来就会取得胜利。

共产主义万岁！

国际社会主义万岁。[2]

1911年11月25日，他看完朋友，看了场电影，然后回家，夫妇俩按上述方法自行了断。这一天是拉法格的生日，刚好69岁。

柴尔德选择65岁自杀，即他退休后的第二年。他认为，60岁后，人就失去创造力，应该早点退休，[3]而且最好选择安乐死，不给家人和社会造成负担，也免去了缠绵病榻、半死不活的风烛残年。

人生就像爬山，有上坡，有下坡，无限风光在险峰。他宁愿在人生的巅峰纵身一跃。

作者说，柴尔德把他写的书看得比他自己更重要。这跟司马迁的想法一样。

柴尔德说，"社会永垂不朽，但它的成员却有生有死。因此任何被社会接受的观念和物化的东西同样永垂不朽。在社会接受的创造性的观念中，任何社会成员，虽寿数有限，同样永垂不朽——没错，死后，他们的名字会被忘掉，就像他们的身体形销影息，在我看来，即此足矣，无

---

[1] 杜甫《曲江》诗有"人生七十古来稀"句。今村昌平导演的影片《楢山节考》，描写100年前的信州山村，粮食不够吃，凡70岁的老人都要背到楢山上等死，也是以70岁为限。
[2] 李兴耕《拉法格传》，北京：人民出版社，1987年，236页。
[3] 1944年，柴尔德52岁获赫胥黎奖。他说以前的获奖者都年过60岁，很得意。他认为，人过60岁就没什么新思想了，见Green 1981, p.101。

柴尔德跳崖处

复他求"（144页）。[1]他宁愿留下自己的书，悄然离去。

1957年10月，柴尔德三访蓝山，寻找儿时的记忆。蓝山在悉尼西郊，有个温特沃斯瀑布（Wentworth Fall），落差187米。瀑布位于卡通巴镇以东，现在是著名旅游景点。他家的老宅就在瀑布附近。18岁以前，他跟他亲妈一直住在那里。卡通巴镇以北有个布莱克希思镇（Blackheath），小镇以东有个挂壁瀑布，叫"新娘面纱瀑布"（Bridal Veil Fall），那个景点也叫"格维特飞跃"（Govett's Leap）。

10月19日一早，柴尔德去新娘面纱瀑布，跳崖身亡。他是乘出租车

---

[1] 引自Childe, *Society and Knowledge*, p. 130。

前往，分手前跟司机说，他要上山研究岩石构造，中午一起回卡通巴镇他住的卡灵顿旅馆（Carrington Hotel）吃饭。中午不见人归，大家才四处寻找，结果在崖顶发现他留下的罗盘、风衣、烟斗、眼镜等物，在山下发现他的尸体，验尸官判断，他是失足坠崖。[1] 10月23日，他的老朋友伊瓦特和他舅舅家的表弟亚历山大·戈登（Alexander Gordon，生于1908年，比他小16岁）为他举行了葬礼，地点就在他父亲生前主持过的教堂，悉尼北郊的圣托马斯教堂。

案 "我倾听过'蝉'鸣"（"Listened to 'locusts'"）。蝉，原文作加引号的locusts。林赛献诗有一句"while the heat's locusts shrilly cried"其中也提到酷暑中locusts的尖声鸣叫。英文locusts可指蝗虫、蚱蜢，也可指蝉，蝉会叫，蝗虫、蚱蜢不会。这里加引号的locusts应指蝉。澳大利亚的蝉，据说是绿色。

"我恨蓝山的夏日风光，更恨英国的寒冬雾雪"，澳大利亚的夏天是英国的冬天。柴尔德是选择澳大利亚的春天（8—10月）自杀。注意：他曾把英国的保守政治叫"冷酷的北方超级文化"。[2] 看来，他对英国和澳大利亚都很失望。

"格维特飞跃"是以一个叫威廉·格维特（William Govett）的人命名。Leap，苏格兰语或指瀑布。1831年，他曾来此勘查测绘。这个瀑布，落差为180米。格林说落差为1000英尺，[3] 约合304.8米，数据可能有误。

---

[1] 葛莱姆斯回忆，他问柴尔德退休后打算干什么，柴尔德说，我知道澳大利亚有一座2000英尺（约合609.6米）高的山崖，我打算跳崖，见 Antiquity, vol. 54 (1980), p. 1。

[2] 见 Irving 2020, p. 62。

[3] 见 Green 1981, p. 154。

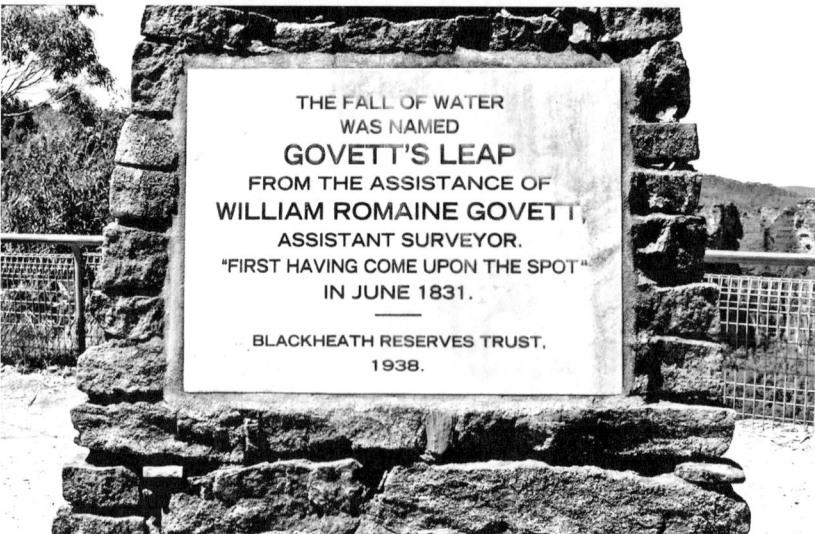

格维特飞跃景点标志牌

魂断蓝山

它的左侧略高处有个观景台,叫巴洛观景台(Barrow Lookout)。柴尔德就是从这个平台一跃而下。平台下的山谷叫格罗斯山谷(Grose Valley)。

柴尔德之死,原因何在?或曰受赫鲁晓夫秘密报告打击(如盖瑟科尔说),或曰怕老怕病怕孤独,对英国和澳大利亚太失望(如格林说),或曰冷战加严重的抑郁症(如欧文说)。

柴尔德的人生哲学非常理性,但内心深处,其实很悲观。一方面,他相信"人类创造自身",绝不求助任何命定的东西;另一方面,他又有一种"进步终将战胜黑暗"的信念。当黑暗看不到头时,他会选择自杀。

注意,他研究人类历史,历史上有过很多"黑暗时代",西方有"黑暗时代"考古,专门研究社会系统的崩溃,[1]很多文明的衰亡都属于"人类自杀史"。

柴尔德最后选择蓝山跳崖,既有社会、政治的原因,也跟他的人生哲学,以及性格、心理有关。

尾　声

1957年9月,柴尔德把他的学术自述寄给格拉厄姆·克拉克(第二年以《回顾》为题发表在《古物》卷32上)。格林把全文收于此节。

《回顾》是柴尔德反思其学术生涯的自传性短文。文中提到他历年发表的十部作品:《欧洲文明的曙光》《史前的多瑙河》《远古的东方》《青铜时代》《远古东方新探》《人类创造自身》《历史上发生过什么》《苏格兰史前史》《苏格兰人前的苏格兰》《欧洲的史前迁徙》,以及文章:《大

---

[1] 科林·伦福儒、保罗·巴恩主编《考古学:关键概念》,陈胜前译,55—59页。

口杯人何时到来》《史前史》。[1] 此文有沈辛成译本，附载于《历史的重建》（本书译作《重缀过去》）中文本中（上海三联书店，2008年）。柴尔德坦承，自己的研究有很多不足，但并无愧悔。

1957年10月，柴尔德把他对史前考古学的展望寄给伦敦大学考古研究所（第二年以《告别辞》为题发表在《伦敦大学考古研究所通报》1958年1期上）。

《告别辞》是柴尔德寄语后人的短文，他讲了七条：第一，首先要为考古搞个可靠的全球年表出来；第二，在文化序列既明之后，要对考古材料做出合理的阐释，从经济到社会到精神；第三，慎用外因；第四，慎用传播；第五，不要把"人类行为的通则"当作百试不爽的自然法则；第六，相信考古学能重建历史；第七，考古学的未来应与历史学而非自然科学为伍。此文旧有陈洁译本，也在《历史的重建》中文本中，全文七节，只译了前三节，近有陈淳、陈洁全译本，以《一代考古大家的临终遗言》在网上发表。[2]

特里格说，"尽管编辑把这篇文稿起名为《告别》，但我觉得把它称作《展望》更好，以显示与《回顾》互为呼应"。[3] 这个建议很好。我觉得，《告别》最好改题《展望》，柴尔德寄给葛莱姆斯的绝命辞才应该叫《告别》，那才是他最后的话。

《回顾》—《展望》—《告别》，按时间早晚排序，是个完整的序列。我称之为"绝命三书"。

---

[1] 《大口杯人何时到来》，即 "When Did the Beaker-folk Arrive?" *Archaeology*, vol. 74 (1925), pp. 159-178；《史前史》，即 "Prehistory," *The European Inheritance*, Oxford: Clarendon Press, 1954, pp. 3-155。
[2] 在陈淳《理寓物内 (Artifacts & Ideas)》网文中，2019年5月16日。
[3] 布鲁斯·特里格《如果柴尔德活到今天》，见柴尔德《考古学导论》中文本，安志敏等译，陈淳审校，上海：上海三联书店，2008年，167页。

作者说，柴尔德死后，认识他的人都很遗憾。他很孤独，孤独使他献身考古，成就了其学术辉煌。他很低调，马克思主义是他恪守一生的信念，默存于心，毫不张扬。他是把马克思主义当作阐释的概念和研究的方法，用以发现问题，而非结论。

柴尔德的研究，一辈子围绕同一个话题："欧洲文明的曙光"，即欧洲文明从哪儿来，为什么它受惠于近东，反而后来居上，超过它的老师，由地中海文明扩展为大西洋文明，最后成为横绝四海的世界文明？这个历史之谜是个与"李约瑟难题"类似而范围更大的话题。很多人都不明白，柴尔德是个史前考古学家，他研究的是人类遥远的过去，为什么会对马克思主义情有独钟。其实，道理很简单。当代资本主义是欧洲文明的遗产，在这个世界上独一无二。他和马克思，一个研究来龙，一个研究去脉，密切相关。两人研究的是同一问题。

人类最古老的问题也是最现代的问题，人类最现代的问题也是最古老的问题。柴尔德的研究有强烈的现实关怀。这种现实关怀来自他的人生阅历和政治立场。

最后，作者以1934—1935年皮戈特献给柴尔德的三节联韵诗（Ballade to Great Prehistorian）作结，每一节都是先提问题，最后一句说，答案在《曙光》一书的脚注中。

《曙光》是柴尔德的成名作。他在世时，此书不断再版，脚注不断修改，不断加进新材料，不断加进新思考。他死后，人们仍在与他对话。

话题永远开放。

案 柴尔德临死，一句话也没有留给他的左翼朋友。关于政治，他无话可说，要说的话反而是留给考古同行。

柴尔德与格拉厄姆·克拉克立场相左，克拉克对他攻击最多。但他尊重克拉克的学术研究，反而委托克拉克担任其藏书和文件的遗嘱执行人，临死，还把他的自我批评寄给克拉克。

柴尔德的最后两封信也是寄给考古同行，他的研究所和继任者葛莱姆斯。虽然据说，他跟葛莱姆斯曾有激烈冲突，对葛莱姆斯的学问也很有看法。[1]

柴尔德走了，他的著作还在，他的思想还在，他仍与全世界的考古学家和关心人类命运的读者同在。

1989年，安德鲁·谢拉特（Andrew Sherratt, 1946—2006年）说过一句话，"史前史仍然是一段与柴尔德灵魂的对话"。[2]

作者笔下的柴尔德，真实、生动、感人。

书后有附录二——

1. 附录一：《告别》（即特里格建议改题《展望》者）。
2. 附录二：柴尔德著作目录。这个目录是以1956年伊莎贝尔·史密斯的《柴尔德著作目录》为基础，[3]有所增补。

---

[1] Peace 1992, p. 47: note 7.
[2] 见布鲁斯·特里格《柴尔德仍与我们同在》前题辞，收入柴尔德《考古学导论》中文本，141页。
[3] Isobel F. Smith ed., "Bibliography of the Publications of Professor V. Gordon Childe," *Proceedings of the Prehistoric Society*, vol. 21 (1956), pp. 295-304. 案：Isobel F. Smith是柴尔德在伦敦大学考古所的学生。她的目录发表于《史前学会会刊》柴尔德荣休纪念专号。柴尔德的最后一部著作《欧洲社会的史前史》就是由她整理出版。

小　结

研究柴尔德，有两点不容忽视。

第一，柴尔德不是象牙塔中的学者。舍人言书，只谈考古，等于架空。他这个人，政治和学术，一直互为表里。此书按编年叙事，政治、学术都讲，从人到书，从思想到学术，线索最清晰，人是完整的人、活生生的人。

第二，柴尔德有两个活动圈子，考古同行和左翼朋友。他们对他看法不同。作者能折中各种说法，把他生活的两个侧面，原原本本，讲得一清二楚，这本身就是贡献。她的书，凭材料说话，有什么讲什么，比较忠实，比较客观。

价值判断要建立在事实判断之上，所有讨论都必须在这样的基础上展开。尽管同样的事实，不同立场仍有不同判断。

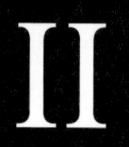

头戴宽边帽的柴尔德(爱丁堡大学)

II

《柴尔德的方法和理论:史前史的经济、社会和文化阐释》[*]

[*] Barbara McNairn, *The Method and Theory of V. Gordon Childe: Economic, Social and Cultural Interpretations of Prehistory*, Edinburgh: Edinburgh University Press, 1980.(简称McNairn 1980)

此书侧重柴尔德的理论、方法。全书分六个专题，摘述和评论柴尔德的史前史研究。作者芭芭拉·麦克尼恩情况不详，书在爱丁堡大学出版社出版。

申　谢

只有几行字。首先感谢特雷弗·沃特金斯（Trevor Watkins）博士；其次是三位考古学界的大教授：丹尼尔、伦福儒、皮戈特。沃特金斯是伯明翰大学毕业的博士，时任爱丁堡大学考古系讲师，后为爱丁堡大学教授。丹尼尔是剑桥大学的第九位迪斯尼教授，伦福儒是剑桥大学的第十位迪斯尼教授，书中多次引用丹尼尔和伦福儒的意见。皮戈特是柴尔德在爱丁堡的继任者。作者可能是沃特金斯在爱丁堡大学指导的博士。

导　论

讲本书主题，很短（共3页）。作者引用柴尔德死前的自我评价。柴尔德在《回顾》中说："我对史前史最富原创性也最有用的贡献，肯定不是靠新奇的材料，无论它们是通过出色的发掘从泥土中抢救，还是从博物馆尘封的收藏中耐心搜求，甚至也不是精心排定的年代方案，更不是新近确认的考古文化，而是阐释性的概念和说明方法。"作者说，她的讨论重点是柴尔德的方法和理论，这是点题。

案　　柴尔德生活的时代，考古学有五大争论：一是西方主义与东方主义之争；二是进化论与传播论之争；三是外因与内因之争；四是单线与多线之争；五是决定论与可能论之争。

魂断蓝山

第一章

欧洲考古和近东考古的集大成者

讲柴尔德对欧洲考古和近东考古的综合研究，篇幅最长（共41页）。作者只在这一部分简述柴尔德的生平，大体按年代顺序讲他的代表作。

柴尔德的第一本书是《劳工如何执政》（1923年）。此书跟他早年参与过的澳大利亚工运有关，跟考古学无关。作者说，柴尔德对澳大利亚政治失望，从此抽身，一笔带过。

柴尔德的代表作，作者提到以下九种。

（一）《欧洲文明的曙光》（1925年）

讲欧洲文明的起源。这是柴尔德的成名作，他的第一部学术著作，前后六版，影响非常大。此书序言有句话，欧洲文明是"人类精神的独特显现"。柴尔德一辈子都想弄清，为什么欧洲落后于东方，反而后来居上，成为独一无二的当代文明。当时，讲起源问题，学者分两派：一派是东方主义派（Orientalists），一派是西方主义派（Occidentalists）。前者以史密斯（G. Elliot Smith）为代表，以埃及人或所谓"太阳之子"为源头；后者以科西纳（Gustav Kossinna）为代表，以雅利安人或印欧人为源头。柴尔德假设，欧洲史前史，旧石器时代以后分两段，青铜时代以前受东方影响，青铜时代以来独立发展，试图折中二者。当时，讲历史演进，有进化论和传播论。史前考古偏西北欧，古典考古偏东南欧，近东考古偏近东，近东更在欧洲东南的东南。柴尔德是古典学出身，自然看重东南。学者多把他归入东方主义和传播论者。他主张东南传西北，即埃及、美索不达米亚传巴尔干、小亚细亚和东南欧，然后陆路沿多瑙河流域，海路沿地中海北岸，继续向西北传。在他之前，西欧学者对东欧考古和俄国考古不熟悉，柴尔德精通欧洲各国语言，亲自跑过东欧和多瑙河流域，只有他有能力完成欧洲考古的拼图游戏。谁都承认，柴尔德是欧洲史前学的集大成者，他第一次为学界提供了欧洲考古文化的全景图。多瑙河文化在这本书中地位很重要，但《史前的多瑙河》是四年后才成书。不知为什么，下文没有讨论这本书。

（二）《雅利安人》（1926年）

讲"雅利安人"的起源。这是柴尔德的第二部学术著作。这类话题与法西斯主义崛起有关，引发后来的战祸，非常敏感。此书从未再版，柴尔德也不愿再提起。当时，戈宾诺和张伯伦提倡的"雅利安人优越论"风行德国，[1] 德国考古学家把"雅利安人"等同于大西洋沿岸的西北欧各族，即所谓Nordic（北方人，有如广东人称中国北方人为"北佬"），特别

---

[1] 约瑟夫·阿瑟·戈宾诺（Joseph Arthur Comte de Gobineau，1816—1882年），法国外交官、作家、人种学家和社会思想家，著有《人种不平等论》。休斯顿·斯图尔特·张伯伦（Houston Stewart Chamberlain，1855—1927年），德国英裔作家，娶瓦格纳之女为妻，为瓦格纳作传，著有《十九世纪的基础》。两人都是种族主义者。

是日耳曼人，不包括东欧的斯拉夫人，更不包括闪人(犹太人和阿拉伯人)，后来成为希特勒反犹反苏的理论根据。柴尔德是古典学出身，他在《回顾》中坦承，他从事考古学研究，出发点与科西纳相同，最初也是从探讨"雅利安人"的起源入手，但跟科西纳不同，他认为"雅利安人"并非由体质特征确定的种族概念，主要是个语言学概念(印欧语)。他是用考古材料加语言学考证(philology)讨论"雅利安人"的起源。他认为，"雅利安人"是一批来自南俄草原的战斧民族，沿多瑙河入侵西欧，文化传播方向正好相反。

(三)《远古的东方》(1928年)

讲公元前3000年左右埃及、美索不达米亚和印度三大文明的起源。欧洲人说的东方是近东，即欧洲自古的老邻居。20世纪20年代，与古代东方有关，有三大发现：一是印度河流域摩亨佐·达罗遗址(Moenjodaro)的发现(1921年)；二是伊拉克乌尔王陵(Royal Tombs at Ur)的发现(1922年)；三是埃及巴达里遗址(El-Badari)的发现(1925年)。柴尔德认为，欧洲文明是受惠于东方，东方是欧洲文明的源头。

(四)《青铜时代》(1930年)

讲欧洲的青铜时代。讨论范围是阿尔卑斯山以北的西欧和中欧，大量篇幅用于讲青铜时代的类型学。作者关注的是该书第一章。这一章是理论探讨。它主要讲两个问题：一是冶金工业的专业化；二是青铜贸易成为不可或缺(不像奢侈品可有可无)。前者导致某些社会成员可以摆脱食物生产，全部时间用于工业，成为全职工匠；后者导致自给自足经济的全面衰败。尽管柴尔德强调，史前时代的欧洲在物质文化方面相当落后，跟东方没法比，但他还是相信，青铜时代的欧洲已经有自己的特点，并与现代欧洲在文化上有密不可分的关系。

（五）《远古东方新探》(1934年)

此书是根据考古新发现，重写《远古的东方》。《远古的东方》，前后四版，学者把此书当《远古的东方》第二版。后面两版，其实是《远古东方新探》的修订版。柴尔德写《远古的东方》时，还没有去过近东和印度，只在书本上研究。1933年，他去伊拉克、印度，参观考古现场和博物馆，有很多新认识。他决定利用新材料，重写前书。此书，作者关注的是最后一章。这一章讲"传播机制"。柴尔德说，埃及、苏美尔和印度的城市革命有如英国的工业革命，人口、贸易和战争在其中起了很大作用。这三个因素激发了东方到西方的移民浪潮和文化传播。

（六）《人类创造自身》(1936年)

讲历史是人类自我创造的过程。这是柴尔德的第一本畅销书。作者说，这是柴尔德第一次公开用马克思主义解释历史，他是用生产方式的革命解释人类大历史。这种革命，第一次叫新石器革命，第二次叫城市革命，外加知识革命。柴尔德认为，史前史是靠考古发现和经济分析来研究，不同于文献记载的历史，侧重政治史。古代东方，阶级分化，国王、僧侣和官员是社会上层；农民和手工工匠是社会下层。僧侣压制工匠的发明，阻碍知识进步。作者说，此书跟他以前出版的《欧洲文明的曙光》《远古的东方》《史前的多瑙河》大不相同。旧作以传播论为框架，综述考古资料；而此书用进化论讲人类的历史进步。他提到，特里格把柴尔德的著作分为两大类：一类是专著，一类是泛论。他把此书与《历史上发生过什么》《欧洲社会的史前史》归为后一类，认为《欧洲社会的史前史》还是写给考古学家和学考古的学生，但《人类创造自身》《历史上发生过什么》是写给书摊和大众。

(七)《欧洲文明的曙光》第三版（1939年）

《曙光》一书，前后六版，第二版属于重印，这是柴尔德的第一个修订本，以后四版都是修订本，他一辈子都在改这本书，改他的这部成名作。作者强调，此书是按马克思主义的社会—文化模型重新组织他的考古文化分组，因此引进了一种新的理论模式，但并未改变原书的基本框架。欧洲考古有长年表和短年表。东方主义讲传播论，偏好短年表；西方主义讲进化论，偏好长年表。纳粹考古把波罗的海沿岸和中部德国当"雅利安摇篮"，属于西方主义。此年，"二战"爆发，他不再讲古代欧洲对当代文明的任何贡献，反而比以往更加强调东方主义。他有两种拼图。一种兼用长年表和短年表，文明传播从埃及、巴比伦、赫梯等中心向四周扩展，效力随距离增加而递减，分为六圈：一是希腊诸岛；二是迈锡尼和西西里；三是多瑙河中游盆地和西班牙东南；四是多瑙河上游盆地、德国南部和中部、瑞士、英国和俄罗斯南部；五是斯堪的纳维亚南部、德国北部和奥克尼群岛的新石器社会；六是北欧森林中的蒙昧社会。另一种用短年表，由近及远，分四圈：一是青铜时代克里特、安纳托利亚和希腊半岛的城镇；二是新石器时代色萨利、巴尔干、西西里东南和西班牙东南的定居农人；三是多瑙河黄土地和西欧（可能还包括英国南部）的半游牧农人；四是北欧平原和森林地带的食物采集者。

(八)《历史上发生过什么》（1942年）

讲历史上的社会进步，什么是历史进步的"主流"。这是柴尔德的第二本畅销书，也是用马克思主义解释人类大历史的名作。全书叙述框架杂糅了三种理论模式：一种是汤姆森"三期说"（石器—青铜—铁器）；一种是摩尔根"三期说"（蒙昧—野蛮—文明）；一种是他自己创用的"两个革命"说。他从狩猎采集讲起，一直讲到罗马帝国结束，古代文明衰亡。本来他想接着往下讲，从中世纪的"黑暗时代"一直讲到当下。该书写于"二战"中，确切讲，是"英国抗战"的第三个年头。当时，他很悲观，认为德国式的"日耳曼入侵"使欧洲文明进入了另一个"黑暗时代"，但他相信，这还不是无底洞，人类仍有希望，希望就在人类文明的"主流"。这一时期，柴尔德的书有鲜明的政治立场。作者说，为了反抗德国法西斯主义，此书与柴尔德的早期著作有两点不同。第一，他不再提纳粹使用的"雅利安人"一词，就像托利党（英国保守党的前身）绝口不提"布尔什维克"和"红色"。第二，"二战"期间，他与苏联越走越近。苏联用进化论讲斯拉夫考古。本来他是传播论者，与苏联马克思主义的正统路线不合，但从立场出发，他宁愿向苏联靠拢。纳粹考古用传播论讲"北佬南下"，创造欧洲文明，为其侵略扩张制造借口。柴尔德宁可绝口不提这些"北佬"对欧洲文明的贡献，反而对苏联的文化立场表示同情，认为这是正当反应。"二战"结束不久，他在《苏格兰人之前的苏格兰》（1946年）和《曙光》第四版（1947年）中，甚至用苏联考古的模式讲苏格兰考古。柴尔德是东方主义者，他讲传播论，看重"战斧文化"。他认为，"战斧文化"是南俄草原上的牧民创造，沿多瑙河西传中欧和德国北部，本来就与纳粹考古的西方主义不同。

（九）《欧洲社会的史前史》（1958年）

讲欧洲文明特色的形成。这是柴尔德对欧洲史前史的最后总结，他又回到他一贯的东方主义立场。柴尔德认为，欧洲文明是受惠于古代东方，但并非被动接受东方的馈赠，而是青出于蓝而胜于蓝，甚至早在史前时代，欧洲的野蛮社会就已显示出自己有别于东方社会的特点。冶金工业在古代东方起步早，但受国王、僧侣和贵族控制，缺乏创新发明的自由，他们移民欧洲才获得有利发展，当代欧洲继承了这些特点。最后，作者引用柴尔德在《回顾》中的自我评价和伦福儒的新认识，认为不仅柴尔德对欧洲青铜时代的解释有问题，而且他对欧洲史前史的传播论解释也经不起推敲。作者说，碳素测年表明，不仅很多欧洲考古文化比地中海东部早，而且欧洲和东方的年代关系和文化关系也已厘清，柴尔德的框架已经倒塌，欧洲史前史必须改写，重任有待来者。

案 此章讲柴尔德的考古学贡献。作者列举的九书，若把《曙光》和《曙光》第三版合在一起算一种，《远古的东方》和《远古东方新探》合在一起算一种，只有七种，其中没有《史前的多瑙河》，《人类创造自身》《历史上发生过什么》与下第四章重。这是她认为柴尔德在考古学方面的代表作。

柴尔德一辈子都在思考一个问题：欧洲文明为什么独一无二？这是个历史问题。他的考古研究是为了解决历史问题。

他跟他同时代的考古学家不同。他们有些以考古发现出名(如他的老师伊文思)，有些以发掘方法出名(如他的同事惠勒)。柴尔德的贡献不在这两方面，而在理论和方法。他的早期著作，多半靠跑遗址、跑博物馆、蹲图书馆、走访考古学家，利用二手资料，做综合研究。当然，他不是不做田野发掘。他的田野工作，主要在爱丁堡时期。只不过这些工作是围绕苏格兰考古，跟他的早期著作没有直接关系。他的晚期著作，思考人类历史，思考人类命运，已经不仅仅是就考古谈考古。他的最后一部著作是谈考古，转一圈仍回原地，目的仍然是为了回答他困惑终生的那个历史之谜。

考古学家看柴尔德，看重的是早期(1935年以前)，是综述，不大看重晚期(1935年以后),认为前者是考古,后者是历史,前者没什么马克思主义味道,后者有政治倾向,亲苏亲共。即使承认柴尔德对考古学有贡献,也认为他很过时,只有历史价值。

第二章

文化概念

讲柴尔德使用的文化概念。柴尔德的考古综述是以"考古文化"为基础。作者先讲文化概念的一般背景。

作者说，考古学的术语有些借自地质学，如epoch（莫尔蒂耶按地层早晚为旧石器时代划分的"期"）、age（考古三期法的"期"）和type-fossil（标准化石），但culture一词不一样，它是借自社会科学，而非自然科学，主要与人类学有关。

Culture的拉丁文，本义是培育、照料，跟农业有关，跟人的品位、风度有关，常被当作文明（civilization）的同义词。

19世纪下半叶，泰勒（E. B. Tylor）把文化当知识、信仰、艺术、道德、法律、习俗的集合。[1]

---

[1] 泰勒（Edward Burnett Tylor，1832—1917年），英国文化人类学的代表性人物。

20世纪，文化有多种定义，往往被分为两类。首先是物质文化和非物质文化，其次指心理或观念层面的东西，物质的东西不是文化本身，只是文化产品。因为强调观念、价值和信仰共享，即所谓"规范"（norms），宾福德把这种讲文化概念的人叫"规范学派"（normative school）。

另外，"文化"还可指族群活动留下的物质遗存。

文化概念引入考古学是考古学史的转折点。它不再是纵向的分期概念，而是兼顾时空的概念。

柴尔德的文化概念有个发展过程。他的学术生涯，以十年为一期，可以大致分为三段。

（一）1925—1935年（前爱丁堡时期和爱丁堡时期早段）

柴尔德在《欧洲文明的曙光》(1925年)、《雅利安人》(1926年)和《远古的东方》(1928年)中都用过"文化"一词，但未下定义，第一次下定义是1929年在《史前的多瑙河》一书的序言中：

> 我们发现某些类型的遗存，锅、工具、饰品、葬仪和房屋样式，反复共出。我们把这些混合在一起的相关遗存命名为"文化群"或"文化"。我们假定，这类混合物是今日所谓"族群"（people）的物质表达。这类被研究的混合体，只有与某种特定类型的遗骸频繁而固定地结合在一起，我们才敢用"种族"（race）一词代替"族群"。

后来，柴尔德在《重缀过去》(1956年)中说，他的"文化"概念是借自德国史前学家科西纳。上世纪20年代和30年代，人们经常把社会、经济、政治甚至宗教含义的族群混为一谈。作者说，柴尔德把"族群"的社会特征与生物特征分开，严格限定"种族"一词的含义，非同寻常。但当时，他还并没有为"族群"和"种族"下定义。

1933年，希特勒上台，法西斯主义横行，令柴尔德担忧。在《史前欧洲的种族、族群和文化》一文中，[1]柴尔德对"种族"和"族群"有所界定。关于"种族"，他说，现生人类固然可以身高、头形、鼻形，以及皮肤、眼睛、头发的颜色等体质特征区分，而出土遗骸却只有头形、身高等可辨（偶尔还有鼻形可辨），做不到这一点。他警告说，按颅形（如长颅形、圆颅形）分类，只能反映史前人口组成的多样性，价值有限。而关于"族群"，他举"英国人"和"犹太人"为例。他说，"英国人"包括三个不同层次的史前入侵者，以及现存的盎格鲁—撒克逊人、丹麦人、诺曼人、弗拉芒人和更晚到达者，他们除拥有共同的语言和制度，还有一些物质文化方面的怪癖（如澡盆和抽水马桶），而"犹太人"，除自我隔离、内部通婚外，并没有独一无二的体质特征。

1933年，在《史前史有用吗》一文中，[2]柴尔德再次强调，考古学要有科学定义。他强烈抨击纳粹考古对文化概念的曲解，指出原始人类学会用火，衣以蔽体，兵以防身，这些发明皆属人类文化，它们都是后天获得，不同于猫的皮毛和利爪，可以一代代遗传。他说，"文化"是独立于以体质特征定义的种族，不是生物遗传，而是社会传统。混同二者等于混同人类与禽兽，如果用社会含义的"族群"代替生物学意义的"种族"就可避免这种混淆。当时由于他过于关注种族问题，反而转移了他对其他术语问题的注意。

---

[1] Childe, "Races, Peoples and Cultures in Prehistoric Europe," *History* (N. S.), vol. 18 (1933), pp. 193-203.
[2] Childe, "Is Prehistory Practical?" *Antiquity*, vol. 7 (1933), pp. 410-418.

1935年，在《史前史方法、目标的变化》一文中，[1]柴尔德对文化的概念又有全新的探讨。他说，文化"不是没有生命的成组的化石或小件器物，而是活生生的功能有机体"，由此引入功能主义的文化概念。柴尔德一向关注人类学的发展。他说，考古学和人类学是姊妹学科。作者说，功能主义是对进化、传播之争的反映。功能主义的文化分析是以社会结构模仿有机结构。英国的功能主义分两派，一派以布朗为代表，[2]一派以马林诺夫斯基为代表。[3]

(二) 1936—1946年（爱丁堡时期晚段）

《人类创造自身》(1936年) 和《历史上发生过什么》(1942年) 是柴尔德的两部通俗著作。这两本书涉及文化，关注点是生物进化和社会进化的关系。他的文化概念是人类学的概念。柴尔德在后书中强调"类型"，他说，"既定区域内可辨识的当下共存的类型总体被命名为'文化'"。此时，他已意识到，族群和语言还不能画等号，如丹麦人、英国人、法国人和德国人并不等于丹麦语、英语、法语、德语。以前，他曾强调物质文化的适应性，现在则强调它与生物适应的相似性。

1946年，在《苏格兰人之前的苏格兰》一书中，柴尔德曾把同一时段内并存的遗存组合视为不同文化，代表不同的族群（people）或社群（society）。

(三) 1946—1956年（伦敦大学时期）

1949年，在《社会的知识界》一书中，柴尔德开始质疑以往的看法。

---

[1] Childe, "Changing Methods and Aims in Prehistory: Presidential Address for 1935," *Proceedings of the Prehistoric Society*, vol. 1 (1935), pp. 1-15.
[2] 布朗（Alfred Radcliffe-Brown，1881—1955年），结构功能派的代表。
[3] 马林诺夫斯基（Bronislaw Kaspar Malinowski，1884—1942年），文化功能派的代表。

他发现，哪怕在一个小范围内，都可能同时存在几个不同的遗存组合，并且反复出现。他把这类文化叫"相当遗憾的文化"，意思是出了例外。

1951年，在《社会进化》一书中，柴尔德第一次区分考古学文化和人类学文化。在此之前，他曾把考古文化定义为"反复出现的相关遗迹的集合"，现在则强调，"这些遗迹通常是物质的东西"。而人类学文化则是涵盖人类所有行为（不包括本能的行为）的概念。

1956年，在《重缀过去》中，柴尔德对考古学文化概念有更深入的讨论。柴尔德在伦敦大学每隔一年都要讲一次"考古分类原理、流行术语及其内含的阐释性概念"。《重缀过去》就是出自这一年的讲稿。同年发表的《考古学导论》对它有所补充。他的分类原则是兼顾功能、年代和分布，但文化是一组共存的东西，它更主要是地理分布的单位，而不是年代序列的单位，他反对把年代等同于文化。柴尔德的文化概念是基于类型学。作者说，尽管现在借助计算机的量化分析，柴尔德的分类法已过于粗糙，但他在书中多处强调，考古文化并非止步于类型辨识，而是为进一步推测人类群体行为提供研究框架。他把文化分为三大类若干小类：

经济

1. 初级经济：（1）栖息地；（2）食物供应；（3）取暖和遮风避雨。

2. 工业：（1）石器制作；（2）冶金；（3）骨、角、象牙加工；（4）木器制作；（5）陶器制作；（6）纺织和编织；（7）毛皮加工；（8）其他材质的加工。

3. 运输：（1）水路；（2）陆路。

4. 贸易

5. 战争

社会

1. 人口统计

2. 家庭制度

3. 城镇规划

4. 社会结构

意识形态

1. 科学类：（1）文字和数字符号；（2）计算；（3）度量衡；（4）几何；（5）历法；（6）医药和外科手术。

2. 方术类：（1）葬仪；（2）庙宇，塑像、偶像、阴茎像，非偶像类仪式用品；（3）仪式。

3. 艺术类：（1）绘画艺术；（2）乐器；（3）私人饰品。

4. 体育类：（1）羊拐、骰子、跳棋；（2）赛场和球场；（3）玩具和拨浪鼓。

作者说，柴尔德与他同时代之"规范学派"的理论家（"normative" theorists）不同，反而推动了上世纪六七十年代的理论发展。

案　　"文化"是个人文概念。"考古文化"是考古遗存的识别单位。柴尔德对这一概念的理解有个发展过程，具如上述。"考古文化"，背后是"人"。所谓"人"，不是以体质分，不是以语言分，而是以社会内涵和文化内涵分。其方法论转向与马克思主义有关，表达方式与功能派社会学有关。作者比较看重后者。其实，柴尔德是采用"糖衣包裹"（sugar-coating）的方式讲话，把后者当作沟通马克思主义与西方读者的工具。

柴尔德的考古学是文化—历史考古学。文化—历史考古学是用考古文化讲历史演进，带有浓重的人文色彩。其核心概念是"考古文化"。

这个概念借自科西纳。柴尔德主张，欧洲文明的摇篮在近东，这是受蒙特留斯影响。他靠类型学和传播论研究考古文化，他想探讨"考古文化"后面的"族群"，探讨印欧语和印欧人的起源。此类看法，从新考古学的立场看，都很过时，也很负面。这事应该怎么看，值得讨论。

进化考古学看重条条。只讲条条，不讲块块，就成了单线进化。文化—历史考古学用"考古文化"代替过去的"期"，讲考古文化的地理分布，把条条和块块结合在一起，应该说是个进步。

中国古史，条条被疑古运动摧毁，使大家转向块块。块块是族团说。苏秉琦受徐旭生三大族团说影响，讲"区系类型"。"区系类型"属于考古文化谱系，张光直叫"文化互动圈"。

考古文化谱系研究，柴尔德是集大成者。安志敏批苏秉琦，说他的区系类型说是科西纳式的概念。柴尔德的"考古文化"是借自科西纳，没错，但柴尔德不等于科西纳。

第三章

"三期说"的功能——经济学阐释

讲柴尔德如何用他的"两个革命说"重构和取代汤姆森的"三期说"。作者把他的"两个革命说"称为"功能—经济学阐释"。这是个折中马克思和马林诺夫斯基的概念。柴尔德一生写了很多东西,但名气最大,要数他的"两个革命说"。此说与他使用的"文化"概念不同,它在柴尔德的书中有个很长的发展过程,说法多次改变,什么时候才算正式确立?作者认为,1935年柴尔德在史前学会的演讲是个分界线。

(一)汤姆森的"三期说"

此说本来是为博物馆展出对展品进行分类,后来被考古学家当作大时段的分期概念。这是古物学留给考古学的重要遗产,至今仍在用。

1935年之前,"三期说"的发展有近百年。作者先讲19世纪。

1836年,汤姆森(Christian Jurgensen Thomsen,1788—1865年)在他的《北方古物指南》(*Ledetraad til Nordisk Oldkyndighed*,1836)中把古

物分为石器时代（Age of Stone）、青铜器时代（Age of Bronze）和铁器时代（Age of Iron），这就是著名的"三期说"。

其后，"三期说"被细化。1865年约翰·卢贝克（John Lubbock，1834—1913年）把石器时代分为旧石器时代（Palaeolithic Period）、新石器时代（Neolithic Period）。1892年艾伦·布朗（Allen Brown）在旧石器时代和新石器时代之间又划出一个中石器时代（Mesolithic Period）。人们逐渐认识到，青铜时代之前还有红铜时代（Copper Age），[1] 早在罗马早期或之前，西欧就已使用铁器。

此外，还有一些细分。如莫尔蒂耶（Louis Laurent Gabriel de Mortillet，1821—1898年）把旧石器时代按地层早晚分为四期：舍利期（époque de Chelles）、莫斯特期（époque du Moustier）、索鲁特期（époque du Solutre）和马格德林期（époque du Magdalen）。法文的"期"是Époque（英文作Epoch），"三期说"的"期"是Age，Age是大期，Époque是Age下的小期。

作者说，尽管"三期说"有各种细分，Époque的概念逐渐被"文化"的概念取代，但这并未影响它在学科中的地位。

（二）柴尔德的功能—经济学阐释

1. 石器时代

柴尔德有两个主要观点：第一，旧石器时代属食物采集，新石器时代属食物生产，两者皆属自给自足经济，缺乏全职的专业化工作；第二，当时已有贸易，但仅限于奢侈品，还没有金属，社会靠亲属关系维系，属于马克思说的"原始共产主义"。他在《史前史方法、目标之变》（1935

---

[1] "红铜时代"也叫"铜石并用时代"（Chalcolithic Age），Chalco- 是铜，-lithic 是石。Chalco 本指黄铜，如 Chalcocite 是辉铜矿，Chalcopyrite 是黄铜矿，但 Chalcolithic Age 却指红铜时代。

年)、《人类创造自身》(1936年)、《历史上发生过什么》(1942年)、《"三期说"在考古分类中的社会含义》(1946年)、《史前革命》(1951年)、《社会的早期形式》(1954年)中都有所论述。[1]

2. 青铜时代

柴尔德把这一时期视为经济、技术发展的主要阶段，认为青铜冶金技术的发明是科学史上的主要进步，金属使用使贸易活动日益频繁和扩大，每个农人要想购买金属工具都必须牺牲其自给自足。他在《青铜时代》(1930年)、《史前史方法、目标之变》(1935年)、《"三期说"在考古分类中的社会含义》(1946年)、《城市革命》(1950年)和《社会进化》(1951年)中都有所论述。

3. 铁器时代

柴尔德对铁器时代只是泛泛而论，没有专书，有关讨论多在论述"三期说"时附带提及。

4. 新石器革命和城市革命

柴尔德认为新石器、青铜器、铁器的出现都是革命。但他把农业革命叫新石器革命，把青铜器革命和铁器革命合在一起，叫城市革命。他的城市革命，相当摩尔根"三期说"的文明阶段。由此构成他的"两个革命说"。

(1) 新石器革命。其说首见《远古的东方》第一版(1928年)。1935年，柴尔德在《史前史的方法、目的之变》中介绍，埃利奥特·史密斯在《开始：文明的起源》(1928年)中已经提出，食物采集和食物生产之间有

---

[1] Childe, "The Social Implications of the Three 'Ages' in Archaeological Classifications," *The Modern Quarterly* 1 (1947), pp. 18-33; "The Urban Revolution," *The Planning Review* 21, no.1, pp. 3-17; "Early Forms of Society," in C. Singer, E. J. Holmyard, and A. R. Hall eds, *A History of Technology* (1954), pp. 38-57.

一场革命,后来,哈罗德·皮克等人则提出食物生产对应于新石器时代开始。[1]

(2)城市革命。柴尔德有篇文章,专讲这个问题。1950年,他在《城市革命》一文中归纳,城市革命有十大特点:一是规模(人口密度大于从前的聚落);二是构成和功能(人口由全职的工匠、转输者、商人、官员、僧侣构成);三是剩余产品(财富集中于王);四是纪念性建筑(财富的象征);五是财富分配不均(僧侣、文武官员聚敛巨额财富,构成统治阶级);六是文字(发明文字,用于管理);七是科学发明(算术、几何、占星术);八是自然主义艺术(雕刻、造型、绘画);九是贸易(奢侈品和生活必需品的贸易);十是基于居住而非亲属制度的国家组织(为工匠提供原料和安全保障)。柴尔德论城市革命,最看重青铜冶金术的发明,见他的《青铜时代》(1930年)、《人类创造自身》(1936年)、《历史上发生过什么》(1942年)三书,以及《社会的早期形式》(1954年)。

案 考古方法论是以分类学为本。汤姆森的"三期说"是一种材质分类,石器、青铜器、铁器,重点是工具,目的是为博物馆的展品分类,由此发展为年代序列。我们打开任何一本考古报告,都会看到这种分类。其实,这并非全部,其中不包括陶器,不包括玉器,也不包括木器,以及容易腐烂的各种软材料。摩尔根的"三期说"是人类学的分类,基础是人种志和民族志的分类,背景是殖民时代按所谓"开化程度"划分的"文明等级论"。柴尔德的"两个革命说"是以马克思主义的经济—社会分析法,重新整合古物学和人类学概念,为考古文化提供理论框架。

---

[1] 皮克(Harold Peake,1867—1946年),英国考古学家,农业起源绿洲说的代表之一。

第四章

历史理论

讲柴尔德的历史理论。1935年，他开始亮明自己的马克思主义立场（注意：他是在第一次访苏后正式"亮相"），开始用考古资料讲人类大历史。作者提到他的六种作品，代表作是《历史》。

（一）《史前史的方法、目的之变》（1935年）

1934年，科尔在《马克思真正意味着什么》一书中说，[1]马克思为了同黑格尔和他的追随者划清界限，把他的历史观叫"唯物主义者"的历史观，其实他所谓的"唯物主义者"应该叫"现实主义者"。柴尔德引之，认为"现实主义"比"唯物主义"更贴切。此年，他第一次访苏，开

---

[1] G. Cole, *What Marx Really Meant*, London and Southampton, 1934. 案：科尔（G. D. H. Cole，1889—1959年），毕业于牛津大学，早年参加费边社，后退出费边社，提倡基尔特社会主义，以恢复中世纪手工工匠的行业组织为名，提倡工人自治，反对大企业垄断，反对国家干预。参看 Irving 2020, Chapter 4, 10, and 11。

始欣赏用马克思主义解释历史存在的潜力，但并未被苏联的理论所征服（《回顾》）。苏联讲进化论，反对传播论，此书则折中二说，把传播论视为囊括人类文化各方面的一种社会进化机制。这是他所谓的"方法之变"。作者说，柴尔德一辈子都相信进步，这种想法与马克思、达尔文、斯宾塞有关。他相信，考古可以拓广历史、丰富历史，从根本上改变以文献记载和政治事件为主的历史。柴尔德把进步视为历史研究的主要目的。这是他所谓的"目的之变"。

（二）《人类创造自身》（1936年）

此书开篇第一句话就是讲进步，引文主要见于该书第一章。

（三）《历史上发生过什么》（1942年）

作者说，此书是以经济模型而不是技术模型讲唯物主义历史观，强调意识形态与经济相互影响，特别是前者对后者的影响，前者对后者的整合作用。作者说，这是受功能主义影响。

（四）《历史的理性规律》（1945年）[1]

此文作于"二战"后。"历史的理性规律"指历史进程本身的规律。柴尔德认为，历史学家总结的历史法则不是外在于历史之外的某种超验的东西，如神学或观念哲学所主张。这里有几个词应有所区别，historical process是历史进程，historical order是历史进程的前后顺序和因果关联，或译"历史秩序"，historical law则是历史学家对历史规律的总结，或译"历史规律"。其实，historical order才是"历史规律"，historical law应译"历史法则"。前者是客观存在的历史规律，后者是人

---

[1] Childe, "Rational Order in History," *The Rationalist Annual*, 1945, pp. 21-26.

对历史规律的总结。[1]

（五）《历史》（1947年）

这是马克思主义味儿最浓的柴尔德著作，也是他遭受攻击最厉害的作品。他把以往的史学概括为四种历史观。

1. 历史规律的神学观和巫术观

柴尔德把第一种历史观分成神学的历史观和巫术的历史观。神学的历史观把世俗政治视为神意的安排。巫术的历史观与"伟人论"有关。他说，宗教与巫术不同，"巫术是一种让人相信他们即将得偿所愿的方式，而宗教则是一种劝人相信他们应该得偿所愿的制度"，巫术比宗教更古老。这是他批评的历史观。

2. 史学的自然主义论

柴尔德把第二种历史观分成几何学历史观、地理学历史观、人类学历史观、政治经济学派生的历史观。几何学历史观指历史循环论，地理学历史观指环境决定论，人类学历史观指种族优越论，政治经济学派生的历史观指经济决定论。几何学和地理学是自然科学。种族是生物学意义上的人，也属于自然科学。古典政治经济学把人视为经济动物，即现代法学意义上的"自然人"。这也是他批判的历史观。他说，马克思改造了古典政治经济学。

3. 作为比较科学的史学

柴尔德讲的第三种历史观是斯宾格勒的"历史周期论"和汤因比的"21个文明说"。前者是历史循环论的现代变种，后者是一种平行进化论。这也是他批判的历史观。

---

[1] 特里格《柴尔德》一书中译本第187页把law译为规律，把order译为法则，恐怕应该反过来。

4. 作为创造过程的史学

柴尔德讲的第四种历史观是马克思主义历史观，即唯物主义历史观。他最欣赏马克思常说的"人类创造自己的历史"。《人类创造自身》的书名借自马克思、恩格斯的话。但《人类创造自身》写于1936年，他还没有亮出自己的旗帜，此时才坦承，这是马克思、恩格斯的话。他说，黑格尔的历史观也讲创造性的历史变化，马克思改造了他的观点。

（六）《社会进化》（1951年）

讲柴尔德用考古发现检验美国人类学的进化观。一是摩尔根的理论，[1] 二是鲍亚士学派的理论。[2] 摩尔根把族群发展按水平高低分为蒙昧—野蛮—文明三阶段，前两个阶段又各分早、中、晚三期。他把家庭从群婚制到现代核心家庭的发展设想成五个阶段，即血缘家庭(the consanguine)、普那路亚家庭(the Punaluan)、对偶家庭(the syndyasmian)、父权制家庭(the patriarchal)、一夫一妻制家庭(the monogamian)，并把亲属制分为马来亚式(Malayan)、图兰尼亚–加诺万尼亚式(Tulanian-Ganowanian)和雅利安–闪米特式(Aryan-Semitic)，其现代分类相当夏威夷式(Hawaiian)、易洛魁式(Iroquois)和爱斯基摩式(Eskimo)。家庭发展的五段，头两段是群婚，接下来是禁止兄弟姊妹通婚，接下来是母权制，进而递进为氏族(phratries)、部落(tribe)、部落联盟(confederacies)。这些组织皆有别于政治组织。政治组织是以镇、县、州为单位。柴尔德把摩尔根视为19世纪的平行进化论者。他用温带

---

[1] 摩尔根(Lewis Henry Morgan，1818—1881年)，美国人类学家。
[2] 鲍亚士(Franz Boas，1858—1942年)，美国人类学家。

欧洲、地中海地区、尼罗河流域、美索不达米亚的文化序列来检验这个理论，认为同样是从蒙昧到野蛮到文明，它们的过程不一样，不是平行进化，而是趋同、趋异。柴尔德与鲍亚士学派的看法也不同。

案 柴尔德的历史理论是唯物史观。他从马克思主义吸收了两个核心思想：一是"人类创造自身"（原话出自马、恩），强调行动和选择，反对宿命论和决定论；二是强调历史进步，反对历史退步，把历史进步当行动和选择的目标。他虽不敢断定，光明注定战胜黑暗，但他宁愿为这一目标努力。

柴尔德有两段话最能代表他的想法：

> 马克思本人要想摆脱此类偏见，与其把空洞无物的"共产主义"说教留给后人，还不如明智地断言，它的实现并不是历史的终结，而是人类社会史前史阶段的终结……历史学家的责任并不是想出某种近似绝对价值的东西，给它贴上"进步"的标签，而是从历史中发现那些最接近"进步"的价值。[1]

> 或许，马克思主义的分析只适用于一个尚不存在的世界国家的世界经济。它是个不可避免的结果，但尚未到来——假如你们的原子弹未能事先把整个人类大家庭彻底消灭。美国制度的垮台或许会推迟，就像英国靠帝国主义延命，英国人和其他欧洲人（苏联除外）

---

[1] Childe, "The Past, the Present and the Future," (review), *Past and Present*, X (1956), pp. 3-5. 案：这段话见于 Green 1981, pp. 130-131。

正转化为外在的无产者,就像英帝国晚期的印度人和苦力,但我毫不怀疑,美国的资本主义结构会使来自欧洲人的贡品大受欢迎。[1]

注意,他说的是"假如你们的原子弹未能事先把人类大家庭彻底消灭"。

---

[1] Childe to Leslie White, Sept. 18, 1948. 案:这段话见于 Peace 1992, p. 231。

第五章

哲学背景

讲柴尔德的认识论（Epistemology），比较短（共16页）。他的认识论是知识论（Theory of Knowledge）。

柴尔德自认是唯物主义者。作者说，他讲外在世界的现实性，与马克思主义一致，但他与马克思有一点不同，他对事物变化的解释并不借重辩证法的哲学推理，主要靠社会、文化演变的历史模型。

柴尔德讲知识论，主要在1949年以后，代表作是一本书、两篇文章。一本书是在美国出版的《社会与知识》（1956年），两篇文章是《社会的知识界》（1949年，讲演稿）和《知识社会学》（1949年）。[1]此外，他还写过《巫术、手艺和科学》（1950年）、《重缀过去》（1956年），也涉及这一话题。

---

[1] Childe, "The Sociology of Knowledge," *The Modern Quaterly*, vol. 4 (1949), pp. 302-309.

在《社会的知识界》中，柴尔德提到涂尔干的思想模式和科林伍德的历史定义。涂尔干讲思想模式，[1]有所谓"知识分类"说，柴尔德认为，这些分类，既非永恒，也非先验，而是随历史变化而变化。科林伍德给历史下定义，[2]强调"历史是历史上的思想在历史学家头脑中的再现"，而"历史学家头脑中再现的是代言人的思想和动机"，柴尔德也反对。他反对把现代概念强加于史前。

在《巫术、手艺和科学》中，柴尔德也反对科林伍德的说法。柴尔德说，他不相信，历史学家的全部工作就是对死者思想的再思考，也不相信光靠文献记载就能揭示死者宣称的真实意图。柴尔德把知识分成"真知识"和"假知识"（据弗雷泽说）。[3]在他看来，工艺和科学属于前者，巫术属于后者。关于巫术，他的看法是：第一，科学活动和巫术活动并非截然分开，后者本来附属于前者；第二，巫术很古老，与人类一样古老。他强调，史前学家不应把复原巫术当研究目标。

在《重缀过去》的结尾中，出于类似考虑，柴尔德曾假设，一件莫斯特文化的D形刮削器是选一块燧石核，分五步制成。第一步选择满月之日，第二步全天斋戒，第三步恭敬祝告，向神乞求力量，第四步用石锤敲击石核，做成刮削器，第五步用老鼠血涂抹刮削器。他强调，这五步，只有第四步会留下痕迹，其他都是意识形态幻觉，不可能留下来，抹去这些错误，方显知识所在。

在《知识社会学》中，柴尔德讨论过精神与事物、主体与客体的关

---

[1] 涂尔干（Émile Durkheim，1858—1917年，或译杜克海姆、杜尔海姆），法国功能主义社会学家。主要著作：《社会分工论》《社会学方法的规则》《自杀论》《宗教生活的基本形式》等。
[2] 科林伍德（Robin George Collingwood，1889—1943年），英国哲学家、历史学家、美学家，著有《历史的观念》(1946年)。他有一句名言，"一切历史都是思想史"，见他的《历史哲学纲要》。
[3] 弗雷泽（James George Frazer，1854—1941年），英国人类学家，以研究巫术、禁忌、图腾而著称。

系。他认为，这种二元划分晚出，早先混在一起(如东方的青铜时代)。他反对精神只是被动反映现实，强调精神的能动作用，同时又与观念论者划清界限。他不相信，人类的知识分类是天生的，也不相信它们是精神的创造，相反认为，它们是受生产力制约，并随生产关系而变化，技术对意识形态有决定性影响。柴尔德用马克思主义讲意识形态。他把意识形态当虚假教条来理解，认为意识形态会扭曲人们的世界观(作者认为，这是马克思主义的偏见)，并且相信，这种扭曲将随阶级和阶级利益的消灭而消灭。

在《社会与知识》中，柴尔德对他的知识论做了最后也是最全面的总结。他认为，知识要名副其实，必须满足两个条件：第一，必须可以交流，公开也有用；第二，能够转化为成功的行动。前者会打击神秘主义者，不论他们信教还是不信教；后者会激怒古典时代的希腊人和他们的当代追随者，特别是那些"为科学而科学"的学院派科学家。他把交流手段限定为语言、数学类的符号，不包括艺术、宗教和梦幻类的符号。柴尔德有个定义，他把知识定义为"一种世界的观念复制品，可用于联合行动"。强调"观念复制品"是有别于镜面式的被动反映论，强调"联合行动"是为突出知识的实践功能。如涂尔干的分类概念就是对经验材料的观念复制，而"行动"则强调对真理的检验和修正，这是一个能动的过程。最后，柴尔德说，作为考古学家，他自己就是个"知识生产者"，他知道自己寿数有限，只有社会对知识的接受和传播才是永垂不朽。然后作者引用萨利·格林讲柴尔德自杀时引用过的柴尔德名言，作为结束。

案　　马克思晚年，对人们忽视精神领域的重要性非常不满，对人们把"经济决定论"当唯物史观非常不满，柴尔德也如此。他的"两个革命",世人皆知,一般都以为,他看重的是经济领域或生产方式的革命。其实他还有一个"革命",叫"人类的知识革命"(The Revolution in Human Knowledge),见《人类创造自身》第八章。

柴尔德的考古学探索,晚年经提炼总结,这是最高层次。

第六章

柴尔德和马克思主义

讲柴尔德与马克思主义的关系，也比较短（共17页）。作者关注，主要是柴尔德对苏联考古学的看法。

丹尼尔说，"柴尔德在多大程度上是马克思主义者（或马尔主义者），在多大程度上是卖弄外来者的哲学，这始终是个谜"（150页）。[1]但作者肯定，马克思主义对柴尔德的一生有全面影响。

作者先讲马克思主义的一般特点。如注重社会的经济阐释，把物质生活的生产方式分为生产力和生产关系，用经济基础解释上层建筑和意识形态，以阶级斗争为中心，等等，多半是老生常谈。作者说，苏联的历史唯物主义是以唯物辩证法讲历史发展的普遍规律。恩格斯在《反杜林论》中总结的辩证法三大规律（对立统一、量变质变、否定之否定）是

---

[1] "外来者的哲学"，指苏式马克思主义。

源自黑格尔的正—反—合三段式；马克思在《政治经济学批判》序言中把以往的历史分为五段(亚细亚的、古代的和封建的三段，加上当代的资产阶级社会和未来的共产主义社会两段)则跟达尔文、摩尔根、斯宾塞、泰勒有关。[1] 他的人类学笔记是探讨原始社会，主要根据是摩尔根的《古代社会》，但未克成书就告别人世。恩格斯完成了他的遗愿。他的《家庭、私有制和国家的起源》和摩尔根的《古代社会》是苏联考古学的理论源泉。

1934年，柴尔德第一次访苏。当时，苏联考古学是被当作理解和复原前资本主义社会的资源。为了反对德国的种族主义和印欧人说，苏联考古学采用进化论，禁止传播论和迁徙说。有趣的是，马尔恰好死于这一年。[2]

柴尔德的学说虽然不尽符合苏联的正统性，但终其一生，他总是为苏联的社会主义试验和苏联学术说好话。

1935年，他在《苏联史前学》一文中回顾他对苏联的第一次访问。他对苏联科学院物质文化史研究所和他们的新国家博物馆十分赞赏。作者说，柴尔德并不了解苏联考古学的宣传性，淡化苏联政府对考古学家的思想控制，也没提不同政见者的消失，难免激起不满。1936年，格拉厄姆·克拉克在《苏联考古：图画的另一面》一文中利用芬兰考古学家

---

[1] 这五段与作者提到的四人无关。斯宾塞(Herbert Spencer，1820—1903年)，英国哲学家、社会学家，社会达尔文主义之父。

[2] 马尔(Николай Яковлевич Маpp，1864—1934年)，苏联科学院院士，语言学家。父亲是苏格兰人，母亲是格鲁吉亚人。他对高加索地区的各种语言都很熟悉，以高加索地区的语言为中心，拼凑一种所谓雅弗语理论，用以反对西方流行的印欧语理论，曾经统治苏联语言学界达30年。1950年，斯大林发表《马克思主义与语言学问题》，批判马尔主义，马尔主义的统治才宣告结束。

塔尔格伦访苏归来对苏联史前学的负面介绍，[1]批评柴尔德，说苏联考古学已经沦为布尔什维克的宣传部。当时，柴尔德并没直接回应他。

1940年，柴尔德在另一篇报道中表示，他很担心，对苏联内外政策的不满会令从事科学研究的人对苏联考古学的地位产生过于悲观的看法。其实，从他第一次访苏到现在，苏联考古已经取得很大进步，特别是《苏联考古》，比早前的杂志显然强多了。

1952年，柴尔德在《苏联的考古机构》一文中再一次为苏联考古辩护，他拿苏联考古与英国考古做对比，批评英国考古缺乏科学眼光，也缺乏政府的资金支持，因而考古学家被迫为有限的经费你争我夺，反而不利于他们的工作，他们为发掘选址，只强调个人的特殊兴趣，而无视那些看上去不太吸引人而实际上很有理论价值的国内遗址。相反，考古在苏联是被纳入国家体制，考古学家可以专注于科学研究，从国内遗址的全面发掘，获取经济、人口密度和社会结构等方面的知识，既不必为博物馆筹集展品而选址发掘，也不必为满足人均六天的展出而操心费力。同样，他还为苏联的思想自由辩护，认为马克思主义作为一种历史哲学并未限制考古研究，英国考古学家和苏联考古学家一样，同样受杂志刊发空间的限制。作者说，他有意回避苏联杂志的审查制度，这种辩护不可信。[2]

作者指出，此文写于马尔被斯大林批判之后。马尔主义影响下的苏联考古学是讲平行进化论（多元进化论），与柴尔德的观点并不一样。马

---

[1] 塔尔格伦（A. M. Tallgren，1885—1945年），芬兰考古学家，1935年访问列宁格勒苏联科学院物质文化史研究所，苏联授予他荣誉院士。第二年，发表《苏联考古学研究》，揭露苏联的阴暗面，被苏联取消院士资格，并拒绝再次入境。

[2] 其实，英、美也有审查制度，特别是"二战"中和冷战高峰期。审查放缓，只是在彻底掌控话语权之后。

尔主义被批判后，苏联考古学才有机会讲传播论和迁徙说。但柴尔德认为，当时的苏联考古学是对西方理论的必然反应，用他的话讲，当时讲传播论是"一种为希特勒主义的意识形态辩护"，苏联反对传播论有当时的理由。

柴尔德在《重缀过去》(1956年)和《展望》(1958年)中对马尔主义影响下的苏联考古学有所批评(在此之前，他从不公开批评苏联)。作者指出，柴尔德的批评，并不像克拉克在《柴尔德以来的史前学》(1976年)中所曲解，意味着他对马克思主义的整体否定。作者说，"这不是什么新立场，也不能解释为他对历史唯物主义的最终幻灭"(166页)。

柴尔德的研究也从未被苏联接受(如蒙盖特就批评过他)。作者指出，柴尔德的马克思主义从来都是他个人理解的马克思主义。他从不打算迎合任何流行的和正统的概念，而更乐于让它服务于自己的研究目的。对他来说，马克思主义是为考古服务，"他并不打算让学问屈从政治，屈从'外在者'的哲学"。这是他对上文丹尼尔所谓"柴尔德之谜"的回答。

最后，作者说，柴尔德从未固守任何特定理论，如传播论或功能论，把它们当马克思主义。相反，他是把各种理论综合在一起，用来理解史前史的各种现象，总结出社会、文化变迁的模式。

案　《联共(布)党史》的"五种社会形态"根本不是什么马克思、恩格斯的发明。如它的前三段(即前资本主义时期)是对应于黑格尔《历史哲学》所谓的"东方世界""希腊、罗马世界""日耳曼世界"，最初叫"部落所有制""古代公社所有制和国家所有制""封建的或等级的所有制"(《德意志意识形态》)，后来叫"亚细亚的""古代的""封建的"三种生产方式(《政治经济学批判》序言)。这个"老三段"是19世纪西方视角下的老生常谈。欧洲考古分近东考古、古典考古(南欧考古)和史前考古(与日耳曼等北方民族有关的西北欧考古),正是对应于这个"老三段"。它们更像是三种区域文化。马克思说,他只是把欧洲人熟知的这个"老三段"加上现代资产阶级社会,从生产方式和社会形态的角度做了点阐释。他并没有发明这个"老三段",也没有说其他地方都经历了这个"老三段"。现代资产阶级社会是明摆着的(黑格尔把它归入"日耳曼世界",视为"日耳曼世界"的延续),共产主义社会还不存在,只是被设想为现代资产阶级社会的反面,根本不属于历史研究的对象。

柴尔德一生笃信马克思主义,任何评论家都绕不开。马克思主义在实践领域中创造的实际结果是苏联和苏式社会主义国家,这也是事实。作者的介绍大体公允。

苏联考古学当然受苏式马克思主义指导,这在英国很敏感,谈马色变,马上就会想到苏联,但苏式马克思主义只是马克思主义的一种,并非全部。马克思主义并不等于苏联,苏联也不等于马克思主义。

事实上,柴尔德的马克思主义是来源于他在悉尼大学和牛津大学的读书生活,他对马克思主义的认识与英国知识界、英国社会主义者和英国共产党关系更直接。

马克思活了65岁,他的后半生是在英国度过,最后死在英国,共产主义幽灵就徘徊在英国上空。柴尔德的马克思主义就在身边,根本用不着到远处找。

克拉克对柴尔德不满,不满他不批评苏联,关键是立场不同。柴尔德对苏联并非全盘接受,只是不愿从塔尔格伦式的角度去批评。柴尔德来自英国,一个敌视苏联的国家。他在苏联言论不自由、行动不自由,很正常。他到苏联,被苏联同行批评,也很正常,正像他在英国也会被批评。其实，他在英国同样不自由。因为他是马克思主义者，苏联社会主义试验的同情者，一个被英国情报部门时刻监视的"危险分子"。换位思考，一切都很简单。

书后附著作选目和索引。

小　结

此书侧重柴尔德的方法和理论。一是他对考古发现的概括与总结；二是他使用的分析工具，即他的"考古文化"概念；三是他对考古发现的功能阐释，即他的"两个革命"说；四是他的历史理论，即如何用考古发现讲大历史；五是他的哲学背景，即他对知识、意识形态等精神领域问题的理解；六是他的马克思主义观，即他对苏联考古学的评价。

III

手持学生礼物的柴尔德(伦敦大学)

《柴尔德：考古学的革命》[*]

[*] Bruce G. Trigger, *Gordon Childe: Revolutions in Archaeology*, London: Thames and Hudson Ltd., 1980（简称Trigger 1980）。中文译本：特里格《柴尔德：考古学的革命》，何传坤、陈淳译，北京：中国人民大学出版社，2020年。

作者布鲁斯·G. 特里格（Bruce Graham Trigger，1937—2006年），加拿大麦吉尔大学人类学教授。

此书中文本刚出，是陈淳在何传坤遗稿的基础上校改修订。陈淳说，何稿并非全译，"书中涉及柴尔德的马克思主义倾向的论述多被略去，这可能反映了何先生作为台湾学者想淡化本书意识形态色彩的想法"，参看译后记（263—274页）。其实，特里格讲柴尔德的马克思主义倾向，多半是负面评价，很符合西方"政治正确性"，台湾学者杯弓蛇影，想淡化意识形态，这本身就是意识形态。

台湾的《戒严令》从1949年5月19日到1987年7月15日，长达38年又56天，破世界纪录。何传坤死于2015年，"解严"已久。他的译稿是写于"解严"前还是"解严"后，去马是迫于环境还是自觉自愿，不知道。

阅读此书，最好同时参看格林书。这两本书，夏鼐都读过。他是先读格林书，后读特里格书。[1] 我正好相反。读后的感觉是，作者对柴尔德并不理解，特别是对他的政治立场和文化立场并不理解，仍然未脱西方"政治正确性"，不如格林书，相对客观。

此书共十章，前两章是背景介绍，相当绪论，第三章讲35岁以前。第四章至第六章讲爱丁堡大学时期。第七章至第九章讲伦敦大学时期和重返澳大利亚的最后一年。第十章是点题，类似结论。

下文，柴尔德的作品，译名悉遵陈淳本，以便核对。括注页码也是中文译本的页码。

---

[1] 见《夏鼐日记》1982年11月14—15日、1983年10月24日、11月2—4日（卷九，189、296、298页）。夏鼐在《中国大百科全书》考古学卷（北京：中国大百科全书出版社，1986年）卷前的《考古学》讲柴尔德，是与"一战"后苏联考古学的崛起并叙（7—8页）。柴尔德条是由石兴邦撰写（59页）。

案 　柴尔德有"两个革命"说,作者以"考古学的革命"作为本书题目,侧重从考古学解读柴尔德的一生。

盖瑟科尔为科林·伦福儒、保罗·巴恩编《考古学:关键概念》(陈胜前译,北京:中国人民大学出版社,2012年)一书写词条,其中有"考古学的革命"一条(36—41页),可参看。

前 言

此书写于1977—1978年,正式出版是1980年。麦克奈恩书是同一年出版。格林书是1981年出版,好像最晚,其实最早。它是谢菲尔德大学1978年的博士论文,1976年已有成稿。特里格书的参考文献列有萨利·格林书1976年稿本,但没有麦克奈恩书,似未及见。

作者说,他的兴趣是柴尔德的学术思想。"本书是对他整个学术生涯思想发展进行分析的首次尝试","本书不想提供一本详细的个人传记,也不想将他思想中与考古学无关的某些方面与他生活和工作的学术和社会背景联系起来。由于缺乏对东欧语言的知识和马克思主义哲学史错综复杂关系的了解,因此无法对柴尔德思想与苏联考古学和马克思主义错综复杂的关系做深入的研究"(1页)。他想舍人而谈思想,而且只限跟考古学有关的思想,这是本书最大的短板。

柴尔德与马克思主义哲学和苏联考古学到底是什么关系,在西方考古学界,一直是个最具争议也最敏感的问题。考古学是门宏观的学问,马克思主义是个宏观的理论。它们在柴尔德的头脑里是什么关系,这个问题很重要,对了解柴尔德很重要。

此书出版后,盖瑟科尔曾批评此书,批评他没有讲清柴尔德与马克思主义的关系。所以作者写了篇《柴尔德与苏联考古学家》作为回应。

他说，他没见过柴尔德，对柴尔德的私人生活不太了解，主要是据柴尔德的书讲柴尔德，他与格林事先有约定，把马克思主义留给盖瑟科尔讲。[1]他很清楚，他的弱点在哪里。

前言中有个致谢名单，首先是格林，其次是盖瑟科尔，然后是乔治·芒斯特和罗伯特·布雷德伍德，[2]然后是格拉厄姆·克拉克，以及格林·丹尼尔、斯图尔特·皮戈特等人。请注意，格林是头一位。

读柴尔德的书，首先要知其为人，从他本人的经历和历史环境了解他的政治立场和文化立场；其次，我们要从他本人的著作了解他本人的学术思考，看他怎么用考古思考世界，怎么用世界思考考古，而不是以西方国家的"政治正确性"、学界时尚和个人好恶为去取，代替他本人的想法。

特里格对柴尔德似乎十分推崇。如他写过《柴尔德仍与我们同在》《如果柴尔德活到今天》《柴尔德，一位马克思主义考古学家》。[3]但他说，"传记中的细节我并不了解，因为我首要关注的是分析他的著作"，[4]他说的"著作"是柴尔德的考古著作。

他对柴尔德的想法有所取舍：第一，有意把柴尔德与苏联切割开来；第二，有意淡化其马克思主义色彩；第三，有意把柴尔德"过程考古学化"和"后过程考古学化"，与1960年代以来以美国考古学为代表的考古学主流衔接起来、协调起来。

---

[1] 此书出版后，曾遭盖瑟科尔批评，作者的回应见B. G. Trigger, "Gordon and Soviet Archaeology," Australian Archaeology, vol. 18 (1984), pp. 1-16。
[2] 乔治·芒斯特（George Munster，1925—1984年），澳大利亚记者、政治评论家。
[3] 柴尔德《考古学导论》中文本，137—195页。
[4] 特里格《柴尔德仍与我们同在》附《讨论》特里格发言，柴尔德《考古学导论》中文本，159页。

魂断蓝山

案 此书是由几个不同时期的演讲稿拼凑和续写,杂糅各家评论,有点杂乱无章,读起来不太顺畅。作者的具体评价多半都很负面,政治不用说,学术也不怎么样,但总体评价反而很高,奇怪!

特里格写柴尔德,重点在最后四章,强调他与功能派社会人类学、过程考古学和后过程考古学的契合点。

此书之后,特里格写过《考古学思想史》(1989年第1版,1996年第2版),[1]文化—历史考古学有柴尔德,早期功能—过程考古学也有柴尔德。他是把柴尔德定位于进化考古学之后、过程考古学之前,当作承前启后的人物。中译本封底有科林·伦福儒的推荐语:"鉴于柴尔德在史前学中开创了经济学与社会学的议题,他堪称过程论思想之父。"

特里格对柴尔德的定位,明显带有折中性质。柴尔德诞辰100周年讨论会,芭芭拉·本德(Barbara Bender)对特里格说,"你在结尾提出我们后结构主义者、过程论者、后过程论者和文化历史学者应该走到一起……但这些不同的主张在本体论上存在巨大分歧,这使我们不能轻易地说:'让我们来搅拌锅里的东西,这样我们所得到的东西就会包括其中每一种东西的一小部分,这将是世界上最好的'"。[2]

思想史,越是"大道理",争论、分歧越多。马克思如此,柴尔德也如此。[3]

---

[1] 特里格《考古学思想史》(第2版),陈淳译,北京:中国人民大学出版社,2010年。
[2] 见特里格《柴尔德仍与我们同在》(莫慧旋译,陈淳、沈辛成校)所附讨论(附载柴尔德《考古学导论》中文本,165页)。
[3] 参看特里格的三篇文章:《柴尔德仍与我们同在》(莫慧旋译,陈淳、沈辛成校);《如果柴尔德活到今天》(沈辛成译,陈淳校);《柴尔德,一位马克思主义考古学家》(陈淳译)。又特里格《考古学思想史》(第2版),第六章第六节,第七章第五节(陈淳译)。

第一章

谜一般的人物

讲柴尔德的生平、声望、争议、性格。

作者一上来，先概述柴尔德的生平，没有小标题。此书写"人"不及萨利·格林书，甚至有错误。如"1922年，他对自己祖国的政治感到幻灭而回到英国"（4页），柴尔德是1921年10月回到伦敦，不是1922年。又柴尔德的绝命书是1980年才公布，与此书出版为同一年，作者显然还没看到。他说，柴尔德"在攀登悉尼附近的蓝山（Blue Mountain）时坠崖身亡"（5页），177页甚至说，他登蓝山是为了"研究悉尼附近蓝山山脉的岩石构造"，不知他是自杀。

此书是用单篇讲演稿和文章攒起来，按主题分章，头绪有点乱，说话有点绕。不像格林书，按年代叙事，做过什么，说过什么，写过什么，清清楚楚。两书最好对着看。

格林书把柴尔德的一生（1892—1957年）分为两大段：35岁以前是一

段，早年居澳大利亚22年、牛津求学3年、重返澳大利亚4年、重返伦敦6年；35岁以后是一段，爱丁堡大学19年、伦敦大学10年、重返澳大利亚1年。这里主要讲他出过什么书，列举各期代表作14部。

读格林书，你对柴尔德会有个基本印象。他是个考古学家，但不是一般的考古学家。第一，他是个马克思主义者，一生持左翼立场，始终参加左翼和共产党组织的活动。第二，他在英国有很多左翼朋友和共产党朋友。第三，他与苏联学者、东欧学者有密切往来，从不参与西方对苏联、东欧的恶意攻击。这是他和绝大多数英国考古学家不同的地方。

特里格的书不是这样。它给人的印象好像不太一样，如"柴尔德痛心疾首地意识到，考古学与政治纠缠在一起是何等危险"（105页），"他明白德国和苏联所犯下的极权主义邪恶罪行"（177页），"对柴尔德来说，马克思主义和苏联是两回事"（178页）。

（一）柴尔德的声望

柴尔德名气大是因为格局大。他的学术贡献是什么？学者多强调他是"考古学界极少数最伟大的综述者之一"（6页）。"最伟大的综述者"（most great synthesizer），即汉语所谓"集大成者"。他懂欧洲各国语言，跑图书馆、博物馆、考古遗址最多，足迹遍于世界各地。他不但把巴尔干半岛、多瑙河流域与西北欧打通，还把欧洲的"三大考古"（古典考古、近东考古、史前考古）整合在一起。这是前所未有。但柴尔德本人临死前的自我评价（见《回顾》开头），他更看重的是"阐释的概念和解释的方法"（8页），[1] 而不是资料的汇集和整理，他想把他的综述上升为理论探索。

---

[1] 这里的"阐释"和"解释"含义有别。"阐释的概念"（interpretative concepts）是理论上的阐发，属于"想明白的概念"。"解释的方法"（methods of explanation）是向读者说明的方法，属于"说明白的方法"。

他是个反复修改的人，也是个一以贯之的人。

作者也看重思想。他说，"本研究并不关注柴尔德对特定考古材料的阐释，而是聚焦造就了这些的思想"（6—7页）。但这个覆盖全局、贯穿始终的思想到底是什么？无疑是马克思主义。这是他本人的说法，也是其左翼朋友非常熟悉也普遍认同的看法。

1938年10月，柴尔德致帕姆·达特信说，"对我来说，马克思主义意味着一套解释考古和历史材料的有效方法和手段，我接受它是因为它行之有效"。[1]

1957年10月22日，帕姆·达特撰文悼念刚刚去世的柴尔德，他说，柴尔德一直"与马克思主义运动心系魂牵"（10页）。

柴尔德最重要的学生盖瑟科尔赞同达特的意见，他说他老师是马克思主义者，马克思主义是柴尔德第一本书中"贯穿始终的学术力量"（10页）。[2]

柴尔德的一生很清楚："一战"，他是反战者；"二战"，他是反法西斯主义者；冷战，他亲共亲苏，反对核战争。他一共活了65岁，其中40年被英国军情五处（MI5）密切监视。[3]冷战时期被美国国务院列为"不受欢迎的人"。人，拒发签证。书，遭查禁。[4]他是什么样的人，很清楚，根本用不着讨论。

---

[1] 见特里格《柴尔德仍与我们同在》所附讨论（附载于柴尔德《考古学导论》中文本，160页）。

[2] 参看 Peace 1992, pp. 29-31。

[3] Katie Meheux, "Life-Writing Vere Gordon Childe from Secret Surveillance Files," k.meheux@ucl.ac.uk, pp. 1-35.

[4] 冷战初期，就连英国学者去美国，也必须经面试，填写是否参加过各种危险组织的长名单。1945年，柴尔德因参加苏联科学院220周年庆典，被美国国务院列入黑名单，宣布为"不受欢迎的人"。1948年，美国考古学家曾筹划邀请柴尔德访美，9月8日柴尔德致怀特（Leslie White）信说，就算他能拿到签证，他也害怕在美国遭绑架。参看 Peace 1992, pp. 245-250。

魂断蓝山

英国有成就的考古学家，多有爵位(Sir或Dame)。[1]柴尔德是20世纪上半叶世界公认的考古学泰斗，但始终没有得到过英国王室的任何嘉奖，也没封过爵。[2]这也说明，他在主流社会眼中到底是什么样的人。

（二）争议

柴尔德有两面，一辈子都有两面。一方面，他是个有现实关怀的马克思主义者，始终参加左翼的各种活动，以大众为读者；另一方面，他是个著名考古学家，在学术界有另一个活动圈子。他跟考古学家只谈学术，不谈政治(除克劳福德)。

他是个有争议的人物。争议主要是他与马克思主义的关系，与苏联的关系。作者说，"柴尔德最大的谜团是，在何种程度上他是一位马克思主义者"（9页），"大部分认识柴尔德的英国考古学家，倾向于降低马克思主义在其著作中的重要性"（11页）。如丹尼尔、皮戈特、霍克斯都持这种态度。格拉厄姆·克拉克甚至用"冷战"的口吻说，他要"一劳永逸地杀死柴尔德所谓的马克思主义"。[3]

马克思主义是个大理论。越是大理论，争论越多。作者说，"甚至在苏联，对他的著作也表现出不同的看法。《苏联大百科全书》称赞他是'20世纪最杰出的考古学家'，而考古学家亚历山大·蒙盖特（Alexander Mongait）在他题为"资产阶级考古学危机"的演讲中，坚称柴尔德没有

---

[1] 男考古学家，如伊文思、迈尔斯、皮特里、惠勒，他们的名字，前面都有Sir。女考古学家，如凯瑟琳·肯尼恩、琼·伊文思，她们的名字，前面都有Dame。
[2] 英国王室颁发的荣誉勋章分七等：一等CH，二等GBE，三等KBE或DBE，四等CBE，五等OBE，六等MBE，七等BEM。很多人都是先获此类荣誉奖章后封爵。李约瑟学术成就很大，晚年得过CH，但未封Sir。原因是他参加过美国在朝鲜战争中使用细菌战的国际调查，并同情卢森堡夫妇，站在社会主义阵营一边。他在英国，一直饱受攻击。柴尔德就连这类勋章也没得到过。
[3] Peace 1992, p. 33.

成功'克服资产阶级科学的许多错误',即便'他理解科学的真理是在社会主义阵营之中,并恬不知耻地自称为苏联考古学家的学生'"(9页)。注意:最后一句,应译"但他理解,真理在社会主义阵营一边,并不羞于自称是苏联考古学家的学生"。[1]蒙盖特并不完全认同柴尔德,正如柴尔德并不完全认同苏联考古学,很正常。这并不妨碍他们共同遵奉马克思主义,并反对他们共同的敌人。

柴尔德死后,有两种不同评价,他的左翼朋友当然知道他是干什么的,上面的问题根本不是问题,但他的考古界同行却宁愿相信,他与马克思主义无关,有,也是越来越怀疑,越来越批判,后悔上当受骗。如格拉厄姆·克拉克就说,柴尔德在《告别辞》中不得不承认对马克思主义感到幻灭。结果被一位澳大利亚学者指出,这是他闹的一个大笑话。[2] 特里格也提到此事,但轻描淡写(11页)。

柴尔德死后,学者对柴尔德的评价,通常是"伟大"而"过时"。他们往往把他的著作分为两类:一类是早期著作,专注于欧洲考古和近东考古,偏综述、偏学术,乍看好像马克思主义味道不太明显,如他的四部成名作;[3] 一类是晚期著作,扩大为对人类命运的思考,偏阐释、偏通俗,书中有马克思主义词句,他们认为是写给大众看的。他们把前者叫

---

[1] 原文作"But he understands that truth is in the socialist camp and is not ashamed to call himself a pupil of Soviet archaeologist","恬不知耻",负面含义太重,原文不是这个意思。

[2] 克拉克把柴尔德文中的"马尔主义"误引为"马克思主义",被澳大利亚学者马修·斯普里格斯(Matthew Spriggs)指出,可见幻灭说纯属虚构。见Peace 1992, pp. 34-35。

[3] 作者提到,"盖瑟科尔同意达特的意见,即马克思主义是柴尔德第一本书中'贯穿始终的学术力量'"(10页)。但他的判断是,柴尔德的早期著作几乎都是符合现成考古学思维规范的著作,"因此,我说它给我的印象是基本上没有意识形态的,从某种意义上它与马克思主义思想体系无关"(特里格《柴尔德仍与我们同在》,附载柴尔德《考古学导论》中文本,161页)。这不符合柴尔德思想的发展历程。

"专业著作"（technical works），[1]后者叫"通俗著作"（popular works）。考古学家多认为，他的贡献主要是他的"技术著作"，"通俗著作"无足观。如格拉厄姆·克拉克就说，1935年以后的柴尔德著作根本不值一提。[2]

然而，到了1970年代，年轻一代的口味正好相反，吸引他们的反而是1935年以后柴尔德带有浓厚马克思主义味道的"小书"。

特里格跟英国考古界的大佬们有两点不同。第一，他承认，柴尔德是"一个马克思主义考古学家"；第二，他不认为柴尔德的思想完全过时，相反还很前卫，其晚期著作尤其是他的关注点，在他看来，其很多说法恰与后来崛起的"新考古学"一脉相通，否则他不会说"柴尔德仍与我们同在"。

（三）其人其事

讲柴尔德的性格。柴尔德在很多人眼中是个怪人。他低调谦逊，不显山，不露水，让人莫测高深；不争论，不表态，让人难以归类。有时还故意"炫耀自己的左翼兴趣"，甚至"在公开演讲里引用斯大林语录"，"用一种顽皮的方式来吓唬中产阶级的朋友和听众"（14页）。

特里格在一篇文章中提到，"关于柴尔德一生中的真正信仰，存在相当多的争议。在与同事交谈时，他会隐藏个人想法，你能觉察到，即使在与亲友的通信中，他也会希望自己看起来与各人的期望相符。这也许是对个人生活有戒心、有不安全感的人的一种行为。他也倾向于对他所敬重的朋友在理论上的分歧保持沉默，特别是左翼政治团体的成员，这很可能抑制了他对各类考古学问题的批判性思维。他还以令那些较保守

---

[1] 陈淳译"技术著作"。
[2] 见Peace 1992, p. 33。克拉克还说，柴尔德是"世界上最资产阶级的人"。

的同事感到震惊为乐。他对办公室必须有一份醒目的《工人日报》十分在意,并以戏谑地模仿苏联人(此文发表时苏联尚未解体,下同。——译者注)赞美'斯大林同志'取乐而为人所知。萨利·格林(S. Green)曾敏锐地指出,这些行为多半是'一种自我保护的方式'"。[1]

案　　西方有争强好胜与人争论辩难不休的传统,从小培养,宗教、法律、学术,到处都渗透着这种精神,但柴尔德却喜欢坐在角落里一言不发,不争论,不表态,为什么?我很理解他的"自我保护",包括他的"遁入考古"。咱们中国有隐逸传,这叫"佯狂避世"。

立场是不能讨论的。在英国那样的保守环境里,一个持左翼立场的马克思主义者,亲共亲苏,那还得了,当他面对排山倒海人云亦云的主流话语时,戗着顶着硬碰硬,没用,不是伤着朋友,就是伤着自己,更多是伤着自己。他有另一套生存策略。

柴尔德的生存策略是道归道(政治归政治),术归术(学术归学术),"道不同,不相为谋"。左翼活动,他经常参加。党,不入。学术,跟考古学家不谈马克思主义,尽量用他们熟悉的语言交流。如讲哲学,他说他是克罗齐主义者。讲社会科学,他说他用涂尔干、马利诺夫斯基的方法(但他忘不了补充,马克思是涂尔干的老师)。到美国,也是就着人家的习惯,顺着对方的概念跟人家交流。他很会保护自己,不然当不成教授。[2] 他吃过亏,早就从澳大利亚的经历中吸取教训。

---

[1] 特里格《柴尔德仍与我们同在》(附载柴尔德《考古学导论》中文本中,142页)。
[2] 特里格的这段话很对,"在1927年,一个直言不讳的马克思主义者是不可能成为爱丁堡大学的阿伯克龙比主席的,也不太可能取得其他起码的大学职位"。见特里格《柴尔德仍与我们同在》(附载柴尔德《考古学导论》中文本中,150—151页)。这话正好可以解他之惑,即为什么柴尔德的早期著作好像"没有意识形态"。案:"阿伯克尤比主席"应作"阿伯克龙比教席"。

柴尔德生活于英国。马克思主义在英国是个遭受敌视的思想。他的马克思主义是他从自己的研究和探索中发现并自觉运用。他是个单枪匹马的马克思主义者。

他是个左翼无党派人士，有如中国的鲁迅。鲁迅是左翼，但不是共产党员。

特里格推崇柴尔德，但尽量回避他这个"人"，特别是他的政治活动、政治思想和政治立场。书中涉苏，多负面评价；涉马，多轻描淡写。这种回避可以反映西方主流话语的压倒一切。

特里格说，"柴尔德发展出一套十分完整的概念，从许多重要方面预见了1960年代初以来在美国兴起的新考古学的一些原理。但同样十分明显的是，他对马克思主义哲学的理解（不应与盲目信奉政治教条相混淆），令他采取了与新考古学直接相悖的立场"（15页）。这才是大实话。

立场不同，很难沟通。谜在这里。

第二章

柴尔德之前的考古学

讲柴尔德的学术背景。

（一）进化考古学

柴尔德的考古学是文化—历史考古学，文化—历史考古学之前是进化考古学。作者讲汤姆森"三期说"和达尔文进化论。"三期说"以材质为工具分类（不包括陶器，陶器不是工具）。"进化论"出，三期被细分。

（二）族群的史前史

主要讲三个人，德国的科西纳，英国的伊文思（Sir. Arthur John Evans, 1851—1941年）和迈尔斯（Sir. John Linton Myres, 1869—1954年）。这三个人，此章讲，下一章也讲。他们对柴尔德影响很大。

柴尔德受科西纳影响，《回顾》一开头就承认。两人有共同出发点：探索雅利安人的起源，但研究目的不同。

考古，现在讲"透物见人"。古人云，"物以类聚，人以群分"。物要分类研究，人也要分类研究。考古文化背后是族群。族群跟血缘、地缘、语言、宗教都有关系，但跟哪一样都不能直接画等号。考古文化跟族群有关，同样不等于族群，两者都是历史变化的概念，研究起来很复杂，常常搞不清。但搞不清不等于没有。族群是客观存在。[1]柴尔德常用模糊的"人群"概念代替具体的族属认定。[2]

柴尔德是文化—历史考古学的代表。他谈雅利安人的起源，不是为德国人寻根问祖，而是为欧洲寻根问祖，为现代文明寻根，目标是"欧洲文明探源"。

欧洲文明探源，一向有西方主义和东方主义之争，前者以赖纳赫（Salomon Reinach）为代表，后者以蒙特留斯（Oscar Montelius）为代表。柴尔德持"欧洲文明东来说"，属后一派，但直接影响来自他在牛津的老师。

柴尔德在牛津有好几位老师，[3]伊文思、迈尔斯最重要。他们两位，伊文思名气最大，但对他影响最大是迈尔斯。作者指出这点，非常对。

案 特里格指出，柴尔德受迈尔斯影响最大，这点很重要。

迈尔斯的名作是《历史的曙光》，[4]夏鼐读过（见《夏鼐日记》1937年1月30日）。此书有中文本，任保罗（Yin Pao Lo）译，题目是《史源》，上海广学会1913年版。任保罗即任廷旭，字仁甫，江苏吴江人，进士及

---

[1] 希安·琼斯《族属的考古——构建古今的身份》，上海：上海古籍出版社，2017年。
[2] 区系，常让我想起菜系。八大菜系是"文革"中才总结。菜系有地域性，跟一定的人群有关，没错，但很多口味跨地域，跨人群，彼此混杂，无法对号入座。
[3] 除伊文思和迈尔斯，格林还提到比兹利（J. D. Beazlay）、托德（Marcus Tod）、加德纳（Percy Gardner），见 Green 1981, pp. 14-15。格拉厄姆·克拉克说柴尔德跟比兹利陶器式样分析，则见本书29页。
[4] *The Dawn of History*, London: Williams and Norgate, 1911.

约翰·迈尔斯《历史的曙光》

约翰·迈尔斯《历史的曙光》中文译本(《史源》)

第,曾任清朝美国公使随从,佐李提摩太、林乐知译书,上海广学会即 The Christian Literature Society, Shanghai。这个译本,半文言,很有中国语感,读起来,非常顺畅,不像现在的很多译本,长句弯弯绕,疙疙瘩瘩,不知所云。

迈尔斯的书,先讲无历史的人民,再讲有历史的人民。各国古史,先讲近东,首先是埃及、巴比伦,其次是闪族入侵,旁及亚述、赫梯、波斯、叙利亚等国。然后讲近东的南北大通道,北道去小亚,连接欧亚,南道去埃及,连接亚非。然后讲巴尔干半岛和希腊诸邦。然后讲"北方人"(即雅利安人)。然后讲阿尔卑斯山以南的罗马,然后讲阿尔卑斯山以北的中欧和北欧。

魂断蓝山

迈尔斯讲物竞天择、适者生存(这是进化考古学的遗产)。他为世界文明排座次,近东最古老,但最落后,欧洲后来居上。他认为,农业民族最保守,安土重迁,不如希腊人和罗马人,因为航海,知道天外有天。大西洋海上霸权崛起,收功于西北欧,导致地理大发现和欧人称霸世界,很自豪。这是当时欧洲人的流行思路。[1]柴尔德也有这种自豪感。[2]他想用考古材料探讨欧洲文明为什么会后来居上,超过东方,成为独一无二的文明。《历史的曙光》就是讲"欧洲文明的曙光",既为古代欧洲文明探源,也为现代欧洲文明探源。

作者在《考古学思想史》的《文献笔记》中说,"熟悉迈尔斯(Myres 1911)对了解柴尔德将文化—历史考古学许多特定方面应用于欧洲史前学是必不可少的"(430页)。

---

[1] 如黑格尔讲世界史,东方世界(亚细亚)是正题,希腊世界(古希腊、古罗马)是反题,日耳曼世界(包括民族大迁徙、中古和现代)是合题,越古老越落后。
[2] 现在,欧洲人的爱国主义并不强烈,但基于宗教信仰和文化认同的爱欧主义却很强烈。

第三章

《欧洲文明的曙光》与《雅利安人》

讲早期柴尔德，即35岁以前的他。

（一）早年生涯

参看格林书前四章。文中附有插图33幅，主要是与柴尔德有关的照片。

（二）回归考古学

即格林书第四章《转折点》所述。特里格说，柴尔德"回到英国之后的许多年里，他的考古研究并未体现他与马克思主义或乌托邦想法有任何明显的关系"，似乎他真的已经忘情于政治，一心只问考古。其实，事情并非如此。格林用了整整一章讲这一段，比他讲得要靠谱。事实上，柴尔德一回伦敦，就去找他那些左翼的老同学、老朋友去了，他并未忘情于政治。所谓"转折"，表面是"告别政治""回归考古"，其实是"翻毛大衣里外穿"，过去的里子和面子调了个儿，柴尔德并未"告别政治"。

特林厄姆评论说，同是讲"转折"，特里格和格林大不一样。格林说，柴尔德和其他考古学家不同，"他是高度政治化的人物，他知道世界对他意味着什么，他对政治问题有强烈感受，而且一辈子如此，无论写什么，在哪儿出版，任何选择都带有这种敏感。考古学和史前史，对柴尔德并非象牙塔，可以让人忘情于当今世界的烦恼、肮脏和不愉快"。[1]

（三）《欧洲文明的曙光》与《雅利安人》

1.《欧洲文明的曙光》。1925年科甘·保罗出版社出版。此书是柴尔德的成名作，前后六版，不断修订，名气最大。我国考古学家把龙山时代叫"中国文明的曙光"，就是模仿柴尔德的《曙光》。此书有中文本（陈淳、陈洪波译，上海三联书店，2012年）。

2.《雅利安人：印欧语系民族起源研究》。1926年科甘·保罗出版社出版。欧洲人讲族属，最重语言。柴尔德的欧洲文明探源，起于印欧语探源。他一直关心印欧人到底从哪儿来。

这是柴尔德的两部成名作。柴尔德曾为科甘·保罗出版社翻译"文明史丛书"，[2]这两本书就是放在这套丛书中出版。柴尔德的很多书都是在这家出版社出版。

作者指出，柴尔德的两部成名之作是受迈尔斯影响。他说，"当柴尔德在写这两本书的时候，它们对欧洲材料的处理是相辅相成的，虽在细节上较迈尔斯《历史的曙光》涵盖的内容更为详尽，但《欧洲文明的曙光》的书名也有不无承袭之嫌的模仿。虽然《欧洲文明的曙光》追溯物质文化自埃及和美索不达米亚向欧洲的传播，但是《雅利安人》一书

---

[1] Tringham 1983, p.89。

[2] 50页"柴尔德也通过把科甘·保罗（Kegan Paul）耗时费力的'文明史'（History of Civilization）系列从法语翻译成英文而赚点收入"，Kegan Paul是出版社名，不是人名，此处译文容易造成误会。

则想证实这个过程的优点是如何被印欧语系的人群所获得,就像迈尔斯一样,柴尔德相信,印欧语系的人群来自俄国南部的草原地区"(52页)。[1] 类似说法也见于他的另一篇文章中,"《曙光》中认为,来自近东的物质文化在欧洲背景下为印欧语系民族先知所改造的观点,是源自迈尔斯的。事实上,柴尔德著作的标题就模仿了迈尔斯1911年出版的《历史的曙光》"。[2]

(四)考古学文化

柴尔德的"考古学文化"概念借自科西纳。图34是中欧考古文化年表,图35是欧洲考古文化分布图,最能代表他的理解,既有条条,也有块块。

(五)传播论

考古学家讲文化演变,有进化、传播之争,单线、多线之争(多线说又分多线平行说和多线互动说)。柴尔德主温和传播论,这与他的研究目标有关。他的"欧洲史前文化来自近东说",属于跨文化研究,不能不讲多线互动。61页图36就是此说的示意图,其传播路线与迈尔斯的书高度相似。[3]

(六)民族偏见

主要讲《雅利安人》。此书已淡出人们的视线,但却是柴尔德研究的出发点。

《圣经·旧约》讲挪亚三子,闪是闪语族,含是含语族,雅弗是说

---

[1] 特里格《柴尔德:考古学的革命》,52页。
[2] 特里格《柴尔德仍与我们同在》所附《讨论》,柴尔德《考古学导论》中文本附录,159页。
[3] 不过,柴尔德的《欧洲文明的曙光》,其参考书目没有迈尔斯的《历史的曙光》,只有迈尔斯为《剑桥古代史》卷一写的导论。

雅利安语的人，三族以三语分。闪是阿拉伯人、以色列人，含是古埃及人、今科普特人，雅弗是印欧人，包括波斯人和印度人。

中古欧洲，有所谓"三大蛮族"：日耳曼人、凯尔特人、斯拉夫人。这三大族留下的考古文化都是跨国文化。宗教分罗马、拜占庭，东西对峙，也是跨国宗教。西欧、北欧、中欧重视凯尔特人、日耳曼人，东欧和俄国重视斯拉夫人。

柴尔德认为，欧洲文明是印欧人的文明(祆教和佛教的文明)，而非闪含人的文明(近东文明和基督教文明)。但前者受后者影响。

族群考古，"二战"前非常热闹，"二战"后噤若寒蝉。科西纳式的德国考古因德国战败而遭人唾弃，"雅利安人"成为现代taboo(尽管希特勒本人是学艺术出身，他更喜欢古典考古，对日耳曼考古没什么兴趣)。柴尔德憎恶希特勒，觉得战后对德国惩罚不够，但他并不抹杀德国考古的基础工作。他反对的只是鼓吹"日耳曼第一"(如特朗普的"美国第一")，歧视犹太人和斯拉夫人。

犹太人是闪人的一支，多富豪，多精英，多共产主义革命家。苏联是斯拉夫大国，欧洲东部的第一个社会主义国家。希特勒利用德国战败的屈辱感、经济大萧条下的普遍不安和不满，拿犹太资本和共产主义当出气筒。

柴尔德跟科西纳不同。科西纳重迁徙，讲的是"日耳曼人南下"说。柴尔德重传播，讲的是"欧洲文明东来"说。他要讲的不是哪国第一，而是欧洲文明从哪儿来，为什么会后来居上。[1]

---

[1] 欧洲历史分多合少，自治传统强，现代"国族"(nation)是靠战争打乱反复重组的概念，越打越乱，"爱国主义"也是越讲越乱，只有"欧洲自豪感"才比较靠谱。

欧洲文化有南北之分，所谓Nordic，如粤人之呼"北佬"。德国人以日耳曼人、雅利安人或Nordic Race自居。日耳曼人南下，灭罗马帝国，如我国的五胡十六国。此事历来有两种评价。或说从此进入"黑暗时代"，或说赖此蛮风，重振欧洲。[1]

柴尔德本来赞同后说，"他同意恩格斯的看法，即野蛮人征服罗马帝国改造了欧洲"（163页），但"二战"爆发，在德国吞并欧洲的危险面前，再这么讲就不合时宜。他在《回顾》一文中说，"希特勒主义对考古学支持所激起的敌意和恐惧，令我难以认可欧洲野蛮时代所有的积极方面"（131页）。[2]特里格说，柴尔德是用"文明来自东方"说对抗法西斯主义（131页）。

柴尔德不歧视犹太人，也不歧视斯拉夫人。战后的西方，反犹不行，仇俄反共可以。柴尔德不是这种人。

寻根问祖，事关民族认同和地缘政治，非常敏感。不但雅利安和日耳曼成为禁忌，谁的祖宗都免谈，谈了就是种族主义和民族主义。

作者说，"柴尔德再也没有捍卫这样的观点，即语言或族群的特点可以构成解释文化发展的独立变量。他无意更新《雅利安人》，也没有在他离世之前所写的《回顾》中再提这本书"（67页）。

（七）成就

柴尔德的贡献是什么？仁者见仁，智者见智，但几乎所有人都承认，他是"伟大的综合者"。

作者说，"新石器时代不再简单被定义为一个文化阶段，而是要作

---

[1] 考古学家有所谓"黑暗时代"和"系统崩溃"研究，参看科林·伦福儒、保罗·巴恩编《考古学：关键概念》，陈胜前译，55—59页。
[2] 沈辛成译本与此稍异。

为明确描述的文化群体的一种镶嵌图像来定义"(67页)。他用区域考古拼图,为欧洲文明探源,这是他所有研究的出发点。当年,李济跟梁思永通信,希望夏鼐留英,能跟柴尔德读书。他说,"爱丁堡大学之Childe[柴尔德],可以从之学比较考古学"。[1] 他说的"比较考古学"就是指《欧洲文明的曙光》中的那种学问。

案 欧洲史前考古,主流是西欧考古(英法考古)和北欧考古(斯堪的纳维亚考古)。英国重英伦三岛,重西欧、北欧、大西洋,德国重中欧、莱茵河,没人关注多瑙河。柴尔德受迈尔斯影响,特别重视多瑙河。熟悉东南欧是他的优势所在。他把欧洲与近东整合在一起,把西北欧与中欧、东南欧整合在一起,欧洲史前史才有全景。当时,没人能做这种综合。他做了,所以他成功了。

历时性是条条,共时性是块块。西方人吃饭是分餐制,通常一菜制(食不兼味),宴会才一道道上菜。我国不太一样,讲究七碟子八碗,一摆一大桌(八仙桌或圆桌),大家一块儿上筷子,远了够不着,发明转盘。前者是历时性,后者是共时性。柴尔德讲考古文化,更重共时性。

---

[1]《夏鼐日记》1935年3月15日(卷一,301页)。

第四章

史前经济

主要讲爱丁堡时期(1927—1946年)的柴尔德。

(一)《史前期的多瑙河》(即《史前的多瑙河》)

1929年牛津大学出版社出版。这是柴尔德讲东南欧考古的代表作,但写成却在柴尔德任教爱丁堡大学之前,其实是《曙光》一书的姊妹篇。1926年夏,他和达里尔·福德结伴,到南斯拉夫、罗马尼亚和匈牙利访古,回来写了此书。

欧洲有欧洲的"两河",莱茵河和多瑙河。莱茵河源出瑞士境内的阿尔卑斯山北麓,西北流,经列支敦士登、奥地利、法国、德国、荷兰,从荷兰注入北海。多瑙河源出德国西南的山地,东南流,经奥地利、斯洛伐克、匈牙利、克罗地亚、塞尔维亚、保加利亚、罗马尼亚、摩尔多瓦、乌克兰,从罗马尼亚注入黑海。这两条河把欧洲分为西北、东南两大块。德国考古重莱茵河,柴尔德重多瑙河。多瑙河很重要。它是连接巴尔干半岛与欧洲腹地、东南欧与西北欧的大通道。

(二) 阿伯克龙比教职

作者提到,柴尔德的继任者皮戈特说,阿伯克龙比在他的遗嘱中规定,这一教席的入选资格,一是精通欧洲考古和近东考古,二是精通多种外语,如法文、德文、意大利文等。这些条款是"设计来排除而非接纳某些潜在的申请者,但这些条款很可能是为柴尔德量身定做的"(76页)。以下三书就是写成于他任教爱丁堡大学后。

(三)《最古老的东方》(即《远古的东方》)

1928年科甘·保罗出版社出版。这是柴尔德讲近东考古的第一本书。"一战"后,近东考古有很多大发现,对他的考古拼图很重要。他到爱丁堡大学第一次上课,利用他能搜集到的二手材料,匆忙写了这个讲稿。

(四)《青铜时代》

1930年剑桥大学出版社出版。柴尔德在《回顾》一文中说,他在牛津学考古,受的是古典学训练,重铜器、陶器、轻石器、骨器。[1]后来重视青铜器,主要与他的第二个革命(城市革命)有关。如他讲史前工业,最重工具,特别是金属切割工具。

(五)《最古老东方的新认识》(即《远古东方新探》)

1934年科甘·保罗出版社出版。这是重新改写的《最古老的东方》,前后四版,名气仅次于《欧洲文明的曙光》。为了写作此书,柴尔德曾前往伊拉克,参观迪亚拉(Diyala)、乌鲁克(Uruk)和乌尔(Ur)等遗址的发

---

[1] 沈辛成译本的"青铜器、陶制品和陶器(起码是上彩的)受到重视,但是石器和骨器却显死板"句,原文作"bronzes, terracottas and pottery (at least if painted) were respectable while stone and bone tools were banausic",terracottas是红陶,不是陶制品,pottery是泛指的陶器,包括彩陶,有别于红陶,banausic的意思是实用的、匠气的、粗陋的、不起眼的,不是死板。

掘,并去过印度。柴尔德的"两个革命"说就是在此书中首先提出。

案 上面提到柴尔德在爱丁堡大学时期出版的四部书。特里格认为,这四部书的共同点是注重经济分析。注重经济分析是马克思主义的一大特点。

第五章

苏格兰考古学

继续讲爱丁堡时期。有人说，柴尔德不做田野考古，不爱也不会，这是误解。1928—1946年，柴尔德在苏格兰做了大量田野工作。特里格说，即使离开爱丁堡，当了伦敦大学考古研究所的所长，柴尔德也并未停止田野工作，1950年仍在苏格兰发掘（90页）。这一时期，柴尔德不仅编写了斯卡拉布雷遗址的发掘报告（1931年），还写了许多发掘简报。图37就是他在苏格兰和爱尔兰调查发掘地点的示意图。

（一）斯卡拉布雷

1928—1930年，柴尔德在苏格兰最北的斯卡拉布雷（Skara Brae）遗址进行发掘。1931年出版了发掘报告。

（二）其他发掘

如1937年设得兰群岛南的发掘，1938年林约遗址的发掘等。有人认为柴尔德对聚落考古有贡献，就是指他的苏格兰考古（97页）。

（三）不列颠史前史

1.《苏格兰史前史》。1935年科甘·保罗出版社出版。

2.《不列颠诸岛的史前社群》(即《不列颠群岛的史前社群》)。1940年Chambers出版社出版。

柴尔德的研究，埃及、美索不达米亚和东南欧是一端，不列颠和西北欧是另一端。用孔子的话说，他是"叩其两端而竭焉"(《论语·子罕》)。苏格兰考古和多瑙河考古是它研究欧洲文明起源的两个抓手。

（四）柴尔德与极端传播论

作者说，"柴尔德从来不是埃利奥特·史密斯的信徒。相反，《欧洲文明的曙光》保持了适度的传播论，并明显拒绝史密斯的模式"(102页)。

（五）小结

作者说，"柴尔德采纳了其他英国考古学家的生态学研究""他把阐释的重点放在了传播与迁徙之上"(103页)。

案 柴尔德的田野发掘主要是在爱丁堡时期，主要与苏格兰考古有关。特里格强调，柴尔德已重视环境考古，虽然并非原创。

第六章

人类的进步与衰亡

继续讲爱大时期。特里格认为，这一时期的柴尔德，开始超越经济学方法，思考一些更大的问题。

这一时期，人类多灾多难。"一战"结束，不过十年，祸起萧墙。1929—1933年，世界经济大萧条；1933年，希特勒上台，法西斯主义横行；1939年，"二战"爆发，一直打到1945年。大难临头，生存还是毁灭，谁都无法回避。

柴尔德的一生都是围绕欧洲文明探源。雅利安人的起源是他关注最早的问题，也是德国考古的关注点。他的考古文化概念借自科西纳，与德国考古有关。科西纳是个老头子（1858—1931年）。1933年，希特勒上台，他已经死了，但追随者多。德国考古纳粹化，是借助他的理论。这一年，柴尔德两次表态，反对种族主义和法西斯主义，明确与科西纳和他的追随者划清界限。

（一）苏联考古学

战前战后，柴尔德曾三次访苏（1935、1945、1953年）。1935年是第一次（12天）。回来，他写了两篇文章，一篇是《苏联史前学》（"Prehistory in the U. S. S. R.," I-II, 1942），一篇是《苏联考古学》（"Archaeology in the U. S. S. R. The Forest Zone," 1943）。苏联考古学讲宏观大历史，讲本土起源，给他留下深刻印象。

作者说，"1935年，芬兰考古学家塔尔格伦也访问了苏联。他一直关注苏联考古学，而他主编的《欧亚大陆古物》（*Eurasia Septentrionalis Antiqua*）杂志就是传播有关苏联考古学信息以及发表苏联学者论文的一个平台。因此塔尔格伦要比柴尔德更加了解苏联考古学的情况。回到芬兰后，塔尔格伦在其杂志上发表了一篇详细的报告，介绍了1930年到1935年发生的对苏联考古学家的政治迫害。由于这篇报道，他再也无法访问苏联"（108页）。[1]

柴尔德是从阅读恩格斯的《家庭、私有制和国家的起源》了解到摩尔根的学说。在《回顾》一文中，柴尔德说，他到苏联访问，学了一套马克思主义术语，他把摩尔根的三期九段说（蒙昧、野蛮、文明各分早中晚）与汤姆森的三期说相配，以旧石器和中石器时代为蒙昧期，新石器时代为野蛮期，青铜时代为文明期，并把它们与自己的"两个革命"说结合起来。

柴尔德讲传播论，跟苏联考古正好相反。苏联人强调本土起源，用斯拉夫考古对抗法西斯。这在当时的历史环境下，有积极意义，不能等

---

[1] 塔尔格伦（A. M. Tallgren, 1885—1945年），芬兰考古学家。1935年访苏，苏联科学院物质文化史研究所授予其荣誉院士，回国后撰文揭露苏联，被苏联剥夺院士称号，拒绝再次入境。

同于纳粹考古。

1945年6月,二次访苏,他是代表英苏文化关系委员会参加苏联科学院成立220周年纪念大会,"二战"刚好结束。苏联打败法西斯,有目共睹。

柴尔德讲人类进步,把历史分为进步、反动两股力,一股是推动历史进步的力,一股是阻碍历史进步的力。前者占优,历史进;后者占优,历史退。

(二)功能主义

作者说,这一时期,功能主义是柴尔德"新的理论取向","他的功能概念不仅受益于马克思,而且受到了涂尔干和同时代社会人类学家如布罗尼斯拉夫·马林诺夫斯基(Bronislaw Malinowski)的影响"(110页)。

(三)传播与迁移

特里格强调,苏联考古学反传播论,柴尔德讲传播论。

(四)《人类创造了自身》(即《人类创造自身》)

1936年瓦茨出版社出版。此书侧重人类的技术进步。先讲人类怎样"走出伊甸园"(走出自然界),创造"人化自然",怎样从食物采集者,经新石器革命、城市革命、知识革命,再造自己。柴尔德认为,劳动者从生产活动中创造的技术知识是推动历史进步的力量,而统治者用以统治他们的巫术和宗教是阻碍历史进步的力量。

(五)《历史发生了什么》(即《历史上发生过什么》)

1942年企鹅出版社出版。此书用考古讲历史,以汤姆森三期对应摩尔根三期:旧石器时代对应蒙昧期,新石器时代对应野蛮期,红铜时代对应高度野蛮期,青铜时代和铁器时代对应文明期,最后讲古代文明的盛衰兴亡。柴尔德当然知道，世界上的文明几乎都是"失落的文明"（Lost Civilization），但在本书中，他有意强调历史发展的进步面。柴尔德在《回顾》一文中说，"我写它是为了说服自己，黑暗时代不是吞噬所有文化传统的无底洞（当时我深信，欧洲文明的结局，对资本主义者和斯大林主义者一样，注定是黑暗时代）"。[1]

（六）进步与考古学

讲柴尔德的《进步与考古学》。此书是1944年由瓦茨出版社出版。1944年，苏军大反攻，美军和英军在诺曼底登陆，欧洲重见曙光。特里格说，"这本书表达了对进步的狂热观点；无疑反映了他对苏联和西方联合，以及法西斯主义日暮途穷而感到欣喜"（127页）。柴尔德是为自己打气，也是为欧洲加油。

（七）从乐观主义后退

讲柴尔德的《历史》。1947年科贝特出版社出版。此书写于伦敦大学时期，但作为对比，放在这一章讲。1947年是个转折点，冷战揭开序幕。上古欧洲，东西方对峙是希腊和小亚细亚隔着博斯普鲁斯海峡对峙。中古以来，东欧和俄国成为新东方。美苏争霸，再现了这个古典对立。柴尔德讲历史观念的发展，从上古一直到现代。他说，希特勒的失败已经

---

[1] 沈辛成译本作"我写它是为了说服自己，黑暗时代不是吞噬所有文化传统的无底洞（当时我深信，欧洲文明——比如资本主义和斯大林主义——是黑暗时代不可避免的趋势）"。括号中的话，原文作"I was convinced at the time that European Civilization — Capitalist and Stalinist alike — was irrevocably heading for a Dark Age"，意思是说，柴尔德曾一度相信，德国吞并欧洲，就像日耳曼人灭罗马帝国，它才不管你是拥护资本主义还是社会主义，逮谁咬谁，注定会把欧洲文明拖进黑暗时代。这里，Capitalist and Stalinist是拥护资本主义的人和拥护斯大林主义的人，还不是资本主义和社会主义。特里格转述这段话，谓此书"早在1938年就已酝酿，写作的信念是，希特勒德国日增的力量会不可避免地把欧洲文明、资本主义、共产主义等推入黑暗时代。柴尔德声明，此书的目的是让他自己和读者们相信，这个黑暗时代并非一个文明再也无法复苏的'无底深渊'"。其实，Capitalist and Stalinist 与 European Civilization 不是并列关系。我把这段话重译了一下。

驳倒了斯宾格勒,汤因比的"21个文明单元互不关联"说也难以服人,历史是"创造性的过程","进步既不是自动的,也不是必不可免的"。最后,他还是倾向马克思的唯物史观,甚至引用《联共(布)党史》中的斯大林语,可以反映他的立场。

特里格说,此书是他想法的一个重要转折点,"他又回到了阻碍人类进步因素的偏见上。他重申,如果历史和考古学能揭示人性作为整体的连续发展,那么它们也能揭示人类不断分化的许多社会的停滞、衰朽和灭亡。进步的特点既不自动也不必然;有的历史序列是死胡同,而有的走向灭绝。当时面对原子弹的幽灵,柴尔德相信,无法肯定西方文明会以一种理性的方式进化,而可能会像玛雅文明那样消逝,或像中华文明那样固化"(133页)。

案 请对比柴尔德与塔尔格伦访苏的不同,以及特里格对他们的不同评价。塔尔格伦的反应非常西方,特里格说塔尔格伦比柴尔德更了解苏联,差别恐在立场不同。

"进步"是个现代概念。启蒙时代,这个词就已风靡世界,19世纪受进化论鼓舞,更畅行无阻。它是个转瞬即逝的永恒常在,一往无前,一往无后,永远定格于当下,难免让人乐极而生悲。我国也特别喜欢这个词。

生物进化,有所谓特化,特化是用进废退,有进有退,不光是进。人,生老病死,活一天少一天,"与时俱进"也是"与时俱退"。人类文明的发展也如此。

柴尔德讲历史进步是用二分法,有进有退,有盛有衰。"二战",柴尔德讲人类进步,讲文明终将战胜野蛮,光明终将战胜黑暗,这是为了鼓舞人心，提振士气；冷战，他讲停滞，讲倒退，甚至衰亡，则是给人类敲警钟。

他熟悉人类历史。历史上，多少文明灿烂辉煌，说毁就毁了，说没就没了，甚至连人都找不着了，废墟都找不着了，这样的事还少吗？

第七章

考古学与科学史

此章讲伦敦大学时期(1946—1956年)的柴尔德。这一时期,柴尔德对过去的想法再思考,不断修订他的两部代表作:《欧洲文明的曙光》和《最古老东方的再认识》。特里格关心的是,柴尔德与过程考古学在哪些问题上想到一块儿去了。或者说,当柴尔德的早期研究被视为过时之作后,他还剩下点什么,并在什么意义上可以被过程考古学接纳。

伦大十年,是冷战十年。特里格一上来就讨论苏联和美国对柴尔德各有什么影响。

(一)苏联和美国的影响

柴尔德曾三次访苏,最后一次是1953年。与此不同,他三次访美(1936、1937、1939年),都在美国参战前。战后,柴尔德没去过美国。麦卡锡时代,美国在抽疯,柴尔德不可能去美国。特里格说,"自苏联参加'二战'之后,柴尔德恢复了和苏联考古学家的接触,他起先认为这件事会受到'公众舆论和美国的赞赏',但后来却令他被美国国务院列为不受欢迎的人"(137页)。

特里格评价柴尔德,总是喜欢正着说一下再反着说一下,来回拧巴着,对他进行"无害化处理"。

他先说,柴尔德访苏,主要是为了"获取材料",而不是受"理论启发","泛斯拉夫爱国主义就像德国的民族主义行为,就考古学研究的动机而言对他毫无吸引力",柴尔德对苏联考古不满,比如他们的年表,根本没法用。然后又说,"尽管如此,苏联考古学仍对柴尔德以后的思想产生了影响",因为柴尔德说,他从苏联的考古材料"更好领会了马克思主义价值,甚至后来马尔主义对它的曲解"(137页)。

而美国考古呢,特里格并不同意很多英国同行的印象:柴尔德对美国考古没兴趣。相反他举了不少例子,说明美国之行"对他解释考古证据产生了直接影响"(139页)。他的判断是,柴尔德即便"对新大陆缺乏内在的兴趣,但是他从美国人类学家那里学到了一些新玩意儿"(140页)。

特里格说,柴尔德"始终对苏联考古学是将考古学研究与民族学结合起来的方法深感兴趣"(138页),美国的人类学是把"体质人类学、考古学、语言学和民族学作为一门学科的不同组成部分来对待"(138页),与欧洲不同,欧洲的人类学是"限定在体质人类学"(140页)。特里格说,美国人类学"对历史问题、文化传播和人口迁移的关注,要比英国流行的反历史社会人类学更对柴尔德的胃口"(138页)。"英国流行的反历史社会人类学",原文作"anti-historical social anthropology flourishing in Britain",似乎应该加个"的"字,作"英国流行的反历史的社会人类学"。美国的文化人类学,英国叫社会人类学。

魂断蓝山

比较两种影响，特里格承认，柴尔德"从美国人类学家那里学到的一些概念和事实是琐碎的，而从苏联考古学那里吸收了一种宏观的方法（broad approach），他能自由地将其适用于自己对材料的解释。这一区别也许部分反映了一个事实：苏联社会科学家一直只用一个'大理论'作为他们调查和评估阐释的起点；而西方学者却缺少这种连贯性，通常是从偏好某特定的通则变为另一个较为适中的通则"（140页）。

（二）作为社会科学的考古学

特里格强调，"自1940年代开始，柴尔德提出了一个计划，它在某些重要特征上很像20年后在美国出现的新考古学。与某些英国考古学家不同，他总是将考古学视为一门科学学科"（140页）。

这是一门什么样的科学？特里格提到柴尔德的四篇文章（141—142页）：

1. 1943年，柴尔德在《作为科学的考古学》一文中说，"历史与科学之间的对立……可以让历史学更多依赖考古学，并承认考古学是一门科学来解决"（141页）。此文有殷敏译本（陈淳校），附载《历史的重建》中文本中（171—173页）。

2. 1944年，柴尔德在《考古学的未来》一文中声称，考古学必须发展成为一门人的科学（141页）。此文有沈辛成译本（陈淳校），附载《历史的重建》中文本中（167—170页）。

3. 1946年，柴尔德在《考古学与人类学》一文中声称，考古学和民族学是一门人类统一科学中互补和互相依赖的分支，前者研究过去，后者研究现在（141—142页）。此文有沈辛成译本（陈淳校），附载《历史的重建》中文本中。

4. 1946年，柴尔德在《作为社会科学的考古学》（伦大就职演说词）

中主张，考古材料能够也必须是研究"社会变迁动力"和"社会生活长期趋势"的基本来源(141页)。

（三）因果律的本质

柴尔德是马克思主义者还是涂尔干的追随者(注意：柴尔德在《回顾》中说马克思是涂尔干的"老师")？答案是前者。考古学是历史学还是人类学？答案是前者。历史是"人类创造自己"还是按所谓自然科学式的"通则"行事？答案也是前者。这在他的所有著作和临终遗言(《回顾》《告别辞》)中讲得很清楚。

下第十章亦论"因果律"。

（四）科学史

中译本的这个词容易引起误会。中文的"科学史"，多半指贝尔纳《历史上的科学》、李约瑟《中国科技史》那样的历史，即研究科学发展的历史(History of Science)。这里的"科学史"，原文是Scientific History，"科学"是修饰"历史"的定语，其实是用科学方法研究的历史，或当科学对象来研究的历史。

尽管柴尔德的某些说法与新考古学确实有点像。但特里格不得不承认，"与新考古学家不同，柴尔德并不认为寻找控制人类行为的法则是考古学的最终目标。考古学在很大程度上是一种可理解历史的材料来源，而非崇尚自然规律的通则。虽然他承认寻求人类行为法则对此目的有所贡献，但是在他最后几本书和几篇文章里，他坚称只有一种历史学方法才能为整合和解释所有考古材料提供必要的框架。于是，考古学应该和历史学为伍，而非要向以自然科学为模式的那些社会科学看齐"(146—147页)。

案 此章是讲考古学和历史学的关系,强调考古学应与历史学为伍,如何把考古学当作一门科学,通过科学的考古学,把历史学变成科学化的历史学或历史科学。

此书中译本的"科学史",是指合乎科学的历史(scientific history),而不是讲科学发展的历史(history of science)。但我国常说的"科学史"是指后者而非前者。这里的译法容易造成误会。

第八章

科学的史前史

题目的原文是Prehistory of Science，意思是科学史的史前阶段。这才是讲科学本身的历史，即用考古材料书写，年代最早的"科学史"。

柴尔德的理论，以"两个革命"最有名。"两个革命"主要是生产方式和经济领域的革命。其实他还讲一个革命，叫"知识革命"。他说的"知识革命"，主要是技术革命。所谓"科学"主要是技术。汤姆森的"三期说"最初就是着眼于工具的材质分类。柴尔德特别重视工具，特别是金属切割工具。

（一）社会与知识

柴尔德认为，"原始科学是技巧和巫术的一种混合体"，"现代科学因从巫术中吸收的工艺知识而兴起"（151页）。考古学应该"透物见人"，应该研究考古遗存背后的人类精神活动，这个大方向没有错。但人的精神活动很难研究，现代人都很难研究，遑论古人。柴尔德一辈子不信教，反宗教。他受马克思主义影响，把人的精神活动分为两类：一类是"工匠"从生产活动中创造的实用技术和科学知识，推动人类社会进步的力量；一类是统治阶级为了控制和愚弄人民群众而创造的与巫术、迷信、宗教有关的伪科学、假知识，阻碍人类社会进步的力量。后者肯定存在，但用考古手段研究，比较困难。他认为，比较可行，便于操作，主要还是从"工具"看"技术"，看古代知识水平的发展。

（二）文化相对主义

人类学界流行文化相对论。文化相对论认为，"没有一种适用于所有文化的绝对价值标准，而每一种文化必须根据其自身的价值系统来判断"（152页）。

柴尔德否认文化相对论，认为知识扩增的趋势是大同社会。

（三）考古学的启示

作者提到柴尔德的两部作品：

1.《作为科学应用的史前人类器物》。1954年《世界史杂志》分两期连载。[1]

2.《社会与知识》。1956年在纽约出版。[2]

案 长期以来，有个深入人心的误解：马克思重经济分析，忽精神领域。其实不对，马克思与恩格斯早年合写《德意志意识形态》，晚年在《资本论》中批商品拜物教，出发点都是意识形态批判。

---

[1] Childe, "The Artifacts of Prehistoric Man as Application of Science," in "Archaeological Documents for the Prehistory of Science I," *Journal of World History*, vol. 1, pp. 739-759, 1954; "Archaeological Documents for the Prehistory of Science II," *Journal of World History*, vol. 2, pp. 9-25, 1954.

[2] Childe, *Society and Knowledge*, New York: Harper & Brother, 1956.

马克思的后学，毕竟有明白人。如阿尔都塞特别重视意识形态，认为这是马克思主义的重要组成部分。

后过程考古学对柴尔德有兴趣，也主要是他试图用考古材料研究人类的精神活动。

第九章

社会考古学

讲柴尔德生命的最后阶段，他如何修正、提炼和完善其早期思考。特里格把这类研究定位于社会考古学。社会考古学是过程考古学特别是后过程考古学的时髦概念。[1]作者把它理解为马克思主义加涂尔干。

（一）社会与技术

作者强调，"早在1944年，柴尔德就放弃了苏联对史前文化的分类"（156页）。他不是按产权分类，而是按工具分类。柴尔德试图把汤姆森三期说与摩尔根九段说调和在一起，但发现九段说行不通，三期说也未必普遍适用。他反对单线进化，曾把早期文明分为"庙宇城市"和"征服城市"两种不同形式。他特别重视青铜器，特别是青铜切割工具的重要

---

[1] 据说，伦福儒最早用"社会考古学"这个词。参看科林·伦福儒、保罗·巴恩主编的《考古学：关键概念》，陈胜前译，237—241页。

性，但1950年以后，鉴于玛雅文化的发现，近东文明的各种先决条件（灌溉、冶金术、耕犁、帆船、轮车或家畜）也受到挑战。

作者提到下述作品。

1.《人类创造了自身》（Man Makes Himself，1936，即《人类创造自身》）。

2.《历史发生了什么》（What Happened in History，1942，即《历史上发生过什么》）。

3.《社会进化》（Social Evolution，1951）。1957年，柴尔德有篇文章，与此同名，殷敏译，附载《历史的重建》中文本中，题目作《社会的演进》。

（二）社会学方法

作者说，柴尔德注意到，"在各历史时期里，某一物质文化可能被不同部落或国家所分享，而在其他例子中，一个国家会包含几种不同的文化，或其疆域跨越不同的文化边界，因此他被迫得出这样的结论，文化不同方面的边界未必重合"（160页）。作者提到上《社会进化》。

（三）《苏格兰人以前的苏格兰》

其实是讲两本书。

1.《工具的故事》（The Story of Tools，1944）。柴尔德的研究有两条主线：一条是技术的发展，一条是社会结构的发展。技术发展，主要围绕工具。特里格说，此书"是1944年写给共青团的一本小册子。其目的是想把恩格斯在《家庭、私有制和国家的起源》一书中提出的一般性思想用考古记录来证明。这本书在得到英国共产党的欣赏和批准之后被译成匈牙利文、波兰文和中文"（163页）。特里格说的"共青团"是"英国共青团"。此书有周进楷译本，题目作《工具发展小史》（中国科学图书仪器公司，1953年）。1956年1月8日，夏鼐曾读周进楷译本（卷五，201页）。

2.《苏格兰人以前的苏格兰》（*Scotland Before the Scots*，1946）。柴尔德在爱丁堡将近20年，一直研究苏格兰。此书是据1944年他在苏格兰古物学会莱因德讲座（Rhind Lectures）的演讲稿写成。他在《回顾》一文中说："只是后来有个短暂的间隙，我重读了苏联史前学家的著作。那段时间里，人们同情苏联，我本以为，这不仅有利于从苏联获取我最感兴趣的考古信息，也受舆论和国家赞赏。在这种气氛下，我能更好地理解马克思主义的价值，甚至包括对它的曲解，即后来的马尔主义。"[1] 这里所谓"后来有个短暂的间隙"是指"二战"刚刚结束，冷战还没开始，即1946年左右。他说，此书是用苏联考古的原理讲苏格兰史前史。苏联考古重本土起源。他是用本土说平衡传播论，主张慎用迁徙类的假说。他认为，此书比1935年的《苏格兰史前史》更真实也更符合历史。这是他的自我感觉。其实，这类言论不仅让英国考古学家不快，也让苏格兰人不满。柴尔德把苏格兰描写成偏远落后地区，被形容为"离别时对苏格兰人的一种侮辱"（163页）。他没想到，考古学的"冷战"已经开始。

（四）更大的进步

此节提到下述作品。

1.《欧洲的史前迁移》（*Prehistoric Migrations in Europe*，1950）。《回顾》提到此书，自我评价不高。

2.《城市革命》（"The Urban Revolution"，1950）。讲文明的十条标准。

---

[1]《回顾》此节，原文作 "It was only later that I reread Soviet Prehistorians in the brief interval during which sympathetic attitude to the U.S.S.R. was not only useful for getting information on an archaeological province that was crucial for my own special interests, but was also commended by public opinion and the State"。沈辛成译本多误，如not only句被拆成"不仅……而且……"，but句反而翻成"但"；《苏格兰人之前的苏格兰》写于1946年，《苏格兰史前史》写于1935年，前书注为1935年，后书反而不注年代。

此文有陈洪波译本，附载《考古学导论》中文本(安志敏、安家瑗译，陈淳审校，上海三联书店，2008年)中。特里格书未提《考古学导论》。

3.《史前史》("Prehistory," in *The Inheritance*, 1954)。《回顾》提到此文，坦承"非常糟糕，它受制于过时的、对东方作用的过高估计，完全忽视了史前欧洲的个性"。

（五）《欧洲社会的史前史》

《欧洲社会的史前史》(*Prehistory of European Society*，1958)。此书是遗稿，杀青于他回澳大利亚的途中，死后才出版。

（六）攀登尼波山

作者借用《圣经·出埃及记》的典故讲柴尔德。摩西出埃及，奔迦南，上帝命摩西上尼波山，指给他看应许之地，唯他不得入，遥望应许之地后，摩西死在了山上。

作者提到柴尔德的下述作品。

1.《历史的重建》(*Piecing Together the Past: The Interpretation of Archaeological Data*, 1956)。此书有中文本(方辉、方堃扬译，陈淳审校，上海三联书店，2012年)，题目作"历史的重建：考古材料的阐释"。[1]

2.《青铜时代》("Bronze Age", 1957)。这是他生前发表的最后一篇文章。内容采自他在澳大利亚做的若干演讲。此文有安家瑗、沈辛成译

---

[1] 书后附柴尔德文九篇：1.《考古学与人类学》("Archaeology and Anthropology", 1946, 沈辛成译，陈淳校)；2.《考古学与社会进步》("Progress and Archaeology",1944, 潘艳译，仅译首尾两章，陈淳校)；3.《考古学的未来》("The Future of Archaeology", 1944, 沈辛成译，陈淳校)；4.《作为科学的考古学》("Archaeology as a Science", 1943, 殷敏译，陈淳校)；5.《社会的演进》("The Evolution of Society", 1957, 殷敏译，陈淳校)；6.《东方与欧洲》("The Orient and Europe", 1939, 沈辛成译，陈淳校)；7.《五万年葬俗的演变趋势》("Directional Changes in Funerary Practices During 50000 years", 1939, 沈辛成译，陈淳校)；8.《回顾》("Retrospect", 1958, 沈辛成译，陈淳校)；9.《告别辞》("Valediction", 1958, 陈洁译，陈淳校)。

魂断蓝山

本(陈淳校),附载《考古学导论》中文本中。

3.《回顾》("Retrospect",1958)。这是柴尔德临死前寄给格拉厄姆·克拉克带有自传性质的短文。柴尔德在文中回顾其学术历程,检讨其一生得失。此文有沈辛成译本,附载于《历史的重建》中文本中(上海三联书店,2008年),第十四章已经提到。

4.《告别辞》("Valediction",1958)。这是柴尔德写给伦敦大学考古研究所的短文,寄语后人,今后应注意什么,其实是对未来的"展望"。作者建议,改称"展望"。[1]真正的告别辞是柴尔德寄给葛莱姆斯的短文,特里格写作此书时还不及见。此文旧有陈洁译本,也在《历史的重建》中文本中,全文七节,只译了前三节,近有陈淳、陈洁全译本,以《一代考古大家的临终遗言》在网上发表,第一章已经提到。

作者说,"有些人试图把他的死亡与他对苏联或马克思主义的幻灭联系起来,据说,柴尔德最终意识到那是个破产的哲学。但证据绝对与此相左。后来柴尔德公开批评苏联考古学的缺点,尽管他希望不要损害与苏联考古学的联系。不过,尽管一直晚到1951年,他还喜欢在文章和公开演讲中把斯大林当作权威来引用,但是很久之前他的私人通信就显示,他明白德国和苏联所犯下的极权主义罪行。不管他对苏联外交政策感到如何失望,不管他为匈牙利人民感到如何遗憾(他曾在1955年访问过匈牙利),像1956年苏联入侵匈牙利这样的悲剧事件给柴尔德的冲击未必比英国介入苏伊士运河危机的行动来得大"(177页)。

作者说,"尽管《欧洲社会的史前史》是为考古学未来发展指明方向的一座里程碑,但是也标志着作者无法逾越的局限性。就像摩西一样,

---

[1] 布鲁斯·特里格《如果柴尔德活到今天》,见柴尔德《考古学导论》中文本,167页。

柴尔德本应能从尼波山（Mount Nebo）山顶去勘查应许之地（the Promised Land），却让其他人进入并占据了这块地盘"（178页）。

案 柴尔德的"绝命三书"，作者只提到前两篇，最后一篇未及见。

作者讲柴尔德对苏联和马克思主义的态度，其实是把柴尔德在不同时期、不同场合讲的话杂乱拼凑在一起，完全没有分析，没有理解。

作者用《圣经》"攀登尼波山"之典暗喻柴尔德命丧蓝山。

这是他的"盖棺论定"。

第十章

新考古学之外

这是从新考古学的角度看柴尔德。作者先讲一般印象。他说,柴尔德一生的声誉主要来自他对欧洲史前史和近东史前史的重建。他"是一位一般的理论家,而非一位史前学家或田野工作者"(179页),"他主要靠其他考古学家发表的文献来获取材料和思想"(179—180页),他的功能观是涂尔干加美国人类学派加马克思的唯物主义方法。他对欧洲的考古材料比较熟,对近东的了解略显不足,"主要弱点是缺乏民族志比较"(180页)。

(一)早期工作

指1925—1927年的早期创作阶段。《曙光》等四书是代表作。

1. 柴尔德的贡献首先是用多线的考古文化概念取代了进化考古学的单线进化论,强调空间,胜于时间。他的考古学文化概念是借自科西纳,类型学方法和传播论(欧洲发达文化来自近东传播)是受蒙特留斯影响。

2. 蒙特留斯的阐释一度在英国非常流行。柴尔德用蒙特留斯的传播论(欧洲文化东来说)抵消科西纳的迁徙论(日耳曼人大迁徙导致欧洲文化变迁说),摒弃了科西纳的种族主义和民族主义偏见。

3. 柴尔德的考古文化概念与美国不同。美国的考古文化是采用民族志的文化单元。柴尔德的兴趣是思想和社会,而非史前人类的吃喝拉撒。他对狩猎采集社会不感兴趣,对早期农业的细节也漫不经心,唯一细致观察的是青铜器和木器。

(二)进化

指"1930年代和1940年代,柴尔德因主张文化进步而赢得了考古材料阐释家的世界声望"(183页)。代表作是《人类创造自身》《历史上发生过什么》。

作者说,柴尔德的进化论是多线进化论,而非单线进化论。他既讲进化,也讲传播,把传播当进化的一部分;既讲进步,也讲退化,把进步和阻碍进步分为两股力。

美国考古学家批评他太强调"革命"的突发性,美洲的城市革命是缓慢而渐进。

马克思主义者批评他不讲"阶级斗争"。

(三)因果律

作者说,"柴尔德生平的最后15年"是马克思主义者柴尔德与考古学家柴尔德之间的对话。这种对话,英国考古学家没兴趣,反而引起美国人类学家的关注。

1946年,柴尔德在美国的杂志上发表过一篇文章,让人联想到16年后宾福德提出的口号。作者说,"尽管路易斯·宾福德的思想是从美国考古学传统中独立产生的,但是柴尔德的某些纲领性著作[如在《西南部人类学杂志》(Southwestern Journal of Anthropology)上发表的《考古学和人类学》("Archaeology and Anthropology")一文],以及他几部闻名遐迩的进化论专著,有助于将这个传统至少在有限的程度上引向了新考古学这个方向"(191页)。

柴尔德与新考古学有两点不同:第一,他不认可假设—演绎法;第二,对新考古学的"通则"表示怀疑。

作者说,美国考古学家讲因果律,把它当人类行为的通则,而柴尔德在《回顾》一文中主张,历史的解释是终极目标,人类行为规律的总结是从属和附带的。

(四)考古学的相关性

柴尔德穷其一生都是为了回答一个问题:什么是欧洲社会独一无二的东西?用我们熟悉的话说,就是欧洲特色是什么。这使它的研究工作具有统一性。相反,美国的新考古学尽管成就显著,却是碎片化的。他晚年考虑的问题仍然富于启发。

案 特里格讲新考古学碎片化,其中有句话,"用涂尔干的话来说,新考古学的团结是机械的而非有机的"(193页)。这话让我好生奇怪:新考古学是1960年代才有,涂尔干卒于1917年,怎么会有这样的话?结果一查,原文是"In Durkheimian terms, the unity of the New Archaeology is mechanical not organic"。涂尔干的名字加后缀-ian,显然是指涂尔干一派,而不是他本人。Durkheimian terms是"涂尔干派的术语",而不是"涂尔干的话"。

书后有注释、参考文献、索引和译后记。参考文献共收柴尔德的著作107种,外加与人合作的著作5种,共112种,既包括柴尔德本人的著作,也包括其他人研究柴尔德或与他有关的著作,前者亦以史密斯本为基础。

小　结

新考古学出，柴尔德被定位于进化考古学和过程考古学之间。特里格对柴尔德的早期代表作评价不高，最最欣赏是其晚期著作中与过程考古学、后过程考古学的相互契合之处。他更强调涂尔干、马林诺夫斯基和美国人类学，试图把柴尔德过程考古学化。

柴尔德的学问，始终围绕一个主题：欧洲曾落后于东方，为什么会后来居上？欧洲文明将把人类带到哪里？这和美国考古学的研究范围和学术旨趣大不相同。

柴尔德死在过程考古学崛起之前，严格讲，与过程考古学并无交集。过程考古学的崛起本身就是反文化—历史考古学的。作者把他跟过程考古学拉扯到一起，恐怕有问题。

没错，柴尔德说过，"考古学和人类学(或者，如果你愿意，也可以叫民族志)属于人类科学相关互补的同一个整体，就像生命科学中古生物学与动物学的关系一样"，[1]但他也说过，"我相信，考古学的未来在历史学，而非自然科学。它是历史学的资源，而非借重于自然法则……考古学必须融入历史学，才能拥有大学学科的地位(然而糟糕的是，目前它还缺乏应有的整合)。只有这样，考古学才能在公众心目中确保自己的地位，这比轰动的发现和有趣的无线电广播节目更加有效"。[2]

特里格对柴尔德的评价其实并不怎么高。

萨利·格林不是说柴尔德不太像考古学家吗，"我们与其说他是个考古学家，还不如说他是个史前学家，他更像学者，而不是挖掘匠

---

[1] V. G. Childe, "Archaeology and Anthropology," *Southwestern Journal of Anthropology*, vol. 2, no. 3 (1946), pp. 243-251.

[2] V. G. Childe, "Valediction," *Bulletin of the Institute of Archaeology*, University of London, 1958, 1, pp. 1-8.

(digger)"。好,现在就连他是史前学家这一条,特里格也不承认,只承认他是个"一般的理论家",而且是靠二手材料和别人的思想说话。

后来,在《考古学思想史》中,作者对柴尔德的评价似乎比此书高了一点。他既拿柴尔德当文化—历史考古学的代表(见第六章),又拿柴尔德当功能—过程考古学的先驱(见第七章)。他在该书《文献笔记》中说,《柴尔德:考古学的革命》只是"对柴尔德考古学思想的一般性介绍,其中某些方面在后来的著作中做了修改与革新"。他指的是下述文章:

1. "Childe and Soviet Archaeology," *Australian Archaeology*, 18 (1984), pp. 1-16.

2. "The Role of Technology in V. Gordon Childe's Archaeology," *Norwegian Archaeological Review*, 19 (1986), pp. 1-14.

此外,作者还发表过:

1. "If Childe were Alive Today," *Bulletin of the Institute of Archaeology, University of London*, 19 (1982), pp. 1-20. 中文译本:《如果柴尔德活到今天》,沈辛成译,陈淳校,收入柴尔德《考古学导论》,166—184页。

2. "V. Gordon Childe, A Marxist Archaeologist," in Linda Manzanilla ed., *Stadiesin the Neolithic and Urban Revolutions: The V. Gordon Childe Colloquium Mexico*, Oxford, BAR, 1986, pp. 1-8. 中文译本:《柴尔德,一位马克思主义考古学家》,陈淳译,收入柴尔德《考古学导论》,185—195页。

3. "Childe's Relevance to the 1990s," in D. R. Harris ed., *The Archaeology of V. Gordon Childe: Cotemporary Perspectives*, London: UCL Press, 1994. 中文译本:《柴尔德仍与我们同在》,莫慧旋译,陈淳、沈辛成校,收入柴尔德《考古学导论》,141—165页。

IV

悉尼蓝山：格维特飞跃

《柴尔德的神秘生涯：人类精神的独特显现》*

* William J. Peace, *The Enigmatic Career of Vere Gordon Childe: A Peculiar and Individual Manifestation of the Human Spirit*, Ph.D. Dissertation, Columbia University, 1992.（简称 Peace 1992）

这是一部以世纪性的历史事件为线索，从社会政治史的角度，破解"柴尔德之谜"的传记，大大弥补了上述三书的不足。

此书正标题强调"神秘"，神秘是神秘在学术史背后的社会政治史。[1] 柴尔德一生凡历三战，"一战"、"二战"、冷战，目睹社会主义运动潮起潮落，给后人留下很多难解之谜。副标题是借自他的成名作，《欧洲文明的曙光》。柴尔德在该书序言中说，欧洲文明是"人类精神的独特显现"。[2] 他一辈子的研究都是为了破解这种谜一样的独特性，现在被作者拿来讲他的特立独行。阅读此书，不仅有助理解柴尔德的一生，也有助理解他生活的那个时代，特别是当时的英国知识分子群。

作者威廉·皮斯（William Joseph Peace，1960—2019年），专业领域是人类学和生命伦理学，2013年获雪城大学华生杰出特聘教授称号（Jeannette K. Watson distinguished visiting professor at Syracuse）。皮斯是个从小因病致残一直坐轮椅的残疾人，2006年积极投身反对安乐死和捍卫《美国残障法案》（Americans with Disabilities Act，简称ADA）的运动，2019年7月2日去世。[3]

此书是1992年皮斯在纽约哥伦比亚大学艺术与科学研究生院的博士论文（未正式出版）。在此之前，皮斯发表过《柴尔德与美国人类学》；[4] 在

---

[1] 特里格的《柴尔德：考古学的革命》，第一章用Man and Myth作标题，Myth有神话、谜团等义，中译本译为"谜一般的人物"。此书正标题中的Enigmatic是神秘莫测、令人困惑的意思，可译为"神秘的"，也是强调这一点。

[2] 此书副标题中的Peculiar，意思是怪异的、不同寻常的；Individual，意思是独特的、与众不同的，这里合译为"独特的"，Manifestation有显现、显灵、宣示等义。"精神显现"很像黑格尔用语，柴尔德在悉尼大学就熟读黑格尔。

[3] 主张安乐死的人有个口号，"好死总比歹活强"（better dead than disabled），皮斯参加和领导的反安乐死组织，口号针锋相对，叫"还活着"或"就不死"（Not Dead Yet，简称NDY）。

[4] William J. Peace, "Vere Gordon Childe and American Anthropology," *Journal of Anthropological Research*, vol. 44 (1988), pp. 417-433.

此之后，皮斯发表过《柴尔德与冷战》。[1]冷战是美国发动，讲冷战是他的强项。

全书包括七章，每章前有引言，后有结语、注释。引言（introduction）不是通常说的导论，结语（conclusion）不是通常说的结论，注释（notes）也不是用来注引文出处，而是补充说明和评论，比一般注释长。其引文出处多随文括注，只注作者名和发表年，详见后面的两个参考书目，属MLA格式。此书前无序言、申谢，后无索引，有些引述漏出处，有些出处缺页码（用？？？表示），仍有待加工，可惜作者不在了。

作者采访过很多有关当事人，这些人相继谢世，材料弥足珍贵。

---

[1] William J. Peace, "Vere Gordon Childe and the Cold War," in *Childe and Australia*, edited by Peter Gathercole, T. H. Irving & Gregory Melleuish, Brisbane: University of Queensland Press, 1995, pp. 128-143.

第一章

导论：理论探讨和文献述评

一、引言

此章是研究综述。

作者从柴尔德反叛家庭、其貌不扬和他的怪异装束（如一条裤子穿25年）讲起，一直说到他写作此书利用的材料。此书与上述三书不同，除利用柴尔德本人和其他学者的论著（见书后所附的两个书目），还参考了美、英两国和澳大利亚的档案（见书后所附档案清单）。美英档案以私人通信为主，不包括美国国务院和英国军情五处的档案，澳大利亚档案包括1917——1922年澳大利亚国防部情报处监视柴尔德的材料。

二、概述柴尔德的政治教育和政治生涯：需要回答的问题和存在争论的问题[1]

讲柴尔德的生平，从他上大学起，一直讲到他的"绝命三书"。作者

---

[1] 这两种问题，原文作Questions and Issues。Questions是需要回答的问题，Issues是存在争论的问题，含义不尽相同。

只讲生平，没提问题。但读者会问：为什么这样一个有良心有学问的人会一辈子受监视？无论在他的祖国，还是在英国和美国，他都被情报部门视为"危险分子"。他这一辈子，"一战"反征兵，"二战"反法西斯，冷战反核战、反麦卡锡主义（歇斯底里的反苏反共），难道他做错了什么吗？

三、柴尔德在批判史学视野中的地位

讲1980年代以前，人们对柴尔德的评价。

（一）英国的说法

第一类观点，认为柴尔德的贡献主要是他对欧洲史前史和近东史前史的综合研究（即他于1925—1935年间发表的作品，如《欧洲文明的曙光》《雅利安人》《远古的东方》《史前的多瑙河》《青铜时代》五书（下文简称"早期五书"），[1] 他后来的作品往往都是重复以前的想法。如穆尔瓦尼就这样看。[2] 皮戈特的悼词，有句话很有名，他赞扬柴尔德，说他是"第一个或许也是最后一个'伟大的综合者和系统化者'（great synthesist and systematizer），他把整个欧洲史前史都装在了一个人的头脑中"（19页）。他说，柴尔德"首先是个不断修改其编年体系的年代学家。他总是能从学术大局观审视欧洲科学，把整个史前史和考古细节分得一清二楚，树是树，林是林"（同上）。格拉厄姆·克拉克、斯图尔特·克鲁登、克里斯多夫·霍克斯和莫蒂默·惠勒也发表过类似观点。[3]

第二类观点，把柴尔德的作品分为截然不同的两类：一类是学术专著，写给同行，如"早期五书"；一类是通俗著作，写给大众，如《人类创造自身》《历史上发生过什么》。后者是1935年后出版的"小书"，多

---

[1] 作者以这五书为一组，见全书提要，书中反复提到。
[2] 约翰·穆尔瓦尼（D. John. Mulvaney），1957年柴尔德回澳大利亚时，他是墨尔本大学的年轻考古学家。
[3] 斯图尔特·克鲁登（Stuart Cruden），爱丁堡时期的柴尔德门生。

半跟两件事有关，一是法西斯主义在德国的崛起，二是畅销书出版社（如瓦茨、企鹅等）的出现。[1]柴尔德的同行往往把马克思主义和激进左翼视为洪水猛兽，如马洛温说，他的这些"小书是其左翼怪癖的荒唐产物，令人遗憾"（21页）。

第三类观点，除左翼学者，柴尔德的同行几乎全都贬低和排斥柴尔德著作中的马克思主义，如丹尼尔、皮戈特和霍克斯。丹尼尔说，柴尔德"花费所有时间完成的伟大拼图是马克思主义（或马尔主义）的延伸"（22页），他"在考古学理论方面一无所获"（同上）。皮戈特揣测，柴尔德是个"害羞、理想主义又笨手笨脚的澳大利亚年轻人，他或许把共产主义当成了'社会蓝图'"（同上），以为在这种社会中，知识分子可以享有更高的身份，不再被人贴上"外来者"的标签。他甚至断定，柴尔德对马克思主义哲学的兴趣是"一种故意兜圈子的智力玩笑"（同上）。特别是，丹尼尔注意到柴尔德晚年对苏联考古的批评，1986年，柴尔德已经死了近30年，他仍然说，柴尔德"缺乏知识分子的诚实：他让他的政治影响了他的考古思维"（23页）。与考古学家相反，那些与柴尔德来往密切的左翼相信，他一直深受马克思主义影响并始终坚信马克思主义。虽然，这类观点仅见于他们为悼念柴尔德写下的简短词句，但反而真实可靠，毋庸置疑，如《古今》杂志的主编约翰·莫里斯、他的好友帕姆·达特，以及《古物》杂志的主编克劳福德，他们都持这种观点。他的左翼朋友要比考古学家更了解柴尔德这个人。

(二) 美国的说法

美国人类学家和考古学家也把柴尔德视为欧洲史前史和近东史前史

---

[1] 如思想家文库（Thinkers Library）、瓦茨（Watts）、企鹅（Penguin Books）。

的集大成者,并强调他是人文学者,如罗伯特·布雷德伍德、欧文·劳斯、朱利安·斯图尔特。[1]作者说,冷战妨碍了他们对柴尔德的评价。

据欧文·劳斯(Irving Rouse)的《讣告》说,早在1945年,柴尔德就上了美国国务院的黑名单。[2]麦卡锡"猎巫"影响到美国人类学家。如两位力促柴尔德访美的学者,莱斯利·怀特是社会主义工党的成员,他是用化名写作,[3]朱利安·斯图尔特是马克思主义学术的追随者,他也谨小慎微,尽量同马克思主义和左翼保持距离。

柴尔德的书在美国引起学界关注,主要是《欧洲文明的曙光》《远古东方新探》《社会进化》《重缀过去》等学术专著,而《人类创造自身》《历史上发生过什么》等"小书",很少有人评论。作者说,他在后面还会讲到这个美国历史上最黑暗的时代,如柴尔德的《历史》在美国出版的遭遇。

(三)重新引起关注的柴尔德生平及他对考古方法和考古理论的贡献

柴尔德死后,有不少悼念文章,讲他的贡献,但不久就被人遗忘,科林·伦福儒的研究取而代之,成为主流。只是到1960年代晚期和1970年代,由于新考古学出,理论取向日益突出,才使柴尔德回归人们的视野。有趣的是,柴尔德的下一代与他的同辈相反,他们看重的并不是考古学界大佬们认为最能代表所谓"柴尔德古风"(Childean archetypes)的学术专著(指他的"早期五书"),反而是这些大佬看不起的"小书"。如柴尔德的两个学生,艾莉森·拉威茨和彼得·盖瑟科尔,[4]他们对老一代

---

[1] 罗伯特·布雷德伍德(Robert Braidwood,1907—2003年),芝加哥大学的考古学家。朱利安·斯图尔特(Julian Steward,1902—1972年),哥伦比亚大学的考古学家。
[2] Irving Rouse, "Vere Gordon Childe, 1892-1957," *American Antiquity*, 24 (1958), pp. 82-84.
[3] 莱斯利·怀特(Leslie White,1900—1975年),密歇根大学的考古学家。
[4] 艾莉森·拉威茨(Alison Ravetz)和彼得·盖瑟科尔(Peter Gathercole)是伦敦大学时期的柴尔德门生。

提出挑战，重新肯定达特的评价，即马克思主义是"一种持之以恒的知识力量，从柴尔德的第一部著作起，一以贯之，造就了他的全部工作"（盖瑟科尔语）。

1976年，格拉厄姆·克拉克发表《柴尔德以来的史前学》,[1]和年青一代相反，充满冷战宣传，与柴尔德对他的敬重形成强烈反差。[2]他说，"柴尔德是全世界最布尔乔亚的人"（33页），他要"把柴尔德误信的马克思主义鬼魂斩尽杀绝"（34页），并把柴尔德的著作称作"老掉牙的卡尔·马克思的民间传说"（同上）。克拉克在这篇文章中说，柴尔德临死前不得不承认，马克思主义常常忽略文化差异。但有趣的是，1977年澳大利亚考古学家马修·斯普里格斯（Matthew Spriggs）查对过柴尔德的原话，克拉克引用的"马克思主义"一词其实是"马尔主义"之误。[3]

作者说，克拉克与柴尔德结怨可以追溯到1930年代。当时有个谣言，说克拉克玩弄法西斯主义概念，柴尔德给他的《考古学与社会》写过书评，克拉克讨厌他的左翼立场和他为反法西斯主义写的通俗著作。作者曾采访克拉克，遭对方拒绝。他转述克拉克的话，"关于这个人（指柴尔德），他没有一句好话想说"（36页）。

作者说，老一代的考古学家往往把真正的马克思主义与苏联的教条主义混为一谈。在他们看来，教条主义的马克思主义也是马克思主义，

---

[1] Grahame Clark, "Prehistory Since Childe," *Institute of Archeaology Bulletin*, University of London, vol. 13, pp. 1-21.

[2] 柴尔德离开伦敦前，把自己的图书资料捐给伦敦大学考古所，请克拉克当他的遗嘱执行人，他的"绝命三书"，第一封就是寄给克拉克。

[3] Matthew Spriggs, "Where the Hell are We?" in *Archaeology and Anthropology*, edited by Spriggs, pp. 3-17. 案：Marxism 与 Marrism 只有一个字母不同。Matthew Spriggs 是堪培拉澳大利亚国立大学的考古人类学教授，主要贡献在东南亚和环太平洋地区的研究。

魂断蓝山

这种区别没有意义。为了切割柴尔德与苏联学术的关系，作者强调，柴尔德的马克思主义可能更多是受英国马克思主义者的影响，如他提到格罗泽（J. G. Growther）、列维（Hyman Levy）、贝尔纳（J. D. Bernal）。

四、"让我们更好地认识柴尔德"运动

讲1980年代的柴尔德热。

1980年，柴尔德"绝命三书"的最后一种被公布出来，人们方知，柴尔德的蓝山坠崖其实是自杀。从这一年开始，学界对柴尔德有新一轮讨论。如下述三书，就是这一时期的代表作。此外，作者还提到一批单篇发表的文章，也属这一时期。[1]

（一）麦克奈恩的论集[2]

此书按主题分类，由六篇札记构成，每篇都大段大段摘录柴尔德的原话，下附讨论，侧重柴尔德研究史前史的方法、理论。作者说，此书对梳理柴尔德的思想脉络有帮助，但详于言而略于人，只讲柴尔德的学术思想，不讲时代背景、生平活动、政治立场和政治追求，特别是忽略了他的第一本书，《工人如何执政》，以及他发表在《平民》《劳工月刊》《新政治家》上的文章和通信，称他的研究与"丹尼尔的'辉格式考古学史'"颇为相似。[3]

（二）格林的论述[4]

此书按年代顺序介绍柴尔德的一生。作者认为，此书以写人见长，

---

[1] 如特里格、特林厄姆、谢拉特、皮斯、丹尼尔、盖瑟科尔等人的文章。

[2] 丛稿，原文作essays。

[3] "辉格史学"是1931年英国史学家巴特菲尔德（Herbert Butterfield）创用，指19世纪初，属于辉格党的历史学家以历史作论证辉格党政见的工具。辉格党标榜自由，是英国自由党的前身。英国自由党曾与英国保守党唱对台戏，后被英国工党取代。

[4] 论集，原文作treatise。

但对他的学术著作讨论不够深入，对他从政治转向学术的原因和他面对的政治迫害也分析得不够。

(三) 特里格的革命

此书也按年代顺序讲柴尔德，始于《欧洲文明的曙光》，终于《欧洲史前史》，但详于言而略于人，只谈考古，不谈政治，近于麦克奈恩，远于格林。作者认为，如果考虑到1920年代欧洲考古学的水平，柴尔德在《曙光》中的贡献要比特里格的评价高得多。另外，柴尔德的考古学有很强的政治性，特里格忽略不谈，如他在许多学术会议上的发言，特别是他在1936年史前学会呼吁禁止纳粹理论的发言。

特林厄姆给上述三书写书评，把这一轮讨论叫"让我们更好地认识柴尔德"运动。

五、结语

柴尔德一生具两面性，学术背后有政治，他从25岁起就在黑名单上，处于无所不在的监视之中。

六、注释

注2说，本书所附《柴尔德论著目录》所收数量超过上述三书。柴尔德写过22本书，300篇文章，800篇书评。这是作者的粗略统计。

注5说，柴尔德在爱丁堡的学生主要来自工人家庭。

注7说，据琼·伊文思(柴尔德在牛津大学的同学，1970年代曾任伦敦大学考古所所长)说，柴尔德辞去伦敦大学考古所所长职务后，由葛莱姆斯继任，其间有激烈斗争。柴尔德对葛莱姆斯的学问信不过，想把他的任期限制为一年，结果反而提高了葛莱姆斯在校方眼中的地位。

注11说，斯图尔特不仅回避马克思、恩格斯，也躲着左翼学者，原因是他从史密森学会拿钱，史密森学会是美国联邦政府的下属部门。

魂断蓝山

注13说，盖瑟科尔听过克拉克的课。盖瑟科尔说，克拉克承认，马克思的书，他读得很少，不感兴趣。

注15说，克拉克把柴尔德批评的"马尔主义"错当"马克思主义"。作者说，这也可能是印刷错误，但他怀疑，情况并非如此。

案 皮斯的综述比特林厄姆的书评写得好。好就好在他弥补了以往的空白，加强了对柴尔德学术生涯的政治解读，读懂了其文化立场后面的政治立场，特别是他遭受的政治迫害和绝对孤独。

这里有个问题很重要。为什么丹尼尔和特里格都治考古学史，都对柴尔德评价很高，皮斯却更欣赏特里格。他把丹尼尔的考古学史和麦克奈恩的书归入"辉格史学"，而把特里格的书当作"辉格史学"的对立面，叫"批判历史学"。[1]我怀疑，原因可能在于，丹尼尔不欣赏美国的新考古学，而特里格却能代表北美考古学的新潮流。他与以往的考古学家不太一样，并不把柴尔德排除在考古学的新潮流之外，仅仅把他当作一个"过气的人物"，反而强调他对过程考古学和后过程考古学有很多启发。

我想，这是左翼所乐见。比如欧文书也向特里格表达了敬意。

---

[1] 见全书提要和正文40页、273页。注意：丹尼尔的考古学史不止一种，这里用复数。麦克奈恩书前的申谢名单，其中就有丹尼尔。

第二章

政治激进主义、迫害和焦虑

一、引言

此章讲柴尔德的青年时代（1914—1921年）。1914年以前的悉尼生活，基本不谈。

柴尔德的青年时代与第一次世界大战密不可分。[1]青年柴尔德是个激进分子。激进引起迫害，迫害引起焦虑，这种心理创伤困扰了他一辈子。

作者说，柴尔德在《曙光》序言中说，欧洲是"人类精神的独特呈现"，这句话最能概括他的一生。欧洲社会，对柴尔德和所有人，似乎是个悖论，它是"科学思想、个人自由和人类尊严的堡垒"，也是"权力、奴役、迫害和不人道的化身"（52页）。

---

[1] 作者说，柴尔德在澳大利亚的活动是1917—1922年（52—53页），不够准确，应作1917—1921年，因为柴尔德是1921年10月7日抵达伦敦，1922年，他已经不在澳大利亚。

二、牛津和反征兵运动

讲柴尔德在牛津参加反征兵运动(1914—1917年)。

作者说,1900—1915年,马克思主义在澳大利亚影响很有限,主要靠美国出版的小册子。澳大利亚工党的书单上只有《共产党宣言》、《资本论》、《家庭、私有制和国家的起源》、《社会主义》(即《社会主义从空想到科学的发展》),柴尔德去牛津之前读过哪些马克思、恩格斯的书,不太清楚,但他在牛津肯定读了不少。

1914年,柴尔德到伦敦不久,"一战"爆发。最初,他不是反战分子(参加过军训),反战是受牛津费边社和1917年从前者分出的社会主义社影响。他是该社的秘书,认同英国社会党的立场。[1]反征兵运动,柴尔德的朋友大多入狱,吃尽苦头,他却没事,为什么?原因是他身体条件不合格。与柴尔德共同工作过的安格斯·格雷厄姆提到,柴尔德小时得过脊髓灰质炎,容易发生呼吸道感染。[2]柴尔德在《告别》中说,他害怕在旅途中着凉,转成支气管炎,可以印证这一点。皮斯也是从小患这种病,而且比柴尔德严重,长期坐轮椅。

三、对反征兵运动的政治迫害

讲柴尔德在澳大利亚因反征兵运动遭受政治迫害(1917—1919年)。柴尔德从他踏上澳大利亚的第一天就受到澳大利亚国防部军情处对他的监视。他们随意拆检他的信件。他的求职活动因国防部军情处打招呼而一次次失败。

---

[1] 英国社会党(Socialist Party),1911年成立,1919年加入共产国际,1920年,与共产主义团结小组、社会主义工党、南威尔士社会主义协会合建英国共产党(Communist Party of Great Britain,简称CPGB)。

[2] Angus Graham, "I Piam Veterum Memoriam," in *The Scottish Antiquarian Tradition*, edited by A. S. Bell, Edinburgh: John Donald Publishers, pp. 212-226. 案:此人是苏格兰考古学家,非英国汉学家葛瑞汉(Angus Charles Graham)。

1917年6月，柴尔德离开伦敦前，曾写信给澳大利亚驻英专员，表明其反战立场。这封信决定了他在澳大利亚的一切。10月，柴尔德回到悉尼，参加反战组织澳大利亚民主控制联盟（Australian Union of Democratic Control，简称AUDC），担任秘书。11月，柴尔德找到的第一份工作是在悉尼大学的圣安德鲁斯学院。

1918年3月31日，AUDC在悉尼召开第三届国际和平大会，柴尔德做演讲。4月，柴尔德的演讲引起悉尼大学注意，悉尼大学校长拿出他给澳大利亚驻英专员的信（澳大利亚国防部转来），决定不再雇他，柴尔德被迫辞职。5月，他想到工人教育协会（Workers' Educational Association，简称WEA）教书，被拒。11月，他在马里伯勒文法学校（Maryborrough Grammar School）教书，遭学生围攻，不得不辞职。[1]

1919年初，他在昆士兰大学古典学系找到一份临时的工作。

这一叙述与萨利·格林不同。格林是把在马里伯勒文法学校教书当他的第一份工作，并没有提到他在昆士兰大学教书。

作者说，柴尔德终于意识到，他想在澳大利亚找一份学术工作，希望等于零。他一度考虑移民美国，见1918年7月柴尔德致穆瑞信。[2]

四、柴尔德与澳大利亚劳工政治

讲柴尔德被赶出学术界后，被工党领袖斯托雷雇用，投身政治（1919—1921年）。

他的《劳工如何执政》（1923年）虽出版于英国，却是总结这一段。这些年，他写过十篇政论性质的文章。

---

[1] 萨利·格林说，柴尔德在马里伯勒文法学校教书是他的第一份工作，与此不同。
[2] Childe to Murray, June 8, 1918: Bodleian Library Archive.

作者说，柴尔德对哪个工人组织都不见得看好，唯一有点同情是1905年在美国创建的世界产联（IWW），[1]以及按世界产联口号在澳大利亚成立的大一统工会（OBU）。[2]

1921年底，工党在大选中败北。次年，柴尔德写过一篇文章，《当劳工掌权——在澳大利亚》(1922年9月)，署名"一位前执政者"，[3]认为工党败选，不是因为它以社会主义为目标，而是因为漫天许愿，无法兑现。作者说，柴尔德对劳工政治的设想有可能成为《劳工如何执政》的姊妹篇，但他再也没有动笔。

五、结语

1957年，柴尔德回到阔别已久的澳大利亚，与他的记忆形成鲜明对比。它与英式福利国家越来越近，离社会主义越来越远。他称澳大利亚为"知识分子沙漠"，他对他的祖国非常失望。萨利·格林等人推测，这也许是他自杀的原因。

六、注释

注18说，柴尔德如何当上斯托雷的私人秘书，斯托雷没有留下档案，柴尔德本人也没有提到过。

---

[1] 工会主义（Labourism）有两大类：一类是英式的基尔特社会主义（Guild Socialism），主张工会自治，反对国家干预；一类是法式的辛迪加主义（Syndicalism），提倡总罢工，主张废除工资制度，带有无政府主义色彩。世界产业工人联盟（Industrial Workers of the World，简称IWW），按产业部门建立的工会，主要吸收非熟练工人和低工资工人，带有辛迪加主义倾向，1905年6月在芝加哥成立，1908年分裂，形成芝加哥集团和底特律集团。芝加哥产联曾反对美国参加第一次世界大战，领导过130次以上大罢工。1918年，海乌德被捕后，逐渐瓦解。
[2] 大一统工会（One Big Union，简称OBU），是世界产联的口号。世界产联的澳大利亚分支叫大一统工会。
[3] Childe, "When Labour Ruled-in Australia-By an Ex-Ruler," *Labour Monthly*, vol. III, no. 3, September 1922, pp. 171-180.

案 柴尔德参加澳大利亚工运的历史，主要由欧文开掘。[1]其思想脉络是沿英美式社会主义发展，即牛津大学的费边社—科尔的基尔特社会主义—美国的世界产联和澳大利亚的大一统工会。[2]

"一战"，支持还是反对本国政府投入这场战争，尖锐对立。当时，反战分子叫"和平主义者"（Pacifist）。柴尔德是反战分子。

费边社支持战争，被柴尔德抛弃。基尔特社会主义强调行会自治、多元主义，反对国家干预和集体主义，也被柴尔特抛弃。他更欣赏世界产联（IWW）和大一统工会（OBU）。

---

[1] Terry Irving, "New light on How labour Governs: Re-discovered Political Writings by V. Gordon Childe," *Politics*, vol. 23 (1988), pp. 70-77.
[2] 基尔特社会主义（Guild Socialism），典型的英式社会主义。它以恢复中世纪行会（Guild）为号召，主张通过工人自治、产业民主实行社会主义。

第三章

开始考古

一、引言

此章讲1920年代的柴尔德，即柴尔德从政治活动转向专业考古的开始。

柴尔德的一生，政治和学术始终互为表里，转向只是表里互换，并非告别政治。作者引用杰弗里·比比的话，[1]说柴尔德参与政治生活，让他有了超越国界的眼光，并非白费。反过来也一样。作者强调，"通观柴尔德的一生，他一直试图展示史前研究对当下社会的重要性"（88页）。

二、柴尔德考古生涯的开端

讲柴尔德重返伦敦后到他当上阿伯克龙比教授之前（1921—1927

---

[1] 杰弗里·比比（T. Geoffrey Bibby，1918—2001年），英国考古学家，迪尔蒙（Dilmun）遗址（在巴林）的发掘者。

年)。[1]

1921年底,澳大利亚工党败选,保守党上台,他被解雇,穷愁潦倒。从此,到处找工作,一度因为缺钱,不得不向家里求救。

1922年,他徘徊于政治与考古之间。他给两个自由党议员当过兼职秘书(由罗伯特·乔利推荐),[2]为劳工研究部的暑期学校和伦敦经济学校讲过课。[3]同年,他申请利兹大学的古代史讲师、杜伦大学的古典学讲师,被拒。

1923年,他申请过赫特福德大学古代史研究员,也被拒。

1924年,他申请过剑桥大学圣约翰学院的研究员和牛津大学新学院的资深学者,同样不成功。

1925—1927年,迈尔斯安排他在英国皇家人类学会图书馆当管理员,这才有了固定收入。四年求职,牛津大学的老师给他写推荐信,[4]对他帮助最大,要数迈尔斯。

这些年,他写过不少东西。有些是政论性质,跟澳大利亚工人政治有关,有些是学术性质,跟欧洲史前考古有关,反映出过渡特点。[5]此外,他还给科甘·保罗出版社翻译过一批讲古代文明的书。他的代表作,《曙光》出版于1925年,《雅利安人》出版于1926年,就是由这

---

[1] 柴尔德以工党官员身份驻访伦敦是1921年10月。12月20日,澳大利亚保守党上台,不再用他(正式解雇是1922年6月),当上阿伯克龙比教授是1927年。

[2] 罗伯特·乔利(Robert Chorley,后封Lord),柴尔德在牛津大学女王学院读书时的朋友,共同参加费边社。1921年,柴尔德重返伦敦后,他曾安排柴尔德住在他住的Bloomsbury House Club。

[3] 劳工研究部(Labour Research Department,简称LRD),前身是费边研究部(Fabian Research Department),其中有些成员(如达特)后来成为共产党员。

[4] 如Myres、Gilbert Murray、Arthur Evans、Stanley Casson、R. C. Wace、S. Forsdyke。

[5] 1922年,他发表过四篇文章,两篇是政论文章,两篇是学术文章。1923年,他的《工人如何执政》出版,另外发表两篇学术文章。1924年,他发表过六篇文章,三篇是政论文章,三篇是学术文章。这以后的著作,基本上都是学术著作。参看附录:柴尔德的书。

家出版社出版。

1920年代，学考古很难找工作。最初，全英国只有剑桥大学有考古学讲席，即迪斯尼教授。[1]查尔斯·汤姆森(柴尔德在伦敦大学的学生)说："柴尔德的学生很多都没拿到文凭，但他们对把英国考古学从惠勒式的发掘中解放出来起了很大作用。"(95—96页)作者说，英国考古学家很少，旅馆里的一个小客房就能装下。在这样一个小圈子里，柴尔德的影响显得十分突出。

三、《欧洲文明的曙光》

讲柴尔德的第一部代表作，《欧洲文明的曙光》。

他在序言中说，该书主题是"作为人类精神独特显现的欧洲文明的基础"(96页)，即把欧洲文明当作人类精神的一种独特表现。他把欧洲考古文化分为若干区，每区一章，用一个整体框架覆盖全欧洲。全书引用了12种语言的102种刊物。

在这本书中，柴尔德试图调和当时的两大学派，东方主义派(Oriental school)和西方主义派(Occidental school)。他说："一派坚持说，西方文明只是从公元前1000年后的历史时期在地中海的一个小角落开始，它真正的史前史并不是发现于欧洲，而是发现于古老的东方；另一方面，我的有些同行却更愿意看到人类文化的所有高级因素是起源于欧洲本身。真相似乎在两者之间。"(97页)在他看来，进化和传播都不是绝

---

[1] 19世纪中期，德国有10个考古学讲席，法国、英国只有一个。柴尔德以前，英国唯一的考古学讲席是1851年约翰·迪斯尼(John Disney)在剑桥大学创设。1851年以来，迪斯尼教授共有12人：John Howard Marsden(1851—1865年)、Churchill Bapington(1865—1879年)、Percy Gardner(1879—1887年)、George Forrest Browne(1887—1892年)、William Ridgeway(1892—1926年)、Ellis Minns(1926—1938年)、Dorothy Garrod(1939—1952年)、Grahame Clark(1952—1974年)、Glyn Daniel(1974—1981年)、Colin Renfrew(1981—2004年)、Graeme Barker(2004—2014年)、Cyprian Broodbank(2014—　)。

对的，无所谓一真一假。

这两派，东方派是以英国解剖学家史密斯（G. Elliott Smith）和他的学生佩里（W. J. Perry）为代表，西方派是以科西纳（Gustav Kossinna）为代表。科西纳把史前欧洲的一切先进因素都归功于雅利安人或印欧人，而史密斯和佩里则把整个世界的进步都归功于"太阳之子"埃及人。柴尔德试图取两家之长而折其中。

四、史前史的政治含义

讲柴尔德的第二部代表作，《雅利安人》。雅利安人是个政治上非常敏感的概念，很多人都注意到，他在他后来的著作中从来不提此书。这主要是出于政治上的考虑。

作者考证，虽然《曙光》出版在前（1925年），《雅利安人》出版在后（1926年），但实际上，《雅利安人》反而写作在前。

作者举出若干证据：

第一是柴尔德本人的说法。首先，他在《回顾》一文中坦承，他跟科西纳一样，也是从比较语言学进入史前学。他研究考古是希望发现印欧人的摇篮，他在牛津大学的论文就是以此为主题。虽然这篇论文没有保留下来，但不难估计，《雅利安人》在很大程度上就是以这篇论文为基础。其次，柴尔德早就注意到雅利安问题的危险性。他在《雅利安人》中说，"北方人"（Nordic）的概念被神化，跟帝国主义控制世界相关，"雅利安"是反闪（指反犹）暗号，[1]让人联想到大屠杀。印欧语的研究在英国衰落，主要与人们对休斯敦·斯图尔特·张伯伦滥用这一概念引起的反

---

[1] 原文anti-Semitism是用反闪表示反犹，犹太人属于闪人。

感有关。[1]其次，柴尔德理解的"雅利安"，更主要是知识和语言，而不是种族，这是他和科西纳不同的地方。

第二是迈尔斯(柴尔德在牛津大学的老师)的说法。迈尔斯的兴趣涉及语言、文化、种族、地理。柴尔德受他影响很大。

第三是史蒂文森(柴尔德在爱丁堡大学的学生)的说法。他回忆说，柴尔德的兴趣最初是语言而非考古。他从事考古是为了支持他对印欧人的调查，尽管《雅利安人》比《曙光》晚出，但事实上却是他的第一本书。后来他把雅利安人的问题追到多瑙河流域，所以写了《史前的多瑙河》。他把材料收集到一块儿，本来希望为雅利安问题的解决带来启示，后来发现都是白费力气，所以不再研究雅利安人，转而写《曙光》。他说，他敢肯定，《曙光》本来是从语言研究开始。

第四是福德(1925年跟柴尔德结伴云游欧洲的人类学家)的说法。

第五是克鲁登(柴尔德在爱丁堡大学的学生)的说法。

五、阿伯克龙比讲席和《雅利安人》的政治含义

讲《雅利安人》对柴尔德拿到爱丁堡大学的工作起了至关重要的作用。

阿伯克龙比讲席是1916年创设。阿伯克龙比勋爵是苏格兰史前学家，他留下遗嘱，定下四条：第一，这个位子是为考古系而设；第二，在职者要精通法语和德语，并且要能用意大利语工作；第三，在职者要用全部时间，尽最大可能，跟上欧洲发表的全部有关文献；第四，希望在职者不要跟在其他作者后面人云亦云，而是靠独立调查，解决考古

---

[1] 休斯敦·斯图尔特·张伯伦(Houston Stewart Chamberlain，1855—1927年)，英裔德籍，著名种族主义作家，与英国首相张伯伦同姓，不是同一人。

学难题。

这个讲席，第一人选是剑桥大学的伯基特（M. C. Burkitt），第二人选是伦敦博物馆的馆长惠勒。二人先后谢绝，柴尔德才有了机会。但他的问题是作品不够，《曙光》出版后，他还得出一本书，这本书就是《雅利安人》。

六、史前史的经济探讨

讲柴尔德当上阿伯克龙比教授后出版的三种书，重点讨论《青铜时代》。

作者说，1930年，在《青铜时代》一书中，柴尔德已经意识到文化—历史考古学的局限，转向史前社会的经济探讨。

柴尔德的"早期五书"，《欧洲文明的曙光》(1925年)和《雅利安人》(1926年)出在他到爱丁堡之前，《远古的东方》(1928年)、《史前的多瑙河》(1929年)、《青铜时代》(1930年)出在他到爱丁堡后。这里的叙述与他处不太一样，缺《史前的多瑙河》，多《远古东方新探》(1934年)。其实，《远古东方新探》是《远古的东方》的改写本。

作者说，在《远古的东方》中，柴尔德有两个关注点：一是食物生产（农业）；二是冶金（工业）。前者可就地生产，自给自足；后者仰赖原材料（矿源），必有传播。他的传播论与他对青铜时代的理解直接有关。他是借传播论，把近东与南欧、南欧与中东欧、中东欧与西北欧串联在一起，拼缀欧洲文明的总图。

这一时期，柴尔德受惠于摩尔根的《古代社会》、恩格斯的《家庭、私有制和国家的起源》，如以汤姆森三期说配蒙昧、野蛮、文明三期说，采用马林诺夫斯基的功能观。作者认为，他把考古学与人类学相结合，可能受人类学家福德影响，并且与他三次访美有关。

七、结语

这七年，柴尔德备尝艰辛，终于当上阿伯克龙比教授，他给达特写信说，他"终于逃脱了政治的致命诱惑"(127页)。其实，他所谓"逃脱"，只是摆脱了他在澳大利亚从政的内心伤痛。作者说，如果不是法西斯崛起，威胁到欧洲，迫使学术界做出必要的反应，他也许真的会如此。但实际上呢，树欲静而风不止，只要他讨厌的政治环境在，他就无法摆脱"政治的致命诱惑"。

有趣的是，下特里·欧文的新书就是以"政治的致命诱惑"为题。

八、注释

注9介绍，迈尔斯是古典学家，在英国学术政治中扮演重要角色。他是皇家人类学会的主席(1928—1931年)，不列颠协会的秘书长(1919—1932年)，皇家人类学会会刊《人类》的第一编辑，对大学管理和人类学界影响很大。

案 欧洲分东南西北中，北有斯堪的纳维亚人，西有盎格鲁—撒克逊人、凯尔特人，中有日耳曼人，南有希腊人、罗马人，东有斯拉夫人。司马迁讲中国，有句名言，"夫作事者必于东南，收功实者常于西北"(《史记·六国年表》)。欧洲，早期地中海文明发达，后来大西洋文明代兴，同样如此。

作者对《雅利安人》的考证很有意思，澄清了不少困惑。

什么是雅利安人？这是个长期存在争论的问题。黑格尔讲历史正反合：亚细亚—古典—日耳曼，合题是日耳曼，认为现代欧洲是日耳曼入侵的历史遗产。科西纳认为，雅利安人起源于西北，即古日耳曼人、今德国人。柴尔德相反,认为雅利安人起源于东南,摇篮可能在南俄草原。近有俄罗斯学者库兹米娜搜集各种资料,综合各家之说,再次讨论这一问题,认为雅利安人可能与安德罗诺沃文化有关,与草原民族向四外扩散有关,可参看。[1]

---

[1] 库兹米娜《印度—伊朗人的起源》,邵会秋译,杨建华校,上海:上海古籍出版社,2020年。

第四章

马克思主义与科学

一、引言

此章讲1930年代，柴尔德周围的马克思主义者和科学工作者。

1927年，柴尔德到爱丁堡，不到两年，碰上世界经济大萧条，所有社会成员都感觉被剥夺，资本主义似乎摇摇欲坠。结果，一些人向左转，倾向共产主义，一些人向右转，倾向法西斯主义，两极分化。人们对马克思主义突然兴趣倍增，显然与法西斯对人类的威胁直接有关。法西斯主义最反共，但它反而促进了马克思主义的传播。

二、温文尔雅的暴徒

讲1930年代的英国左翼知识分子。这个小标题出自比阿特丽斯·韦布(Beatrice Webb)的日记。她称这批人是"温文尔雅的暴徒"(见引言)，名单见表一。

这一时期，马克思主义是通过理性主义和科学来传播。马克思的

《资本论》最畅销，被当作研究当代社会的科学。恩格斯的《反杜林论》《路德维希·费尔巴哈》（即《路德维希·费尔巴哈和德国古典哲学的终结》），以及《自然辩证法》也被科学家所重视。

作者提到一批年轻的左翼科学家：

列维（Hyman Levy，1889—1975年），数学家，1931年加入英国共产党，1958年被英国共产党开除（因非议苏联对待犹太人的政策）。

霍尔丹（John Burdon Sanderson Haldane，1892—1964年），生理学家、生化学家、遗传学家，《工人日报》主编，共产党员。

霍格本（Lancelot Thomas Hogben，1895—1975年），动物学家、遗传学家，共产党员。

贝尔纳（John Desmond Bernal，1901—1971年），物理学家，共产党员。

李约瑟（Joseph Terence Montgomery Needham，1900—1995年），生化学家。

祖克曼（Solly Zuckerman，1904—1993年，后封Sir、Lord），动物学家。

1934年，列维写过一本书，《科学的社会关系》（Social Relations of Science）。当时，英国共产党有个动员科学家从科学与社会的关系讲科学史的运动，就是以此为名，出面参加者都是牛津、剑桥等高等学府的年轻学者，他们既是学术一流的科研专家，也是读者极多的科普教育家。力图把考古提升为科学和提倡大众考古的柴尔德也是其中一员。霍格本作《为了千百万人的数学》（Mathematics for the Millions，1936）和《为了公民的科学》（Science for the Citizen，1938）。贝尔纳作《科学的社会功能》（The Social Function of Science，1939），其中有些话题发展为《历史上的科学》(Science in History，1945)。李约瑟作《中国科技史》(Science and Civilization in China，出版虽晚，但据作者说，也是动手于1930年代，同样是这一运动的产物。李约瑟毕生探讨"为什么只有欧洲产生了科学，而中国没有"，被人称作"李约瑟难题"。柴尔德毕生探讨的问题也是欧洲文明的独特性。

1931年，祖克曼发起Tots and Quots聚餐会，每月一次，随机挑选饭馆，边吃边喝边讨论，参加者，就是上面这批人。[1]

三、第二届国际科技史大会

讲1931年6月29日—7月4日第二届国际科技史大会在伦敦召开。

这一年，英国工党下台，墨索里尼上台，希特勒蠢蠢欲动，欧洲被法西斯主义和共产主义彻底撕裂。有人称此年为"分水岭年"(watershed year)。会议在此年召开，具有时代意义。

这次会议，苏联代表团第一次参加。会议论文集《十字路口的科学》英文版由布哈林作序，在苏联出版。英国左翼科学家贝尔纳、克劳瑟、霍格本、列维、李约瑟参加了会议。

四、会议的时间选择和后续反响

讲第二届国际科技史大会为什么选在1931年，以及会后的评论。

作者说，没有证据表明，柴尔德曾参加会议，但他肯定见过很多与会者，他给他们写过书评，他们都说自己受到苏联代表团的启发。柴尔德也高度评价苏联代表团对科学研究的推动，包括考古学。

会议为什么选在1931年，作者有所讨论。他说，早先，科学家曾被视为"布尔乔亚专家"。1929年，斯大林取得绝对权力，苏联科学院被

---

[1] 参加者还有科学史家克劳瑟(J. G. Crowther，1899—1983年)。

"布尔什维克化",所以才派团参会。

接下来讲会议后的有关评论,如托马斯·格林伍德(Thomas Greenwood)的恶评。尽管有这些负面评价,这次会议还是留下了深远影响。

五、马克思主义科学的角色

讲瓦茨出版社出版的《思想家文库》(Thinker's Library)。[1]

1930年代,理性出版协会支持下的瓦茨出版社代替共产党的正式出版社劳伦斯和卫沙特(Lawrence and Wishart),出版廉价畅销书,对马克思主义的大众传播起了很大作用。《思想家文库》卖了110种、300多万册(书目见附表二)。柴尔德的《人类创造自身》(1936年)和《进步与考古学》(1944年)就是《思想家文库》的两种。他的《历史》(1947年)、《社会进化》(1951年)也是由瓦茨出版社出版。

当时,学者选择瓦茨而不是大学出版社,主要出于两方面的考虑:一是大学出版社印数少,要钱多;二是瓦茨显得比较中立,不像劳伦斯和卫沙特有宣传色彩。1938年,达特请柴尔德以史前学家的身份出任马克思故居的成员,出版《家庭、私有制和国家的起源》的英文注释本,遭柴尔德拒绝。柴尔德说,这等于"在我的脖子上拴个标签。我不喜欢标签,特别是如果它们会引起误导"(162页)。他说,"对我来说,马克思主义只是一种行之有效的研究方式和用来解释历史和考古材料的工具。我接受它是因为它管用"(同上)。

在一个反共世界里,自己给自己扣红帽子,是不明智的。柴尔德既

---

[1] 瓦茨(C. A. Watts, 1858—1946年),出版家。父亲是卫斯理公会的牧师,自己是社会主义者。1899年创办理性主义者出版协会(Rationalist Press Association,简称RPA)和瓦茨出版社(C. A. Watts and Co., Ltd.),并出版《文学指南》(Literary Guide)月刊和《理性年鉴》(Rationalist Annual)。

要保持独立性，也要考虑生存之道，保护自己不受伤害。

六、结语

作者说，1930年代的马克思主义转向是因为经济萧条引起思想动荡，很多优秀学者都相信，资本主义正在崩溃。可见人们对马克思主义理论的兴趣从一开始就跟当代社会问题密不可分，如柴尔德反法西斯主义就是一个很好的例子。由此转入下一个话题。

七、表一、表二

表一《温文尔雅的暴徒》，分上下两部分，讲学者的"籍与系"。这些人，很多都出身于名门或毕业于名校。

上分七项，包括"著名的自由派家庭""新闻""医学""商业""学术""军事""神职人员"，讲家庭背景。如汤因比（Arnold Joseph Toynbee，1889—1975年），祖父、父亲是著名医生，母亲是历史学家，一个儿子是作家，一个儿子是画家。霍尔丹，父亲是著名生理学家，本人也是著名生理学家。

下分牛津、剑桥二系，各三个年龄组：1900年以前出生的为一组，1900—1910年出生的为一组，1910—1920年出生的为一组。如柴尔德属牛津第一组，贝尔纳和李约瑟属剑桥第二组。

表二《思想家文库》，左边一栏是书题，分人类学、历史学、心理学、科学通论、哲学通论、宗教学、小说、杂著八类，右边一栏是作者。如柴尔德的《人类创造自身》《进步与考古学》属人类学类。

八、注释

注1说，表一中人，并非都是共产党员（如柴尔德），但大多是马克思主义者。其背景有二：一是参加工运；二是参加反战（反"一战"）。

案 柴尔德的出现，绝不是孤立现象。那是时代风潮的产物。作者对柴尔德参加的左翼知识分子群体有深入开掘，称之为"温文尔雅的暴徒"。

第五章 血色狂潮

一、引言

此章讲1930年代和"二战"时期的柴尔德。

1933年1月,希特勒上台,欧洲面临"黑暗时代"以来最大的危机。柴尔德在爱丁堡大学讲考古方法论,头一课就对学生讲,"1933年,恐怕很难再说史前史是无用之学了"(171页)。他,作为一个有良知的考古学家,首先想到的就是批判德国宣传的"雅利安人"种族优越论,这件事还真与史前史脱不了干系。柴尔德的学术出发点本来就是探讨"雅利安人"的起源。他在牛津大学写的毕业论文(1917年)和后来发表的《雅利安人》(1926年)都与这个问题有关,他对这个问题很熟悉。

二、法西斯的威胁

讲1930年代法西斯对整个欧洲文明的威胁。

作者说,整个1930年代,英国只有三个史前考古学讲席,而德国却有25个。

1933年1月30日，希特勒上台。纳粹控制了德国教育和意识形态。当时，科西纳已经死了，但他的学生却占据着所有最好的位置，配合纳粹宣传。他们说，德国人是最早的雅利安人，宣扬"北方种族"（Nordic Race）优越论。史前考古竟因种族主义而一时走红。

柴尔德是最早挺身而出，借学术讲坛，怒斥法西斯的史前学家。他曾遍游欧洲，认识很多德国学者，既有得势者，也有受害者，很多熟人都死于纳粹集中营。据信，1933—1935年，约有50万希特勒的反对者被处死，首先是社会主义者、同性恋和犹太人，特别是社会主义者。

三、法西斯主义在英国的影响

讲1930年代德国考古对英国考古的影响。

当时，跟现在的想象不一样，德国考古和德国考古学家（科西纳和他的学生们）在全欧洲深受尊敬。它对英国考古的影响主要在两个方面：一是德国考古的田野技术对英国影响很大；二是德国考古的规模和组织动员能力给英国考古学家留下深刻印象。

作者提到四个人：克劳福德、波苏、克拉克、马尔。

克劳福德，一般认为是左翼或马克思主义者。1930年代，他在他主编的《古物》杂志的编者语中频繁介绍德国博物馆的教育资料。1939年，克劳福德访问过德国。他承认，他的航空考古是受惠于德国航空部，而德国航空部是纳粹空军的前身。后来（1955年）他甚至说，"我像波苏，也有点喜欢纳粹了，我早就考虑过，我该如何同外国考古学家打交道……我决定不再区分纳粹党徒、法西斯分子、共产主义者或民主主义者……"（179页）。

魂断蓝山

波苏是从德国逃出的"难民考古学家"。[1] 柴尔德希望他能站出来，公开谴责德国，反对法西斯主义和希特勒，想不到，他却不愿表态。波苏的田野技术很高，他在伍德伯里的发掘改变了战后的英国考古。

克拉克对德国考古艳羡不已。1938年，克拉克为德国考古手册写书评，曾拿英、德两国做比较。他的印象是，英国考古是个业余爱好者的小圈子：人，屈指可数；思想，非常守旧。相反，德国考古是"国家考古"，不惜人力、金钱之投入，把历史教育当少儿教育的一部分，社会普及面非常之广。尽管他也意识到，德国考古可能会堕入种族主义的解释，但还是对它的组织动员能力艳羡不已，特别是当他拿德国与意大利和苏联做过比较之后。

马尔是奥地利人（不是苏联的马尔），[2] 他是纳粹同情者，反闪米特人（指犹太人），甚至很可能是德国间谍。尽管谁都知道他的政治态度，他还是当了史前学会的主席。他也十分赞赏德国考古学。

柴尔德与克拉克、马尔不同，他认为，当他访问过"学术难民"后，他不能对德国发生的事装聋作哑。

四、纳粹赢了意味着什么

讲1939年柴尔德对"二战"前途的看法。

1939年，"二战"爆发。裘利乌斯·布劳瑟写过一篇文章，发表在《平民》杂志上，题目是《希特勒赢了意味着什么》。[3] 他说，假如希特勒赢了，法西斯德国将把欧、亚、非三洲连为一体，生产力远超自由资本

---

[1] 波苏（Gerhard Bersu，1889—1964年），德国法兰克福考古研究所所长，因受德国种族法迫害，逃离德国，1938年到英国。柴尔德和克劳福德曾自掏腰包养活他和他的妻子。战争期间，波苏被关押在马恩岛（Isle of Man），柴尔德曾安排他在岛上发掘。
[2] 马尔（Adolf Mahr），当年柴尔德云游欧洲，去维也纳，就认识他。
[3] Julius Braunthal, "What if Hitler Won?" *Plebs*, vol. 33 (1939), pp. 25-26. 案：作者是奥地利社会党人。

主义，可以让人民过上好日子。柴尔德随即写了《生产力和法西斯经济》回应他，登在两年后的同一杂志上。[1]他认为，生产力的发展，要依靠市场扩张，市场扩张要依赖大众购买力，社会主义者之所以反对资本主义，是因为资本扩张会导致两极分化，限制大众的购买力。其次，生产依赖科技繁荣，科技繁荣依赖知识自由。这两条都是法西斯的对立面。如果希特勒赢了，他将建立以德国人为封建武士领主的种姓社会，类似日耳曼入侵罗马帝国后的"黑暗时代"。

作者说，柴尔德强调，斯大林主义和纳粹主义都是极权主义，极权主义阻碍化学、物理等科学研究。这类说法恐怕要从两方面理解：一方面来自他本人对东方专制主义和极权主义的理解；一方面与当时的历史背景有关。1939年，《苏德互不侵犯条约》(Molotov-Ribbentrop Pact)签订，令英国人绝望，而苏德媾和又是张伯伦绥靖政策引起的必然反应。

五、与法西斯搏斗

讲1930年代柴尔德的三篇文章：《史前学有什么用》(1933年)、《人类学和希特勒》(1934年)、《人类学国际会议》(1936年)，以及柴尔德写给迈尔斯的两封信(1933年11月25日和1934年2月27日)。

这些都是批判纳粹考古学。

六、考古学作为科学：《人类创造自身》和《历史上发生过什么》

讲1930年代柴尔德最著名的两部著作。

《人类创造自身》(1936年)。作者说，这本书是由三大因素促成：一是史前学的实际需要；二是法西斯主义在德、意、日三国崛起；三是1935年访问苏联。作者说，柴尔德在此书中第一次公开表示，他是受惠

---

[1] Childe, "Productive Power and Fascist Economy," *The Plebs*, vol. 34 (1941), pp. 54-55.

于马克思主义。他把社会进化看作生物进化的延伸，反对把自然与人类、史前和历史截然分开。他用狩猎采集到农业到副业(第二产业)的"两个革命"讲社会进步。第一个革命(新石器革命)是解决吃饭问题；第二个革命(城市革命)类似18世纪的工业革命，是冶金术和其他手工业出现的阶段。

《历史上发生过什么》(1942年)。此书从狩猎采集一直写到罗马帝国，是他对人类历史的高度概括。柴尔德在《回顾》中解释过他为什么写这本书。他说，"我写它是为了说服自己，黑暗时代不是吞噬所有文化传统的无底洞(当时我深信，欧洲文明的结局，对资本主义者和斯大林主义者一样，注定是黑暗时代)"(197页)。柴尔德对进步观念的强调，对传播论的强调，都与反法西斯直接有关。

作者说，柴尔德的历史概括来自历史唯物主义，但他既非盲从马克思主义，也非盲从苏联考古学。

七、柴尔德反法西斯对个人和政治意味着什么

讲柴尔德在战时的爱丁堡(1939—1945年)，非常悲观，非常绝望。

"二战"爆发，柴尔德很苦恼。田野发掘停止，无法出国考察，学生很少(作为对比，作者提到，剑桥大学的加罗德也只有两个学生)，工资缩水(减少三分之一)，办公室很小，教室漏雨没钱修，打伞上课。当时，爱丁堡躲过狂轰滥炸，但食物短缺。他是靠美国朋友接济(寄罐头、干燥食品和各种杂七杂八的东西给他)。[1]克劳福德能继续出版《古物》杂志，也全靠黑市交易。爱丁堡大学很保守，如果德国人打来，很多人打算与

---

[1] 作者提到休·亨肯(Hugh Hencken)、哈拉姆·莫维斯(Hallam Movius)、莱斯利·怀特(Leslie White)。

希特勒合作。柴尔德反法西斯，立场鲜明，直言不讳，冒犯学校当局，让他在爱丁堡很孤立。

"二战"前，柴尔德曾三访美国(1936、1937、1939年)，他在美国存了不少钱，原因是他对张伯伦的绥靖政策很失望，他的考虑是，一旦张伯伦与希特勒合作，马上移民美国。

"二战"中，柴尔德很悲观。1939年9月3日，英国对德宣战。10月1日，柴尔德给克劳福德写信，说马克思列宁主义和法西斯主义同样是对人类的威胁。此事常被解读为他历来反感苏联。其实不然。这事有当时的历史感受。8月23日，《苏德互不侵犯条约》签订，令他绝望。他想，如果斯大林与希特勒合作，英国肯定打不过德国。他的学生史蒂文森回忆，法国投降(1940年6月22日)后的某日，柴尔德跟他说，他肯定上了纳粹的死亡名单，德国人如果登陆，他就跳水自杀。

八、结语

作者把"二战"后英、美两国的政治气候视为人类历史上的又一个"黑暗时代"，与希特勒对人类的威胁相似，从而引出下一个话题。

他认为，冷战是一种新威胁，比法西斯更隐蔽，并引用《现代季刊》第七卷的编者案作为对美国知识分子的警告："显然，美国的作家和思想家正面临严峻的选择。如果他们屈从于反共的歇斯底里或因害怕而保持沉默，他们就要承担与德国知识分子一样的责任，后者在希特勒准备发动战争时选择合作或沉默。如果他们能坚持原则、维护立场，他们将会把所有热爱自由致力于世界和平、国家独立的人团结在一起。"(208页)

九、注释

注11提到1939年10月《苏德互不侵犯条约》签订后不久(注意：条

约是8月23日签订),《工人日报》就和平谈判向左翼分子发问卷调查,问卷问"你赞同和平谈判吗",柴尔德不相信张伯伦,他的回答是"只有不让希特勒主义取得另一个慕尼黑式的胜利时",他认为,"只有靠修正和加强的国际联盟,和平才有保障。这个联盟应在苏联、斯堪的纳维亚民主国家、荷兰、瑞士等国的主导下建立,如果可能,再加上美国"(没提英、法)。他还支持取消殖民地和国际托管。

注12提到柴尔德对《苏德互不侵犯条约》的态度。他跟克劳福德说,他相信,"斯大林的举动无疑会推进共产主义的传播。不管张伯伦如何为其绥靖政策辩解,都无法让他坚信不疑,相信这就是人类的希望"。当时,许多共产党员因此退党,《泰晤士报》登了一篇著名的联名信,他拒绝签字。他跟克劳福德说,他不会在一份谴责共产主义政权、令法西斯分子称心如意的信上签字。作者说,这并不是说,柴尔德对共产党和苏联毫无批评,但他对爱丁堡的保守势力更加不满。

注13提到史蒂文森接受作者采访,回忆法国陷落时,柴尔德打算投水自杀,以及1946年8月4日柴尔德感谢克劳福德曾制止他自杀的信。

注14提到"二战"中,他曾把《不列颠群岛的史前社群》的手稿寄给哈佛大学,考虑移民美国。

案 柴尔德跟克劳福德讨论过自杀。他认为,野蛮独裁、文明倒退,人可以选择自杀,"黑暗时代",自杀是合理抗争。他曾把美国当躲避战祸的藏身之所。"一战",他在回澳大利亚途中曾考虑去美国。"二战",他也考虑过移民美国。德军占领法国时,他打算自杀,被克劳福德劝止。冷战,匈牙利事件后,他再次感到"黑暗时代"降临。不久,他真的自杀了。

第六章

考古学的政治

一、引言

此章讲冷战时期的柴尔德,写得最好。这一时期,柴尔德仍然是学者,但政治性超过以往。

二、"古今丛书"

讲"古今丛书"(Series of "Past and Present")在美国的遭遇。

这套丛书是一套古代文明史丛书,1945年由科贝特出版社(Cobbet Press)出版,设计初衷是为了展现"历史如何提供帮助",为什么"现代民主制度下的公民需要历史","借助现有的知识,简述人类故事,有助当下问题的解决"(220页),也就是我们常说的"古为今用"。编委会成员为柴尔德、法灵顿、赫伯特、波尔顿、斯特恩。[1] 丛书并不以宣传马克思

---

[1] 法灵顿(Benjamin Farrington),爱尔兰人,古典学家,英国共产党员,任丛书主编。赫伯特(转下页)

主义的面目出现，也不要求引用马克思主义著作，但作者一半是马克思主义者，另一半是对相关主题最有研究的学者，真正的科学家。全书规模，最初设想，共48卷，柴尔德的《历史》在第6卷，1947年出版。

1945年，科贝特出版社开始为这套丛书联系出美国版。美国出版商深知柴尔德的国际知名度和社会影响力，本来对这套丛书很有兴趣，但在歇斯底里的冷战气氛下，谁都不敢担风险。亨利·霍尔特（Henry Holt）是最早签约者，以资金不足为由，放弃合作。

1947年，著名的巴诺书店（Barnes and Noble）欣然签约，买下全部版权，又突然宣布放弃。原因是受到"政府官员"警告，说丛书宣传马克思主义，特别是柴尔德书的第七章引用马、恩、列、斯。巴诺书店是美国最大的教科书出版社，与政府关系密切，对当时的政治气候非常敏感，凡与共产主义、苏联有关的书都不可能出。

1952年，麦卡锡主义泛滥。美国出版业，到处是"红色诱饵"（Red Baiting），动不动就会被扣上红帽子。[1]当时有《史密斯法案》（Smith Act），很多出版社被罚，如国际出版商亚历山大·特拉亨伯格（Alexander Trachtenberg），就因出版与马、列有关的书刊，被判五年监禁和1万美元罚款。

作者说，1953年，有个叫舒曼（Schuman）的年轻人，"居然傻到"愿意出版柴尔德的书。但他明白，原封不动是不可能的。舒曼版对科贝特版进行改造：一是作者群变了，既包括马克思主义者，如柴尔德、吉

（接上页）（Sydney Herbert），英国政治家。波尔顿（T. L. Poulton），英国杂志插画家。斯特恩（Bernhard Stern），美国人类学家，美国马克思主义刊物《科学与社会》（Science and Society）的编辑。

[1] "红色诱饵"（Red Baiting），用扣红帽子的办法对共产主义者进行政治迫害。据说，这个词最早出现于1927年，Red指共产主义，Baiting指投放诱饵、挖陷阱，引申为故意挑逗、恶意构陷，通过激怒对方，让对方自投罗网。

布斯（Marion Gibbs）、沃尔班克（F. W. Walbank），也包括保守派，如格拉厄姆·克拉克；二是柴尔德的书被改造，《历史》变成《什么是历史》，第七章被删，马、恩、列、斯的名字和引文荡然无存。

三、柴尔德在书籍出版史上的重要性

讲《历史》在英、美两国的不同评价，以及柴尔德对这些书评的反应。

此书在英国有七篇书评，发表于《劳工月刊》《现代季刊》，主要出自左翼学者。有人批评柴尔德不重阶级，有人批评柴尔德不重生产关系，也有人替柴尔德辩护。作者说，他们往往忽略，柴尔德是考古学家，考古有考古的局限性，它是从物出发，长于研究生产手段，而非生产关系和阶级关系，后者无法直接得到，多半是从前者推理。

此书的美国版（《什么是历史》）在美国只有一篇书评，发表于《哈珀季刊》(Harpers Quarterly)，作者是吉尔伯特·哈艾特。[1]他把"古今丛书"定义为"危险的宣传"，柴尔德的书，在他看来，用心更加险恶。

作者认为，柴尔德既非右翼同行心目中可怕的"共产主义者"形象，也非左翼学者从党的路线出发做出的判断。读者要想做出正确评价，首先要注意他为什么要写《历史》。

柴尔德有两个信念：一是反对宿命论，见《人类创造自身》（1936年）；二是强调进步战胜落后，见《进步与考古学》（1944年）。《历史》是二书的延续。

---

[1] 吉尔伯特·哈艾特（Gilbert Highet, 1906—1978年），英国古典学家，毕业于格拉斯哥大学和牛津大学，1938年移民美国。

《历史》最后提到斯大林，所有评论者都注意到这段话，却不明白它是什么意思，还以为他是强调历史的可预见性。作者说，尽管柴尔德对辩证唯物主义的前瞻性有所保留，但他从不公开批评马克思主义。他引斯大林的话（见《辩证唯物主义和历史唯物主义》），不是说斯大林真的可以预见历史，而是为了强调进步战胜落后。

这在苏联攻克柏林后，美国掀起冷战的时代，其实不难理解。

作者引用柴尔德1948年2月1日和9月18日致莱斯利·怀特信，解释柴尔德自己的想法。后面这封信，有段话很重要："或许，马克思主义的分析只适用于一个尚不存在的世界国家的世界经济。它是个不可避免的结果，但尚未到来——假如你们的原子弹未能事先把整个人类大家庭彻底消灭。美国制度的垮台或许会推迟，就像英国靠帝国主义延命，英国人和其他欧洲人（苏联除外）正转化为外在的无产者，就像英帝国晚期的印度人和苦力，但我毫不怀疑，美国的资本主义结构会使来自欧洲人的贡品大受欢迎。"（231页）

显然，在他看来，历史是人类自我选择、自我创造的过程，而不是命中注定应该怎么发生的过程，这个想法并没有变。

四、《古今》杂志

1952年是冷战高峰，约翰·莫里斯创办了著名的《古今》杂志（*Past and Present*，简称P&P）。他想在马克思主义者和非马克思主义者之间架设沟通的桥梁。当时的知识界，非马克思主义者占多数，编辑部成员，马克思主义者占多数。主编是约翰·莫里斯，主编助理是艾瑞克·霍布斯鲍姆，柴尔德是编辑部成员。[1] 杂志副标题是"科学的历史学杂志"（A

---

[1] 约翰·莫里斯（John Robert Morris, 1913—1977年），伦敦大学学院讲师，《古今》杂志创始人，（转下页）

Journal of Scientific History），强调把历史当科学来研究。

马洛温回忆，柴尔德希望用学术的国际性在西方与苏联之间架设沟通的桥梁。盖瑟科尔回忆，1950年，朝鲜战争爆发，柴尔德希望帮助苏联、中国和东欧的学者摆脱孤立隔绝的状态。

现在，这本杂志是最著名的史学杂志之一，但创办之初却远非如此，无论编辑还是作者都饱受攻击。柴尔德是学术大腕，却不是共产党员，多亏他的号召力和影响力，才使这本杂志大获成功。1952—1957年，他比编辑部任何成员都更为卖力。杂志三分之二的内容都出自马克思主义者之手。

杂志之所以大获成功，是因采用柴尔德创造的生存策略，即"糖衣包裹"（sugar-coating）的说话方式。1940年代后期和1950年代，他很少提马克思，反而采用其同行更容易接受的涂尔干术语。1950年1月15日，他在给莱斯利·怀特的信中解释说，他不愿用布尔乔亚称之为"黑话"（即我们熟知的"党八股"）的方式讲话，那只会把从未读过马克思主义书的读者吓跑。

五、冷战教条和恶意曲解

冷战时期，柴尔德采用的说话方式，特点是既巧妙委婉又清楚明白。例如：在《工具的故事》（1944年）中，他用考古材料讲《家庭、私有制和国家的起源》；但在《重缀过去》（1956年）中，他讲考古学方法，却不提马克思主义。

（接上页）著有《亚瑟王年代》。艾瑞克·霍布斯鲍姆（Eric Hobsbawm, 1917—2012年），英国著名左翼史学家。14岁加入德国共产党，19岁加入英国共产党，始终以"死不悔改的共产主义者"自居，即使在1956年英国共产党的退党高潮中，他也不退党，著有"年代"四部曲（《革命的年代》《资本的年代》《帝国的年代》《极端的年代》）等书。

冷战时期，美国对知识自由的攻击达到歇斯底里的地步，而在英国却狡猾得多。如1952年《泰晤士报文学评论副刊》上有个匿名作者恶意诋毁林赛的《欧洲的拜占庭》，引起左翼学者的抗议，就是很好的例子。

作者说，这类反马克思主义运动早在1945年就已进入英美两国的校园。如1959年，伦敦大学就以反共产主义渗透为名拒绝一位合格的申请者。其实，就连柴尔德这样的大牌学者也不能幸免。1946年，他给克劳福德写信说，幸亏他很小心，根本不提他说过什么、在哪儿发表过什么，否则他根本离不开爱丁堡，也拿不到伦敦大学的位子。

尽管冷战在英国比较隐蔽，没有学者被开除、被起诉，但英国的大学还是在传播马歇尔——蒙哥马利福音，反对苏联和马克思主义学术。

美国的情况不一样，完全是明目张胆。学者申请工作，校方经常要问你是共产主义者或共产党员。

柴尔德是《现代季刊》的编委，该刊经常揭露美国对知识分子的政治迫害，如霍华德·法斯特案。[1]他很关注美国学者受到的迫害。

六、美国之行的冷战气候

柴尔德曾三次访美，全在"二战"前。1958年，欧文·劳斯（Irving Rouse）在她为柴尔德写的悼词中披露，柴尔德参加过1945年苏联科学院成立220周年纪念会，因此被美国国务院宣布为"不受欢迎的人"。[2]作者说，1945年柴尔德是否申过美国签证，缺乏记录，不得而知。美国国务院之所以知道有柴尔德这么个人存在，原因是1940年他想去美国，在美

---

[1] 霍华德·法斯特（Howard Melvin Fast，1914—2003年），美国小说家，1942年参加美国共产党，1949年当选世界和平理事会理事，1953年获苏联"加强国际和平"斯大林奖，1957年脱离美国共产党，著《赤裸裸的上帝》（1957），批判苏共和美共。他的早期作品曾被介绍到中国，深受好评，但1957年在中国遭批判。

[2] Irving Rouse, "Vere Gordon Childe, 1892-1957," American Antiquity, vol. 24, pp. 82-84.

国存过钱。此事照例会通知美国国务院。

1939—1944年，罗斯福曾用一个叫朗（Breckenridge Long）的人负责国务院签证处，此人是个法西斯分子，犹太人和左翼分子访美多遭拒签，访问加拿大则一律不给签证。冷战时期，朗虽离开，但政策没变。作者采访霍克斯和皮戈特。他们回忆说，就连他们访美，都要通过面试和填写是否参加过各种"颠覆组织"的名单。霍克斯开玩笑说，"柴尔德很可能帮助创建或至少支持过其中的一半"（247页）。凡是到过美国的外国人都知道，这套制度，一直沿用到现在。

1948年，美国考古学家威廉·斯特朗和莱斯利·怀特曾安排柴尔德访美：1949年春访问哥伦比亚大学，1949年秋至1950年秋访问密歇根大学。[1] 柴尔德给莱斯利写信说，"总的来说，我很高兴有机会访问美国，重建我跟我的美国朋友和同事的私人联系，并在美国大学教书，因为我发现，给美国学生讲课非常带劲。但另一方面，我必须说明，我很怀疑，在当下歇斯底里的反共体制下（尽管我不是共产党员），我是否能拿到签证，即使能拿到，会不会突然遭遇官方或非官方的什么人绑架，身体……"。

柴尔德说的"绑架"并非玩笑。这一年是美国大选年，正好碰上华莱士与杜鲁门竞选美国总统。华莱士被麦卡锡追随者戴上"亲苏亲共"的红帽子，饱受右翼攻击。杜鲁门当政期间，搬出《史密斯法案》，不仅美共领导人遭起诉，就是共产主义言论也会惹官司。怀特给柴尔德写信，提到很多大学教授都因支持华莱士竞选而被解职。他和斯特朗终于明白，

---

[1] 威廉·邓肯·斯特朗（William Duncan Strong，1899—1962年），哥伦比亚大学的考古学家。莱斯利·怀特（Leslie White，1900—1975年），密歇根大学的考古学家。

柴尔德访美谈何容易。

七、结语

早在1940年代，反共高潮已遍及美、英两国的高校，学术自由和个人自由受到空前未有的威胁，人类学家和考古学家也未能幸免。如美国的伯纳德·斯特恩（"古今丛书"的编辑）等人类学家就受到美国国会调查委员会的纠缠，英国的考古学家柴尔德的《历史》也因提到斯大林而出版受阻。作者说，"二战"后的学者不得不用另一套隐晦的语言向非马克思主义同行解释马克思主义，这一风尚常常令读者（研究生类的读者）困惑。所以他要分析柴尔德的学术和政治是什么关系，他在多大程度上受社会政治气候影响。

八、注释

注2是解释《史密斯法案》。作者说，该法案是由弗吉尼亚民主党议员史密斯（Howard Worth Smith）提出，1940年通过。将近一个半世纪，这是第一个反煽动颠覆法（first sedition act）。1948年大选，杜鲁门为了向共和党证明他对国家安全有多敏感，采纳联邦调查局的建议，以《史密斯法案》为宪法基础，禁止共产党。他们援引这个法案，以"教唆和主张用武力和暴力推翻和毁灭美国政府"的名义起诉了11个美共领导人。

注12引塞缪尔·西伦（Samuel Sillen）说，1948年美国各大学因支持华莱士竞选遭解职的著名教授不下12人。

注13说，斯特朗和怀特终于意识到柴尔德访美注定办不成，遂邀请柴尔德的老友达里尔·福德（即当年与他结伴云游欧洲的人）顶替柴尔德，按原计划访美。

案　　"糖衣包裹"（sugar-coating），糖衣是包裹在药片上的薄膜。

毛泽东《中国共产党第七届中央委员会第二次会议上的报告》(1949年3月5日) 有"糖衣炮弹"一词。疑"糖衣炮弹"(sugar bullet) 是从"糖衣药丸"(sugar pill) 变出。Pill, 英语俚语指弹丸, 如炮弹、子弹。日语也有从汉籍假借的"弹丸"一词。

上文提到华莱士与杜鲁门竞选总统。这两个人都与中国有关。

华莱士 (Henry Agard Wallace, 1888—1965年) 是美国农学家, 罗斯福当政时先后任农业部部长 (1933—1940年)、美国副总统 (1941—1944年)。"二战"期间, 他是罗斯福的友好大使, 曾参与援华抗战, 负责调停国共关系和中苏关系。1944年6月20—24日来华访问。中国的白兰瓜就是由他带来的瓜子引种, 初名"蜜露"(Honeydew), 今中国西北各地皆称此瓜为"华莱士", "白兰瓜"反而是后起的名字(瓜名是取其瓜皮纯白而产于兰州)。他是杜鲁门的政敌。1944年民主党提名杜鲁门为副总统候选人后, 改任商务部部长, 1945年杜鲁门上台后, 将他解职, 从此他与民主党决裂。此人已经被历史遗忘, 不但中国人忘了, 在美国也鲜为人知。

杜鲁门 (Harry S. Truman, 1884—1972年), 1944年任美国副总统, 罗斯福死后任美国总统 (1945—1953年)。此人以反苏反共著称, 麦卡锡主义即流行于其任上。中国人知有此人, 则因朝鲜战争。

1948年, 华莱士以左派进步党身份与争取连任的杜鲁门竞选。华莱士反对杜鲁门对苏冷战的强硬政策, 主张由联合国统管对外援助和裁减军备, 被右翼政客攻击为"斯大林主义走狗", 竞选期间, 又受美共支持, 这都使他饱受攻击。竞选失败后, 他退出政坛, 继续研究农业。

《史密斯法案》是1940年6月28日通过, 还在美国参战前。最初, 这个法案与美国面临的战争威胁有关, 主要是为了对付美国国内日益猖

魂断蓝山

獗的法西斯主义和管控外侨。杜鲁门上台后，则用它反苏反共。1951年，美国最高法院裁定《史密斯法案》符合宪法，维持对11位美共领导人的定罪。1952年，司法部又判另外40位美共领导人违反《史密斯法案》，予以监禁。《史密斯法案》之后，性质相似的法案是2001年10月26日美国总统乔治·布什签署颁布的《美国爱国者法案》(*Uniting and Strengthening America by Providing Appropriate Tools Required to Intercept and Obstruct Terrorism Act of 2001*)。这个法案的名字，原文的意思本来是"使用适当之手段阻止或避免恐怖主义以团结和强化美国的法律"，其实是以反恐为名施行管控和监视的法律，后取英文原名的首字缩写成"USA PATRIOT Act"，故俗称"美国爱国者法案"。

第七章

柴尔德在考古学史上的重要性

一、引言

作者说，冷战时期，柴尔德采用"糖衣包裹"的方式讲话，既被他的左翼朋友误解，也被他的考古同行（多持保守立场）误解。其实，他这样做，并不是为了赢得更多朋友，而是为了让更多人认识到，考古和历史对解决当下问题有用。

二、政治激进与政治迫害

讲柴尔德当上考古学教授前（1914—1927年）的政治激进活动和他遭受的政治迫害。

这一时期正好赶上第一次世界大战、布尔什维克革命和"一战"后的激进主义思潮。有三件事影响了他的一生：一是他在牛津参加反征兵活动；二是回澳大利亚，受澳大利亚国防部和悉尼大学迫害，上了黑名单，因此找不到任何教职；三是卷入澳大利亚工人运动，斯托雷突然去世，他又丢掉了在英国的工作。他离开考古是迫不得已，回归考古也是迫不得已，全都与政治迫害有关。这已经决定了，他的考古生涯一直与他的政治激进主义有关，一直与他所处环境的政治迫害有关，政治是个他想抽身逃离又挥之不去的梦魇。

三、柴尔德考古学的政治语境

讲柴尔德当上考古学教授后（1927—1957年）其学术思考与政治思考的关系。

作者强调，柴尔德是彻底改变了19世纪考古学的人。他的学术生涯分两段，"早期五书"是一段，《人类创造自身》《历史上发生过什么》以来的书是另一段。《青铜时代》是前后转折点，考古学家看重"早期五书"而贬低他后来的著作。作者不这么看。他认为，柴尔德对考古学的贡献有五点：一是他用人类史解释欧洲史前史，在英国考古和欧洲考古之间架起了桥梁；二是他把欧洲史前史的研究扩展到近东史前史的研究；三是把物质文化推广为经济模型，提出他的"两个革命"说；四是批评历史学家总是替统治阶级说话；五是为考古方法论的进步留下了丰富遗产。这五点，柴尔德的考古界同行看重的是第一点，但作者认为，柴尔德的研究分三个层次，考古资料的综述和分期定年只是第一层次，第二层次是把考古学当科学来认识，第三层次是把考古学当人类的过去来认识，并且认为它与当下问题密不可分，相当"通古今之变"。后两个层次离不开他的政治思考和政治追求。

四、结语

作者说，斯托金和特里格称为"辉格史学"的研究已经过时。[1]他把

---

[1] 乔治·斯托金（George W. Stoking Jr.，1928—2013年），芝加哥大学人类学系教授。著有《种族、文化与进化：人类学史论集》《维多利亚时代的人类学》《泰勒之后：英国社会人类学（1888—1951）》等。

丹尼尔笔下的英国考古学史和威利、萨布罗夫笔下的美国考古学史归入这类史学，[1]更推崇斯托金的《维多利亚时代的人类学》和特里格的《考古学思想史》。斯托金和特里格说，研究人类学史和社会科学史的学者至少要有两方面的训练：一要熟悉当代人类学的理论和它的历史；二要熟悉科学的哲学和它的认识论。作者加了一条：关注社会政治语境及其对理论家的影响。

五、注释

注1说："这里要说明一下，有趣的是，我在采访中发现，柴尔德曾把他自杀的打算吐露给那些持保守立场的人，反而不跟他的马克思主义同伙讲。彼得·盖瑟科尔跟试图解释柴尔德自杀的学者关系最密切。他坚信，柴尔德的绝命书是其持久而强烈的孤独感被理性强化了的表达。尽管他有很多朋友，却从未结婚，在任何人看来都不是同性恋，一辈子都没有跟任何一个人走得太近。人们常常误以为把柴尔德说成个悲剧人物是很容易的事，但这并不能解释柴尔德为什么会结束自己的生命。"

案 作者认为，柴尔德是彻底改变了19世纪考古学的人。其学术贡献，考古综述只是最低层次，最高层次是"通古今之变"。这些成就离不开他的政治思考和政治追求。他是从他的政治生涯解读他的学术成就。

柴尔德的一生是个谜，谜底在这里。

---

[1] Glyn Daniel, *The Origins and Growth of Archaeology*, New York: Thomas Crowell & Co., 1967; *A Hundred and Fifty Years of Archaeology*, Harmondsworth: Penguin Books. G. R. Willey and J. A. Sabloff, *A History of American Archaeology*, London: Thames and Hudson, 1974.

论文后附：

1. 柴尔德著作目：格林、特里格、麦克奈恩三书所附著作目的扩大版，按年代早晚排序，始于1915年，终于1990年，包括柴尔德死后发表的遗著和再版书、外版书。

2. 次级著作目：研究柴尔德的著作目，按作者姓名的字母顺序排序。

3. 档案：美国、英国、澳大利亚的档案。主要是私人书信和文件。作者未能利用英国军情五处（MI5）、澳大利亚安全情报组织（ASIO）及美国国务院的监视档案。

小 结

战后，美国取代英国，称霸世界当老大。

施坚雅说，"近年来，呼声日高：汉学已死，中国学万岁"（好像黄巾军的口号"苍天已死，黄天当立。岁在甲子，天下大吉"）。法式老汉学被美式中国学取而代之。[1]

同样，美式考古学的崛起也与美国当老大有关。但英国考古学的影响还在。

此书是柴尔德的政治传记。由于美国是冷战策源地，作者又是美国人类学家，他对柴尔德与冷战的关系讨论较多。

---

[1] G. W Skinner, "What the Study of China Can Do for Social Science," *The Journal of Asian Studies*, vol. 23, issue 4, August 1964, pp. 517‑522. 案：施坚雅（1925—2008年），美国人类学家。

V

《致命的政治诱惑：柴尔德的生平和思想》[*]

[*] Terry Irving, *The Fatal Lure of Politics: The Life and Thought of Vere Gordon Childe*, Clayton: Monash University Publishing, 2020.（简称Irving 2020）

作者特里·欧文（Terry Irving），澳大利亚激进左翼学者，伍伦贡大学荣誉研究员，《工运史》(Labour History)杂志编辑，悉尼自由大学创办者。他与盖瑟科尔合编过《柴尔德与澳大利亚》(Childe and Australia)和《柴尔德著作要目》(A Childe Bibliography: A Hand-list of the Works of Vere Gordon Childe)，并著有《激进的悉尼》(Radical Sydney)和《南方的自由之树》(The Southern Tree of Liberty)。在《柴尔德与澳大利亚》中，他写过两篇文章，一篇是《柴尔德私人书信选注》(Selection of Vere Gordon Childe's Private Letters with Commentaries)，一篇是《论劳工政府的书：柴尔德〈劳工如何执政〉第二卷的设想》(On the Work of Labour Governments: Vere Gordon Childe's Plans for Volume 2 of How Labour Governs)。参看书后的"作者介绍"。

此书是2020年新书，侧重从政治史的角度解读柴尔德的生平和思想。柴尔德是以考古学家名世，但他并非象牙塔中的学者。他从学生时代就投身左翼政治，从此一发不可收，即使当了大牌教授，也从未忘情于社会现实，始终保持着与左翼政治的联系。不了解他的政治立场，无法理解他的学术。

"致命的政治诱惑"，是柴尔德自己的说法（见导论xi）。他想把考古学当逃避这种诱惑的办法，但他从未摆脱这种诱惑。作者用它作全书题目，有双重含义，既指其九死未悔的政治追求，也暗示他为什么会选择自杀。

柴尔德的政治追求属于广义的社会主义。它分两大类：一类是以劳工运动为主的社会主义；一类是以议会道路为主的社会主义。柴尔德热衷的是前一类政治，对很多工党领袖都很失望，他把后者叫Politicalism

（政客主义）。[1]

此书是献给盖瑟科尔。盖瑟科尔是柴氏门生中最忠实的追随者，既传柴氏之道，也从事考古研究，2010年去世。生前，他一直鼓励作者，希望他为柴尔德写一部政治传记。书前推荐语说，"多年来，我们一直盼望着一部这样的书""任何对20世纪知识分子史有兴趣的人都渴望阅读此书"。阅读此书，不仅有助了解柴尔德本人，也有助了解柴尔德所处的那个时代，一个离我们并不遥远、已经被人淡忘的时代。

全书，前有导论，正文分四部分，共23章。注释采用当页注，合数句注为一注，注于每段话后。

导论　冷战之殇

"冷战之殇"，原文作A death in the Cold War，非常醒目。这个题目正好呼应了这本书的主题，"致命的政治诱惑"。作者一上来就讲柴尔德之死，而不是按历史顺序，放在最后才讲。

◎ 柴尔德，名气很大。作者从美国电影《水晶骷髅王国》(*Indiana and the Kingdom of the Crystal Skull*)[2]说起。故事背景是冷战高潮的1957年，柴尔德正好死于这一年。故事主人公是个考古学家，他居然提到柴尔德。[3]作者说，柴尔德反战、反帝，始终是个革命的社会主义者。他活了65岁，从25岁起就一直在英国、澳大利亚和美国情报部门的监控之下，被他们视为"危险分子"。[4]他的"第一生命"是在澳大利亚度过，参加社

---

[1] 柴尔德用这个词指工党议员沉迷议会政治，背弃工人运动，出卖工人运动，这里译为"政客主义"。
[2] 美国电影《夺宝奇兵》(*Indiana Jones*)之四，斯皮尔伯格导演，2008年上映。
[3] 影片以纳粹变成的苏联特工为反面角色，像很多美国影片一样，带有浓厚的美式宣传色彩。主人公是个考古学家，让学生读柴尔德的书，可见柴尔德影响很大。
[4] 抓特务，冷战双方，彼此彼此。作者说，甚至苏联也可能监视柴尔德。冷战时期，我们都很熟悉，如果一个"来自资本主义国家的人"到访苏联或我国，肯定会受到安全部门的监视，反过来也同样。

会主义运动;"第二生命"是在英国度过,以教授考古学为职业,但考古只是其政治使命的一部分。1917年11月17日,柴尔德给他的老师吉尔伯特·穆瑞写信,[1]说他想重返英国,逃离澳大利亚的"致命的政治诱惑"(xi),但到死他也没有摆脱。

◎作者回忆,1957年4月25日,他和悉尼大学的激进学生曾亲临现场,目睹悉尼大学授予柴尔德名誉博士。他说,当时这批学生谁都不知道,这位享誉世界的考古学家,他的第一部著作竟然是写澳大利亚的劳工运动。半年后,柴尔德坠崖的消息见诸报端,令人唏嘘不已。从此,作者对这位澳大利亚同乡十分好奇。他曾亲赴蓝山调查,复原柴尔德自杀前的活动轨迹:柴尔德的帽子、罗盘、眼镜是他失踪当天发现于巴洛观景台(Barrow Lookout)上的栏杆外,尸体是次日发现于新娘面纱瀑布(Bridal Veil Falls)下面的山谷,由17人抬着,从谷底爬6000个台阶,才抬到"格维特飞跃"(Govett's Leap)顶上。卷前14页有一幅"格维特飞跃"的照片,所谓"格维特飞跃"就是指新娘面纱瀑布所在的山崖。图注说巴洛观景台即瀑布左侧略高处的一个平台,它下面的山谷叫格罗斯山谷(Grose Valley)。柴尔德就是从这个平台一跃而下。

◎柴尔德死后,很多人写过悼词,作者举了四个人,都是同道。首先是牛津时代的老同学,帕姆·达特。达特强调,柴尔德一生笃信马克思主义,但作者说,他忽略了柴尔德的第一部著作,《劳工如何执政》。作者专门研究此书,视之为柴尔德政治观点的源头。澳大利亚方面,他

---

[1] Childe to Gilbert Murray, 17 November 1917, Gilbert Murray papers, Bodleian Library, Oxford, shelfmark 376, f. 86. 案:吉尔伯特·穆瑞(Gilbert Murray,1866—1957年),希腊语专家,柴尔德的老师,曾保护反战学生。柴尔德在牛津大学跟他学希腊语,长期保持联系。

举了三人：一是布莱恩·菲茨帕特里克；[1]二是罗素·华德；[2]三是伊瓦特。他们都认为，柴氏此书很重要。

◎ 冷战时期，特别是1950年代，美国及其盟友忙于抓"苏联间谍"。[3]澳大利亚负责此事的机构是1949年成立的澳大利亚安全情报组织。[4]当时有著名的彼得洛夫叛逃案。[5]作者提到安·布里奇（Ann Bridge）的小说《危险的岛屿》(The Dangerous Islands) 和《然后你就来了》(And Then You Came)。安·布里奇的真实身份是"欧马雷夫人"（Lady Mary Dolling Sanders O'Malley），人多以为，她笔下的考古学家就是以柴尔德为原型。后书还指名道姓献给柴尔德。[6]她的丈夫欧马雷（Sir. Owen St Clair O'Malley）是英国地位很高的外交官，他拿卡廷事件大做文章，强烈反苏。1949年，乔治·奥威尔告发过柴尔德。作者怀疑，欧马雷夫人可能从他丈夫那里听说过此事。但柴尔德既非苏联间谍，也非共产党员。

案 原书注5说："工运史界通常以labour指工人运动中的政党、

---

[1] 布莱恩·菲茨帕特里克（Brian Fitzpatrick），澳大利亚学者。
[2] 罗素·华德（Russel Ward），澳大利亚新英格兰大学历史学教授。
[3] 丘吉尔的"铁幕演说"（1946年3月5日）就是借英国军情六处、五处炮制的"古琴科事件"（最早的苏联间谍叛逃案）而出笼。参看沙青青《敌人的构建：古琴科事件背后的暗流》，《读书》2021年8期，92—100页。
[4] 澳大利亚安全情报组织（Australian Security Intelligence Organization，简称ASIO），与英美情报部门联手，共同执行反苏情报战的维诺那（Venona）计划。
[5] 1954年4月，苏联驻澳大利亚外交官彼得洛夫和他的妻子叶甫多基亚被策反叛逃。彼得洛夫于1991年去世，叶甫多基亚于2002年去世。
[6] 欧马雷夫人与安格斯·格雷厄姆（Angus Graham）有亲戚关系。柴尔德曾与安格斯·格雷厄姆一起发掘斯卡拉布雷。欧马雷夫人是通过安格斯·格雷厄姆认识柴尔德。人多以为，欧马雷夫人笔下的考古学家就是以柴尔德为原型，见Green 1981, p. 64。

工会、书店，而以Labor指议会政治中的工党。这一拼写于1900年代早期就被接受。1957年悉尼大学校园中出现的Labour Club（劳工俱乐部）不是Labor Club（工党俱乐部）。"（xii）

柴尔德的第一本书，*How Labour Governs*，书名怎么翻？今多译为"工党如何执政"（如陈淳）。这种译法对不对？恐怕值得讨论。

英语labour，美语作labor，与worker类似，两者都可指"工人"，但worker一般指从事某种职业靠工资养家糊口的人，既可以是体力劳动者，也可以是脑力劳动者（如"科学工作者"，所谓"知识也是生产力""知识分子是工人阶级的一部分"），今称"工薪阶层"，而labour或labor专指体力劳动者，靠力气吃饭的人，包括最下层的苦力（cooly），即所谓"劳工"。

本书刻意区别这两个词，工党作Labor Party（但英国工党作Labour Party），而Labour指劳工。后一用法的辞例是：~Club是劳工俱乐部（或工人俱乐部），~Council是劳工委员会，~historians是工运史家，~History是《工运史》，~Intellectuals是劳工知识分子（或工人知识分子），~Leader是《劳工领袖》，~Monthly是《劳工月刊》，~public是劳工大众，~Publishing Company是劳工出版公司，~Research Department是劳工研究部。但正文出现的*Labour News*，索引作*Labor News*，不知是笔误，还是以此报为《工党日报》。这是本书的用法。下麦克奈恩书和特里格书不谈工运，不涉及这一问题。皮斯书两种用法都有，似乎也没有这种区别。*How Labour Governs*在英国出版，工党还是照英国习惯作Labour Party，不用Labor Party。该书内容，以工运、工会为主，谈罢工最多，虽涉工党，但不是工党史。他关注的工运组织，主要是各种工会，如AWU、IWW、OBU等，柴尔德不大相信专事议会政治的工党领袖。他希望通过产业民主,由工人控制企业,由代表劳工利益的人掌权。我觉得,从原书内容看,书名还是译为"劳工如何执政"更好。

第一部分

在革命中成长，悉尼和牛津时期（1892—1917年）

讲青少年时期的柴尔德（1—25岁）。作者分两段讲：1—22岁为悉尼时期（1892—1914年）；22—25岁为牛津时期（1914—1917年）。这一部分分五章。前三章讲悉尼时期，后两章讲牛津时期。

第一章 生活在分裂的城市

讲柴尔德的早期生活，从出生到上大学。"分裂的城市"指悉尼，悉尼是个劳资分裂的城市。

◎出生：1892年4月14日，柴尔德生于悉尼。他刚来到这个世界，就赶上1890年代澳大利亚大罢工。罢工此起彼伏，不断被工贼破坏，遭血腥镇压，工人运动分化为两翼，一翼是产业工人的组织，相当暴烈，[1] 一翼走议会道路，谨小慎微。

---

[1] 书中经常使用militant workers一词，意思是"暴烈的工人""好斗的工人"。

◎家庭：柴尔德的父亲斯蒂芬·柴尔德（Stephen Childe）是悉尼圣托马斯教区的教区长，年薪475英镑。他前后娶过三个妻子，第一个妻子育有三女两男，第二个妻子生了柴尔德。他家住在美丽的悉尼北郊，而不是劳资冲突激烈的南郊和西郊（悉尼东边是海）。据安格斯·格拉厄姆说，柴尔德小时候得过脊髓灰质炎，不能上学。[1]他最初的教育是靠父母、哥哥、姐姐。1907年，他能走路，才正式上学。先上悉尼北郊预备学校，后上悉尼教会办的英语文法学校（因为靠海，也叫Shore）。1910年，他妈妈死了。不久，他考入悉尼大学。1911年，他舅舅把他接走，住在他舅舅家。他舅舅，亚历山大·戈登，是悉尼教区的大法官，有QC头衔。[2]1913年，他爸爸辞职，跟他的继母搬到蓝山的温特沃斯瀑布附近住。他不喜欢继母，一直住在他舅舅家。

◎中学：1910年10月，柴尔德从希腊文翻译发表色诺芬的《哀歌》。[3]

◎大学：1910年，柴尔德中学毕业，母亲去世。作者说，他从此不再信教。他舅舅家离悉尼大学很近。柴尔德是1911年上悉尼大学，伊瓦特是第二年。他俩家庭背景不同，兴趣不一样，伊瓦特志在法律，柴尔德长于古典学。他俩的名字中都有Vere，志同道合，常在一块儿玩，从此结下深厚友谊。[4]

---

[1] Angus Graham, "I Piam Veterum Memoriam" in *The Scottish Antiquarian Tradition*, edited by A. S. Bell, Edinburgh: John Donald Publishers, pp. 212-226.

[2] QC是Queen's Counsel（女王顾问，御用律师）的缩写。

[3] A Translation of "Elegy No. 2" by Xenophanes of Colophon, *The Torch-bearer*, vol. 19, no. 7, December 1910, p. 229.

[4] 伊瓦特（Herbert Vere Evatt, 1894—1965年），澳大利亚政治家。1930—1940年任澳大利亚大法官。1941—1949年历任澳大利亚副总理、外交部长等。1946年任联合国原子能机构总干事。1948—1949年任联合国大会第三届主席，参与起草《世界人权宣言》。1951—1960年任澳大利亚工党领袖，但未能领导工党赢得大选而无缘总理职位。1955年与党内天主教反共派决裂造成工党大分裂。1960年辞职并退出政坛。1960—1962年任新南威尔士州首席大法官。

案 柴尔德患小儿麻痹症(即脊髓灰质炎),与威廉·皮斯同病。这对理解他为什么小时候不能上学,为什么"一战"免服兵役,以及晚年怕气管炎发作有帮助。

第二章 学生和工人

讲柴尔德当大学生时(1911—1913年)的学生运动和工人运动。

◎ 这一时期,悉尼动荡不安,工人对工人领袖不满,学生对教授不满,这些事对柴尔德有什么影响,情况不明。作者借助《劳工如何执政》,辅以当时当地的报刊资料,试图恢复当时的历史背景,探讨他的激进思想从哪儿来。

◎ 工人对工人领袖不满:《劳工如何执政》讲1890年代的工人运动(如1913年煤气工人大罢工),两次提到当时新南威尔士州的州长麦克高文。[1] 麦克高文是工党领袖,他号召市民协助雇主,自愿代替罢工工人。[2]

◎ 学生对教授不满:主要是对校委会和校长不满。悉尼大学建于1850年。它是模仿牛津、剑桥,面向公众,凭考试成绩录取,不问宗教信仰和社会立场。柴尔德入校时,女孩可读本科和申请政府设立的奖学金,夜校可招工人出身和来自社会下层的学生(当然,它仍存在阶级、性别和种族等差异)。这所大学,上有校委会(University Senate)和教授会(Professor Board),好像议会分上下院。校委会由18个有钱有势的老人组成,校长75岁,平均年龄60岁。其中七人封爵,一人是澳大利亚第一任首相,四人是律师出身的政治家,三人是法官,五人是教授,四人

---

[1] 麦克高文(Jim McGowen),从前是锅炉制造工,工会活动家,工党领袖,曾任新南威尔士州州长(1910年10月21日—1913年6月29日)。
[2] 工人骂罢工破坏者,专门有个词,叫Scabs。Scab,本义是结痂的伤疤,又指卑鄙小人。作为工运特有的名词,则专指被老板利用与工会作对的破坏罢工者,即所谓"工贼"。

是医生，几乎所有人都有自己的买卖，两人是一流实业家。校长本人就是个医生和精明的商人。他们控制着学生的一切。学生有学生会，学生希望自治。

◎ 1890年代，每年5月，大学生都借农神节（Commemoration Benefactors），组织花车游行，从学校行进到悉尼市政厅，在那儿举行庆祝活动。学生拿教授开玩笑，民众拿政治家开玩笑。这种事带传染性。当时，世界普遍骚动，报纸上充满各地反抗当局的海外新闻，澳大利亚也身处罢工浪潮的旋涡。1910年，校长讲话，遭学生起哄。1911年4月，校委会禁止这类游行。学生把校委会比作1905年镇压革命的俄国沙皇。5月13日，学生攻占校长住宅，唱歌羞辱他，被警察驱散。校委会想用停学两年惩罚学生，遭教授会反对。接着，有1000名学生参加学生会召集的会议（作者推测，柴尔德可能也在其中），声明校方如果胆敢这么做，他们就用罢课反抗。结果，校方撤销惩罚，学生为围攻校长宅邸事道歉。次年，校委会撤销了先前的游行禁令。学生获胜。

◎ 1890年以来的工人运动比较暴烈，原因是他们的诉求总是遭到无情镇压。他们只不过是以暴力做动员武器，其革命潜力并不取决于暴力行动本身，而是与敌人的暴力对等。

◎ 1911—1913年，很多工会组织都不再相信工党议员的"政客主义"。作者以麦克里斯特尔（Timothy William McCristal）为例，说明这种不满。麦克里斯特尔渴望建立一个真正的"工人阶级政党"。1910年，他成立了新南威尔士社会民主党，主张土地、银行、工厂国有化，废除国会和奴役性的工资制，成立澳大利亚联邦。结果参选失败。1914年，该党消亡。

◎ 早在1913年，工党议员就反对麦克高文的无为政策，代替他的是霍尔曼。[1]1891—1916年以来，工党的核心诉求是：废除不民主的上院，施行农村土地国有化，建设国家钢铁厂，公共工程由公职人员而非私人办，推广国家住房计划，设立公平租金法庭。其实，除柴尔德、伊瓦特助选，帮霍尔曼上了台，这些计划一样也没有被立法实施。三年后，工党分裂，霍尔曼下台，表面原因是他试图引进征兵制，其实分裂的根子在工人阶级对议会政治的彻底失望。伊瓦特和柴尔德不得不选边站队，即站在好斗的工人阶级一边，还是站在谨小慎微的议会政治家一边。

案 柴尔德的青少年时代，澳大利亚和美国的工人运动比英国还激烈。他曾经把澳大利亚当作社会主义的希望。

第三章 社会主义者和合作运动者

讲大学时期，对柴尔德影响最大的三个人。

◎ 第一个是詹森（Harald Ingemann Jensen）。1910年4月，悉尼大学的30名研究生和本科生成立大学社会主义俱乐部，詹森是他们的发言人。1879年，他生于丹麦，六岁随父母迁居澳大利亚，住在昆士兰州北部一个从事矿业开采的小镇，其父是澳大利亚工人联合会的活跃分子。[2]他是少数出身工人家庭而受过大学训练的学者，中学时拿过布里斯班语法男校奖学金，入悉尼大学后获地质学荣誉学位和林奈学会的麦克利奖学金（Macleay Fellowship），1908年获悉尼大学理学博士和金奖，1911年出版《潮起：澳大利亚社会主义亮相》（*Rising Tide—An Exposition of Australian*

---

[1] 霍尔曼（William Holman），工党政治家，曾两任新南威尔士州州长（1913年6月30日—1916年11月15日；1916年11月15日—1920年4月12日）。
[2] 澳大利亚工人联合会（Australian Workers' Union，简称AWU），澳大利亚工会组织，偏于保守。

Socialism）。柴尔德听过他演讲，见过他，认识他，读过他的书。

◎ 第二个是普尔斯福德（Frank E. Pulsford）。他是个基督教社会主义者和合作企业的推动者。1873年出生，受过会计训练，1910年以自由主义立场候选联邦议员，1912年放弃当议员的抱负。20世纪早期，很多信奉自由主义的知识分子都自称新自由主义者。他的自由主义，至少与他爸爸（参议员爱德华·普尔斯福德）信奉的自由贸易教条不同，不是自由放任的自由主义，而是带有集体主义色彩，因为他更强调自上而下的国家干预，他更相信，社会主义的工党在澳大利亚最有希望。1912年，男性基督教联盟（Men's Christian Union）模仿英国基督教社会联盟的社会服务委员会（Social Service Committees of the Christian Social Union），在悉尼大学校园内设立社会服务系，研究社会问题（如校园周围的贫民窟），帮助穷人改善他们的生活状况，普尔斯福德是他们的领导。1913年，柴尔德成为他的秘书。

◎ 第三个是安德森（Francis Anderson）。柴尔德入悉尼大学，在校园中很活跃。1913—1914年，他曾参加男生俱乐部组织的各种活动。还在中学，他就潜心古典学，上大学头一年，选的是地质、代数、几何、三角、拉丁文、希腊文等课。作者说，这为他日后的"史前文明"研究做了铺垫。[1] 第二年加了哲学课。第一年末和第二年获库珀古典学奖学金，第三年，获古典学奖章和安德森教授哲学奖。安德森对柴尔德后来的思想发展有巨大影响。1913年，正是他引导柴尔德加入了工人教育协

---

[1] "史前文明"，原文作prehistoric civilization，约指新石器晚期和青铜时代之交。"史前文明"是个很有意思的提法。柴尔德，作为史前史家，一辈子的研究都是围绕它。这个说法看似悖论，"史前"和"文明"相对，"史前"怎么还有"文明"？就像"史前史"一词，既言"史前"何来"史"？其实是指介于史前和文明之间的原史时期（proto-history）或铜石并用时代（chalcolithic age）。

会。[1]他教的是哲学，但把哲学置于社会、历史语境中，串联社会学和政治学，把它们放在一起讲。他很重视国家和知识：讲国家，涉及马克思主义和历史唯物主义，对柴尔德的影响是一辈子；讲知识，影响到柴尔德晚年的《社会的知识世界》(1949年)和《社会与知识》(1956年)。

1913年底，参加终考后，柴尔德和伊瓦特参加霍尔曼的竞选活动，为霍尔曼提供秘书服务，获胜。他俩成为劳工知识分子。1914年4月，在悉尼大学的毕业典礼上，他获得拉丁文、希腊文、哲学一等奖，古典学奖章，安德森哲学随笔奖，以及资助出国访学的库珀奖学金(200英镑)。他想去牛津读研究生，由在悉尼的伍德豪斯教授指导(伍德豪斯的兴趣更主要是考古学)。英国的学年是9月开始。4月至8月间，除参加男生俱乐部组织的辩论活动，他还在格伦因尼斯的私立文法学校教过一段书(不太愉快)。直到8月1日，由学校提供旅费，他乘船前往普利茅斯港，告别故土，时间正好在英国对德宣战(8月4日)的前三天。

案 柴尔德最早接触黑格尔哲学和马克思主义是通过安德森。安德森是他的启蒙老师。

第四章 冷酷的北方超级文化

讲牛津大学的反征兵运动。题目出自柴尔德为反征兵运动写的文章：《以良心为由的拒服兵役者》(见第五节)。"冷酷的北方超级文化"指"英国爱国者"对国家的盲目崇拜(见最后一节)。

---

[1] 工人教育协会(Workers' Educational Association，简称WEA)，一种为成年工人提供大学预科教育的组织。

◎ 1914年9月,柴尔德到达牛津,认识了不少激进分子,与他们成为朋友,如罗伯特·乔利(Robert Chorley)、菲利普·泰利森·戴维斯(Philip Taliessen Davies)、雷蒙德·波斯特盖特(Raymond Postgate)、克莱门斯·达特(Clemens Dutt)、拉加尼·帕姆·达特(Rajani Palme Dutt)。1920年,乔利通过律师资格考试,致力法学研究,在大学教师协会(Association of University)有办公室。1945年,乔利封男爵。作者提到,牛津大学的副教务长说,柴尔德跟戴维斯有"暧昧关系"(romantic attachment)。波斯特盖特和达特兄弟都是英国共产党的创始人。波斯特盖特主编过《共产主义者》周刊,赞助过《劳工如何执政》的出版。帕姆·达特和波斯特盖特不同。1923年,波斯特盖特脱离共产党。达特则始终忠于共产党,他是《劳工月刊》的创始人和主编、共产国际的干部。作者特意介绍波斯特盖特的肖像(作于1922年)和达特的照片(摄于牛津时期或稍后)。前者未刊,后者见51页。

◎ 1915年2月,柴尔德加入牛津大学费边社(Oxford University Fabian Society,简称OUFS)。[1] 该社比自由党稍显激进,但在对外政策上却是帝国主义者,战争爆发,支持英国参战。大学以外的社会主义者,有类似英国社会党的马克思主义者或主张宗教世俗化的独立工党,[2] 他们持反战立场。叛逆的工人阶级完全独立于他们,正在重塑激进主义,罢工的浪潮汹涌澎湃,横扫保守的工运领袖和社会主义者。柴尔德加入费边社时,科尔正在提倡基尔特社会主义。通常,工运领导多认为,社会

---

[1] 作者说,费边社的成员主要是中产阶级的专业人士。他们被费边社吸引,主要是三点:渐进缓变(会徽是乌龟)、开明人士参政、带精英色彩的民主。
[2] 英国社会党(British Socialist Party,简称BSP),1911年成立,1919年加入共产国际,1920年发起成立英国共产党。独立工党(Independent Labour Party,简称ILP),1893年成立,后加入工党。

主义需要强有力的国家，但科尔却提倡工人自治和多元化，反对黑格尔式的绝对主义和靠国家管理实现社会主义。[1]1915年6月，牛津大学费边社中的部分年轻人组建了牛津大学社会主义社（Oxford University Socialist Society，简称OUSS）。波斯特盖特任主席，戴维斯任秘书，柴尔德是费边社的正式成员，但没有加入这个组织。他在悉尼上安德森的课时早已熟知这类理论。

◎牛津大学社会主义社包括科尔和他的追随者。这是个反战组织，但为了避免被校方禁止和引发内部纠纷，只好糊弄当局。波斯特盖特是公开的和平主义者，干脆辞去他的主席之职，科尔等人甚至宣称，该社不是和平主义者的组织。英国宣战（1914年8月4日）前四天，通过《国土防御法案》(Defence of the Realm Act)，设审查制度，限言论自由，激起自由主义者反对。1916年1月颁布《兵役法案》(Military Service Act)，改志愿为强征，也让知识分子苦恼（其中包括支持战争者，如柴尔德的老师穆瑞）。3月，牛津社会主义者邀请罗素演讲。[2]罗素公开为拒服兵役者辩护，惹出不少麻烦。尽管他是世界著名哲学家，媒体照样诽谤他，政府照样骚扰他。4月，他为反战组织写传单被判罚100英镑，被剑桥三一学院开除。夏天，他计划在新南威尔士做35次演讲（那里最乱）。当时工人用罢工反征兵，1917年的俄国"二月革命"为他们带来希望。但政府禁止罗素在各大工业城市做演讲，并防止他去美国。1918年，他告诫工人，美国在英驻军可以像他们在美国使用的伎俩，利用工贼破坏罢工，结果

---

[1] 绝对主义（absolutism），封建主义（feudalism）的对立面，欧洲各地为摆脱中世纪分裂而组建的统一的民族国家（nation），不同程度都提倡这一主张。德国和意大利，长期分裂，统一国家出现最晚，对这一主张提倡尤甚。由于欧洲文化传统和意识形态冲突，这个词，常被误解为词义含混的专制主义，当作民主、自由的对立面，甚至当作法西斯主义和共产主义的根源。

[2] 罗素（Bertrand Arthur William Russell，1872—1970年），英国著名哲学家，分析哲学创始人之一。

被判六个月的监禁。1916年夏天,柴尔德也在为反战组织而忙碌。

◎ 柴尔德在牛津修过三种学位:文学士(Blitt)、古典学士(BA in Classics, 也叫BA in Literae Humaniores或BA in Greats)和考古学文凭(Diploma in Archaeology)。考古课,他只上了几个星期就退出(觉得画希腊陶瓶很无聊)。1915年,他去过希腊。次年7月,获文学士。然后花18个月,拿到古典学士。剩下的时间全部用来搞政治活动。一战期间,按《兵役法》规定,18—41岁的单身男子都要服役,除非由牧师和军事法庭出具证明,证明承担国家需要的工作、生病、经济困难和有良心方面的理由,方可免征。科尔免征,属第一类(任工会顾问,对制止工人罢工有用);柴尔德免征,属第二类。最后一类,指有宗教方面的理由,但无神论者,特别是社会主义的无神论者不在此列,几乎所有人都以此为借口。一战期间,这种"以良心为由的拒服兵役者"有1.6万人,[1]绝大多数同意从事后勤保障,不直接参加战斗,但有6000人是绝对反战者,被投入监狱,800人被关押两年多,其中包括柴尔德最亲密的朋友。作者描述了波斯特盖特、戴维斯和达特等人的入狱经过。牛津老师,穆瑞是学生的同情者,尽量保护他们。

◎ 1916年,柴尔德致信悉尼的《赫耳墨斯》(Hermes)杂志,次年以《以良心为由的拒服兵役者》为题在该刊发表,[2]他把"英国爱国者"的盲目国家崇拜叫"冷酷的北方超级文化"(62页)。"冷酷的北方"指英国。英国在北半球,澳大利亚在南半球,澳大利亚人以"南方"自居,称英国为"北方"。"超级文化"(superculture)指德式"超人"(superbeing)

---

[1] "以良心为由的拒服兵役者",原文作Conscientious Objectors,前一词的字面含义是"讲良心的""认真的",后一词的字面含义是"拒绝者",这里指有宗教方面的理由可以免服兵役者。
[2] Childe, "Conscientious Objectors," *Hermes*, vol. 23 (May 1917), pp. 69–70.

的文化，崇拜神创国家，提倡国家至上的文化。柴尔德"绝命三书"中的《告别》有这样一句话，"我恨蓝山的夏日风光，更恨英国的寒冬雾雪"。"英国的寒冬雾雪"就是指"冷酷的北方"。1904年，霍布豪斯作《民主与回应》(Democracy and Reaction)，[1] 批判黑格尔的"绝对主义"，[2] 把黑格尔的国家至上论视为德国军国主义的理论基础；1915年，又作《文明的灵魂》(The Soul of Civilization)，认为正是德国哲学的缺陷才导致了战争爆发。柴尔德也用类似说法解释"英国爱国者"对拒服兵役者的疯狂攻击。他想提醒读者，欧洲还有另一个德国、另一个英国。1914年，卡尔·李卜克内西与罗莎·卢森堡创建斯巴达克团。[3] 他们的反战活动曾鼓舞过他。柴尔德写作此文时，这是他的梦想。但1919年，斯巴达克团起义遭血腥镇压，李卜克内西和卢森堡被自由军团捕获处死。[4] 作者说，"柴尔德一生从未寻求那样的血气之勇，但此信却有知识分子的骨气"（64页）。

案 "一战"爆发，支持战争还是反对战争，两种立场，尖锐对立，第二国际因此分裂。俄国的布尔什维克是反战分子，成为后来的苏共。柴尔德在牛津的朋友圈也是一批反战分子，他们中的有些人后来也成为最早的英共党员。

萨利·格林说柴尔德不是同性恋，但此书却处处暗示，他可能是同性恋。戴维斯是第一怀疑对象。

---

[1] 霍布豪斯(Leonard Trelawney Hobhouse，1864—1929年)，英国第一个社会学教授，新自由主义代表。
[2] 黑格尔讲"绝对精神"，把普鲁士国家当"绝对精神"的化身。
[3] 卡尔·李卜克内西(Karl Liebknecht，1871—1919年)和罗莎·卢森堡(Rosa Luxemburg，1871—1919年)，德国社会民主党左派领袖和德国共产党创始人。斯巴达克团(Spartakusbund，英文作Spartacus League)是德国共产党的前身。
[4] 德国的自由军团(Freikops)是一战后由退伍老兵组成的准军事组织，专门从事反苏反共，部分成员后来成为纳粹党要员。

柴尔德在牛津修三种学位，主修语言学和古典学，对考古学兴趣不大，但后来反而是以考古学家出名。

第五章　比任何人都直言不讳

讲柴尔德在牛津的最后一年（1917年）。

◎ 柴尔德临近毕业考试。2月，俄国爆发革命，沙皇被推翻。4月，柴尔德和帕姆·达特搬出各自的学院，合租一套每周25先令的房子。他俩志同道合，无话不谈。以下提到达特，均指帕姆·达特，而不是他的兄弟克莱门斯·达特。

◎ 柴尔德考虑，毕业后回澳大利亚。[1]3月，为确认是否拒绝服役就没收护照，他给澳大利亚驻伦敦办事处的高级专员（Australian High Commissioner）写信，声称如果非放弃护照，他就不回澳大利亚了，他不会帮助一场毁灭文明和自由的战争。[2]6月，柴尔德获大考第一名。

◎ 柴尔德向内务部申请探望关押狱中的戴维斯。6月1日获准探望。典狱长请内务部向校方了解这两个学生的表现。牛津大学女王学院的副教务长给内务部写信，说柴尔德是个宣传鼓动者，最好遣返澳大利亚。他把这两个学生说得一塌糊涂，称柴尔德是"世界上最丑陋的人"，变态，戴维斯对他很有吸引力，暗示他俩是同性恋关系。从此，军情五处和澳大利亚有关部门开始监视他。他想途经美国回澳大利亚，被拒绝，害怕他半路跑了。

◎ 伦敦大学考古研究所的柴尔德档案中有个笔记本，其中有个部

---

[1] 他还考虑过留英深造，去中欧考古，因为战争不可能，或去美国，也不行。

[2] Childe to High Commissioner for the Commonwealth of Australia, 3 March 1917. 案：1915年，澳大利亚政府有命令，任何符合当兵年龄的男子，没有护照签发不得离境。1916年，澳大利亚举行全民公决，引入《征兵法案》才被否决。

分，标题是"战争与资本主义"，涉及资本家借战争发国难财。[1]1917年，俄国爆发"十月革命"，布尔什维克提出的口号是"和平、土地、面包"，德国革命有类似口号。英国不太一样，如1917年6月3日的利兹会议就是英国式的工人运动。

◎ 1917年10月，达特演讲引发骚乱，达特被牛津大学开除。1920年，达特参加新成立的英国共产党。他到死都忠于这个党。柴尔德不同，他是牛津大学民主控制联盟（Union of Democratic Control，简称UDC）的主席和社会主义社的秘书。回到澳大利亚，他是社会主义社澳大利亚分支的助理秘书。

◎ 1917年8月12日，柴尔德乘船离开英国。

案　　共产党是"一战"遗产。苏共、德共成立于1918年，美共成立于1919年，英共、法共成立于1920年，意共、中共成立于1921年，日共成立于1922年。

革命是帝国主义战争逼出来的。英共与苏共有共同背景，背景都是"一战"中的反战运动。

帕姆·达特是英国共产党的创始人，柴尔德跟他是好友，但从未参加英国共产党。

---

[1] Childe papers, Institute of Archaeology, University College London, item 55 (notebook).

第二部分

劳工知识分子，澳大利亚时期
（1917—1921年）

讲柴尔德从英国回到澳大利亚(25—29岁)。这四年，他投身澳大利亚工运，是个劳工知识分子。作者长期研究澳大利亚工运史，对这一段最熟悉。这一部分分八章。

第六章　决不妥协

讲柴尔德在悉尼(1917年10月22日—1918年9月18日)。柴尔德从英国回到澳大利亚，继续参加反战活动，遭迫害，三次找工作，三次被拒绝。题目出自1918年4月柴尔德在第三届国际和平大会(Third Inter-State Peace Conference)上的发言(见下第三节)。

◎ 1917年10月22日，柴尔德回到悉尼，正好碰上澳大利亚大罢工失败。当时，罢工者把罢工破坏者叫loyalists(效忠者)或scabs(工贼)。作者说，他的祖父就是个scabs。

◎ 柴尔德找工作，先到其中学母校求职，因穿着邋遢、过于老实、口齿不清被拒,后被他的大学母校悉尼大学圣安德鲁学院聘为高级驻院导师。但学校高层一直散布流言蜚语,恶意诋毁他。澳大利亚军情处也把他写给澳大利亚驻英办事处高级专员的信(1917年3月)交给学校当局。他从登岸之时起,就在军情处的监视之中。军情处与该校高层关系密切,他们让该校教员兼任审查官(作者提到五位教授),监视有异端思想的人。那封信可能就是通过这些人中的某一位送抵校园。当时,柴尔德加入工党左翼,认识了年轻的工党议员麦克凯尔。[1]麦克凯尔13岁就辍学,当锅炉制造工,当时在自学,柴尔德辅导过他。

◎ 1914年柴尔德去牛津前就已加入工人教育协会。1918年3月,工人教育协会曾考虑请柴尔德教古代历史。4月,柴尔德参加第三届国际和平大会,有人回忆,其反战发言三次重复同一句话:"决不妥协!决不妥协!决不妥协!"(92页)4月底,有人向悉尼大学圣安德鲁学院院长举报他参加第三届国际和平大会的活动。院长向副校长报告,副校长拿出上面提到的那封信给他看,说学校绝不能雇他,院长叫柴尔德辞职。他在工人教育协会教历史也被否定。

案 英式工运,特别重视工人教育。柴尔德辅导过麦克凯尔。柴尔德倒霉,麦克凯尔挺身而出,为他打抱不平。

第七章 "犹豫不决"

继续讲柴尔德在悉尼。题目出自1918年6月8日柴尔德致穆瑞信(见下第四节)。

---

[1] 麦克凯尔(William McKell),曾任新南威尔士州州长(1941年5月16日—1947年2月6日)、澳大利亚总督,封Sir。

魂断蓝山

◎ 柴尔德回悉尼时已经是马克思主义者和革命者。"马克思主义"是个宽泛的字眼,"革命"也有不同理解。当时,欧洲最大的马克思主义政党是德国社会民主党。该党主张渐进改良的议会道路。1914年,他们在国会大厦投票,公然支持本国政府参加帝国主义战争,是为"正统派"。而主张革命道路的辛迪加主义者是无政府主义者。[1] 社会民主党左翼把"正统派"叫"修正主义者",俄国社会民主党左翼的布尔什维克干脆用暴动消灭资本主义。柴尔德拒绝"正统派",也拒绝辛迪加主义者,对英国工党不抱任何希望。但在澳大利亚,他该做点什么,他能做点什么?难免犹豫不决。

◎ 当时,柴尔德对霍布森的书很重视。[2] 霍布森有两本书,柴尔德多次引用,一本是《帝国主义》(1902年),一本是《战后民主》(1917年)。霍布森的《帝国主义》对列宁写作《帝国主义论》很有启发。柴尔德有个笔记本,记他读《战后民主》的感想。霍布森不是马克思主义者,甚至也不是社会主义者,但他对帝国主义、对战后民主、对国家的看法对柴尔德影响很大。牛津时期,柴尔德的社会主义是基尔特社会主义。"十月革命"前,他是通过达特,接触到英式马克思主义;"十月革命"后,他才明白什么叫砸烂资本主义,就像1871年巴黎公社所尝试。

◎ 1918年3月3日苏德《布列斯特—立托夫斯克和约》签订,苏联退出战争。11月11日,德国战败投降。列宁早就宣布民族自决(见列宁1914年的著作《论民族自决权》),不仅适用于被征服民族,也适用于殖

---

[1] 辛迪加主义(Syndicalism),又译"工团主义",主张工人采取直接行动消灭资本主义和国家,不是以涨工资为目标,而是主张废除工资制度。其理论来源是法国的无政府主义者蒲鲁东和革命家布朗基。辛迪加是法语Syndicat,意思是工会。
[2] 霍布森(John A. Hobson,1858—1940年),英国历史学家、经济新闻撰稿人、新自由主义者。霍布森和柴尔德都是民主控制联盟的成员。

民地。1918年1月，英国也宣布同样的原则。围绕德国殖民地新几内亚的归属问题，澳大利亚有争论。1918年2月7日，柴尔德发表《太平洋上的德国殖民地》，3月28日，柴尔德发表《要清晰思考》，[1]回应这一争论。其后，柴尔德参加过工人教育协会的系列讲座。

◎ 柴尔德被迫辞去圣安德鲁学院的教职后，1918年6月8日和6月24日，柴尔德两次写信给穆瑞，向他求助（作者说，悉尼大学只是牛津大学的"小伙伴"）。第一封信，向他倾诉自己遭受的不公正待遇。第二封信，希望他能公开谴责圣安德鲁学院对他的迫害。第一封信附有他的《自述》（讲他1914年以来的经历）和四封信：一是他写给澳大利亚驻英专员的信（1917年3月），表示反对战争；二是女王学院建议他回澳大利亚，直到战争结束（作者没有注明写信时间）；三是他写给圣安德鲁学院的第一封辞职信（1918年5月2日），问他们是否可以支付薪水到10月1日；四是他写给圣安德鲁学院秘书的正式辞职信（1918年6月1日）。[2]柴尔德在第一封信中说，"我在英国时就已经对知识分子自由派的犹豫不决越来越厌烦"（112页），即章题所本。

◎ 柴尔德手头的钱渐渐花光。他向昆士兰公共教育部（Queensland Public Instruction Service）申请教职。1918年9月18日，柴尔德动身去布里斯班。当天，他给悉尼大学校长写信，痛斥其卑劣。[3]

| 案 | 柴尔德回澳大利亚，正赶上"十月革命"。他对知识分子自

---

[1] V. G. Childe, "The Need for Clear Thinking," *Australian Worker*, 28 March 1918, p. 19.
[2] Childe to Murray, 8 and 24 June 1918, The Murray papers, shelfmark 376, f. 43 and 49.
[3] Childe to Chancellor of Sydney University, 18 September 1918, University of Sydney Archives, M 223 (re his will).

由派的犹豫不决越来越讨厌。

第八章 "你的为了革命的"

讲柴尔德在布里斯班（1918年9月18日——1919年9月底）。题目原作"Yours for the revolution"，这是柴尔德给雷格·拜恩（Reg Byrne）写信，信尾署名前的敬语（见下第一节）。

◎ 布里斯班是工党执政，州长是瑞安（Thomas J. Ryan）。柴尔德初到布里斯班，气氛和悉尼很不一样。"革命乐观主义的清新空气"使他精神为之一振。很多反战分子都来到布里斯班。他是其中一员。1919年，他给雷格·拜恩写信，信尾署名前写的是"你的为了革命的"（117页注3）。[1]

◎ 1918年10月下旬，昆士兰公共教育部安排，柴尔德在布里斯班北的马里伯勒文法学校（Maryborough Grammar School）找到一份教拉丁文的临时工作（最初安排在下一年，后来改到当年，任期到年底）。《标准日报》（*Daily Standards*）以"大学不公，老师受害"为题介绍他的来临，不料被当地保守派利用，对他进行恶毒攻击，指责工党干预学校任命。柴尔德在教室中被学生起哄。他们用他的话编歌曲羞辱他，用胡椒面喷他，用豌豆枪射他。1918年11月29日，柴尔德在《马里伯勒年鉴》（*Maryborough Chronicle*）上以"柴尔德先生是什么人"为题发表公开信，斥责保守派以政治标准取代学术标准，用暴力手段干涉教育，最后署名，特意标明他是"前学者、悉尼大学金奖获得者、牛津大学女王学院研究生"（120页）。[2]

---

[1] Childe to Reg Byrne, 14 March 1919, in Meanjin Papers, University of Melbourne Archives. 案：雷格·拜恩（Reg Byrne）是新南威尔士工党达令赫斯特支部（Darlinghurst Labor League）的秘书。

[2] Childe, letter in *Maryborough Chronicle*, 29 November 1918.

◎柴尔德从马里伯勒返回布里斯班，曾在州土地税务局当办事员，日薪10先令（等于半英镑）。战争结束前，他无法回英国。12月上旬，伊瓦特劝他写一本与资产阶级激进主义决裂的书。12月23日，他在致布里尔顿信中说，[1]他要写的书，是用来回顾1910年以来的澳大利亚工运史，总结其成败得失，关注点是世界产联和大一统工会。他对两位工党州长（瑞安和霍尔曼）评价不高。12月29日，他在致帕西·史蒂芬森（Percy Stephensen）的信中也提到这一设想。史蒂芬森是柴尔德在马里伯勒文法学校的学生，上述捣乱活动的组织者。作者说，当时他只有17岁，人长得很帅，吸引了柴尔德，他俩互相通信，越走越近。书中附了一张马里伯勒文法学校橄榄球队的合影，史蒂芬森两手持球，端坐正中，图注作The handsome Percy Stephensen。当时他是个无政府主义者。后来上昆士兰大学，不再信仰无政府主义，1921年加入共产党。他在昆士兰大学认识了林赛，林赛又通过威瑟比，[2]认识了柴尔德。柴尔德和林赛常在周末爬铃鼓山（在布里斯班以北75公里）。1940年代，他俩都是马克思主义者。

◎1919年3月26—28日，布里斯班爆发军官、富人策划的暴乱。第一天，归国士兵袭击打红旗游行的社会主义者、产业工人和俄国人（1918年9月，澳大利亚禁止打红旗）。第二天，7000暴徒与南布里斯班警察冲突，捣毁俄国大厅。第三天，暴徒在南布里斯班和市中心暴乱，袭击《标准日报》办公室。事件中，很多游行者遭逮捕，但真正入狱的是苏联人和世界产联的人，政府把政治犯跟各种刑事犯罪分子关在一起。柴尔德在《标准日报》上就此发表评论，一篇是《这是黑色百人团吗？》

---

[1] Childe to Brereton, 23 December 1918, Mitchell Library MSS 281, vol. 4, pp. 125-126. 案：布里尔顿（John Le Gay Brereton），柴尔德的朋友，曾供职于悉尼大学图书馆。
[2] 威瑟比（Theodore C. Witherby），昆士兰大学公共教育部主任。

（3月27日），另一篇是《政治犯的待遇》（4月28日）。[1] 1919年3月，柴尔德在昆士兰工人教育协会上的发言给与会者留下深刻印象，有人提议让他在昆士兰大学教经济学，但受到昆士兰大学校委会抵制，理由很可笑，居然是他没有服役记录。9月底，他离开布里斯班，回到悉尼。

案 柴尔德的同性恋伙伴还有谁？作者笔下，史蒂芬森是第二怀疑对象。

第九章 居间调停的劳工知识分子

继续讲柴尔德在布里斯班。题目原作"Labour's Mediating Intellectuals"，Mediating指柴尔德夹处知识分子和劳工之间，起沟通和平衡作用。

◎ 柴尔德在《劳工如何执政》的头一页说，澳大利亚工运是"从它登上政治竞技场的那一日起才独具特色"（130页）。这个日子是1890年。30年来，劳工出身的知识分子吸取了两种经验：一种与雇佣劳动者解决生计问题有关；一种与李嘉图式的社会主义和马克思的剩余价值学说有关，他们的口号是"干一天公平的活，拿一天公平的钱"（a fair day's work for a fair day's pay），即"按劳取酬"。作者说，柴尔德的阶级背景和学术训练与这类经验当然有距离。

◎ 澳大利亚有两位劳工出身的知识分子，立场不同。一位是诺曼·弗里伯格（Norman Freeberg），一位是梅雷迪斯·阿特金森（Meredith Atkinson）。前者出身海员家庭，12岁辍学，但读过很多书，包括马克思、恩格斯的书，1913—1919年，他当过《标准日报》的编

---

[1] Childe, "Is it The Black Hundred?" *Daily Standard*, 27 March 1919; "Treatment of Political Prisoners," *Daily Standard*, 28 April 1919, p. 4. 案：黑色百人团是沙皇俄国镇压革命、迫害犹太人的秘密组织。

辑，并用笔名在《工人报》(Worker)和苏联协会办的《知识与团结报》(Knowledge and Unity)上发表文章。1940年代，共产党派他做过大量出版工作。1919年，柴尔德在布里斯班见过他。后者来自英国，父亲是个铁匠。他上过牛津大学基布尔学院(Keble College)，受英国唯心主义和圣公会高教会(Anglican High Church)派影响很深，毕业后在杜伦大学当过老师，成为阿尔波特·曼斯布里兹的追随者。[1]1914年，曼斯布里兹推荐他到悉尼大学推行他的成人教育计划。柴尔德是工人教育协会新南威尔士分会的第一批会员，恐怕见过他。阿特金森是个"正统派"和反对工人民主的自由主义者，令柴尔德憎恶。

◎柴尔德周围有很多社会主义同志。他们致力引进海外最新的社会主义思想，并与澳大利亚的实际相结合。他在布里斯班，一边从事成人教育，给学生上课，一边写《劳工如何执政》。为写此书，他不仅参考过澳大利亚社会主义者的很多著作(包括欢迎布尔什维克的著作)，还搜集了各种工人组织的报纸，如布里斯班的《工人报》《标准日报》，悉尼的《澳大利亚工人报》(Australia Worker)、《工党消息报》(Labor News)、《社会民主党报》(Social Democrat)和《直接行动报》(Direct Action)，墨尔本的《社会主义者报》(Socialist)，并利用过很多藏书和档案。作者说，柴尔德特别讨厌阿特金森。他曾在课上用《资本论》反驳阿特金森。

◎1918年，柴尔德从马里伯勒回来不久，弗里伯格提名柴尔德为昆士兰工人教育协会委员。1919年2月，他有一个提案，打算用工会资助的劳工学院取代工人教育学会，切断与大学的关系。柴尔德支持这一提

---

[1] 阿尔波特·曼斯布里兹(Albert Mansbridge，1876—1952年)，提倡合作运动、成人教育，工人教育协会的创始人。

案，但提案以21票对39票落败。几星期后，社会主义者建社会科学工人学校（Workers' School of Social Science，简称WSSS），与工人教育协会作对。柴尔德虽支持独立的工人阶级教育，但没有参加这个工人学校，而是打算在昆士兰大学教经济学，[1]原因是，他每上一课可挣50先令。

◎ 柴尔德三次讨论知识分子角色：第一次是1918年6月，他从悉尼给穆瑞写信，强调劳资妥协与和解；第二次是1919年3月，他在布里斯班评价威瑟比，强调知识分子应听取工人阶级的想法；第三次是1924年7月，他在英国给《平民报》（Plebs）写评论，强调平衡工人运动与国家。作者说，柴尔德的社会主义与第二国际不同，类似葛兰西。[2]他不仅读马克思的书，还受科尔和意大利新黑格尔主义者（克罗齐和金蒂利）影响，甚至用克罗齐哲学给工人教育协会的补习班讲《资本论》。他和科尔都致力于工人教育，希望工人凭自己的知识掌握政权。最后，作者把《劳工如何执政》1923年版的政治术语附于此节后。

案 柴尔德在布里斯班用克罗齐哲学给工人讲《资本论》。此时的柴尔德深受意大利新黑格尔主义者影响。作者说，柴尔德的社会主义类似葛兰西。葛兰西是意大利的马克思主义理论家，他曾受克罗齐影响。

第十章 劳工世界

继续讲柴尔德在布里斯班。题目出自科尔的《劳工世界》。

◎ 1919年3月，柴尔德在布里斯班同业大厅演讲，讲基尔特社会主

---

[1] 作者说，求职事见上第三章，其实是第八章。
[2] 葛兰西（Antonio Gramsci，1891—1937年），意大利马克思主义理论家，意大利共产党创始人之一，著有《狱中札记》。

义。布里斯班工党的《标准日报》刊载其演讲辞，称他是科尔的亲密伙伴。科尔的《劳工世界》一书就是讲基尔特社会主义。此书对柴尔德写作《劳工如何执政》影响很大。他主张在澳大利亚施行基尔特社会主义，而不是辛迪加主义。

◎科尔的《劳工世界》出版于1913年。他在序言中称，他是为"大工联主义"（Greater Unionism）请命。1915年，他辞去费边社的领导职务。随后，其追随者成立了牛津大学社会主义会。柴尔德是追随者之一。他在牛津就读过《劳工世界》，从此与支持战争的"正统观念"（Orthodoxy）决裂。此书长达443页，除英国，涉及14国工运，重点是法、美、德三国，内容很丰富。科尔提倡多元主义，反对国家干预，既批判绝对主义的国家观念（"普鲁士主义"），也批判费边式政府控制下的合作主义，以及带无政府色彩的辛迪加主义，认为英国工人运动应避免三大危险：费边社的合作主义、工会领导者的因循守旧和工党政治家的软弱无能。

◎科尔提到英国工运领袖汤姆·曼（Tom Mann）。1901年，他去过澳大利亚，因对议会政治彻底失望，退出工党，组建维多利亚社会主义党（Victorian Socialist Party）。1910年回英国，1911年在利物浦大罢工中担任罢工委员会主席，罢工遭内政大臣温斯顿·丘吉尔镇压，2人死难，350人受伤。汤姆·曼是辛迪加主义的代表。

◎科尔用世界眼光看工运，对柴尔德影响很大。但柴尔德更关心的是澳大利亚工运与其他国家有什么不同。1919年2月21日，威瑟比给柴尔德写信，跟他讨论过这类问题。[1]同年4月上旬，柴尔德给布里尔顿写

---

[1] Witherby to Childe, 21 February 1919, NAA CMF Intell. Reports, 167/85-91. 案：威瑟比的信是遭澳大利亚情报部门审查而被保存下来，柴尔德信未见。

信，[1]说威瑟比建议他为工人教育协会写本小册子，他已经准备了全部材料。通信披露的观点是：在俄国，除沙皇专制制度，没有其他制度，除了布尔什维克领导的无产阶级革命，没有其他选择；在西欧，资产阶级控制的国家过于强大，社会主义者要么控制国家，要么借助产业手段从外部改变它，不是采用费边主义，就是采用辛迪加主义；最后，澳大利亚与两者都不一样，它既没有俄国式的"古代"国家，也没有西欧式的过于强大的现代国家，工人阶级强大，既是生产者，也是消费者，他们可以用产业手段控制政治环境，获得产业民主。威瑟比希望柴尔德的小册子能赶上同年10月昆士兰工人教育协会的会议，但始终未能出版，柴尔德和威瑟比可能把手稿寄给了工人教育协会的联邦会议，但下落不明。作者说，此书并非《劳工如何执政》。《劳工如何执政》是另一本书。

◎科尔讲多元化，达特反资本主义国家。柴尔德受他俩影响，也有反国家倾向，但1917年他回澳大利亚时，工党在英联邦和新南威尔士大有掌权之势。他开始考虑两个问题，一是工党政府是否能施行社会主义，二是工党是否代表工人阶级。科尔主张，工会代表工人，工党不代表工人。他的社会主义思想仍受资本主义观念支配，跟英国精英的自由主义绑在一块儿。澳大利亚工党是1890年大罢工的产物，比英国工党更有工人基础。1918—1919年，大一统工会崛起，使柴尔德看到一种新的机遇，此即下章所论。

案　　此章主要讲科尔对柴尔德的影响。

---

[1] Childe to Brereton, undated, but early 1919, Brereton papers, MS MSS 281/4, pp.127-128.

第十一章　国中之国

讲柴尔德理想的劳工政治。题目出自科尔的《劳工世界》,"国中之国"指劳工执政(见下第一节)。

◎ "一战",德国社会民主党投票支持战争。1918年2月,其左翼模仿俄国布尔什维克的口号"和平、土地、面包",号召德国工人加入争取"和平、自由、面包"的斗争。10月17日,柴尔德在《工人报》发表《无法遏制的阶级斗争》作为呼应。[1]但列宁主义和布尔什维克道路在澳大利亚没有根基,他更倾向美国工人的世界产联道路。布里斯班时期,柴尔德从反战转向"大一统工会"运动,[2]1918年8月,大一统工会在新南威尔士工党的会议上率先成立,不久,维多利亚和南澳大利亚各州相继跟上来。1919年1月,大一统工会成为全国性的工会组织,正式名称是模仿美国产联,叫澳大利亚产联。[3]1919年1—2月,他在《标准日报》和《工党消息报》上连发四文,专门讨论这一工会组织。[4]科尔在《劳工世界》中说,"工党是靠产业工会而立,其实是一种'国中之国'"(166页)。他是把"国中之国"当英国合作运动的弱点讲,指工运仍受控于资本主义的国家权力。柴尔德对"国中之国"的理解比他正面,他是把工人通过产业民主控制国家当作通往社会主义的道路。

◎ 1919年2月18日,柴尔德给拜恩写信,让他转呈时任新南威尔士

---

[1] Childe, "Irrepressible Class Struggle," *The Worker (Brisbane)*, 17 October 1918.
[2] 大一统工会(OBU),与澳大利亚工人联合会(AWU)相对,柴尔德看好的澳大利亚工会组织。
[3] 其正式名称是澳大利亚工人产业联合会(Workers' Industrial Union of Australia,简称WIUA)。
[4] Childe, "The New Unionism and State Socialism," *Daily Standard*, 4 January 1919; "Arbitration and Socialism," *Daily Standard*, 17 January 1919, p.5; "Political Action and the Newer Unionism," (part I) *Labor News*, 15 February 1919, p.6; "Political Action and the New Unionism," (part II) *Labor News*, 22 February 1919, p.3.

工党总书记的伊文思(P. C. Evans),[1]请求恢复他在新南威尔士工党的党籍,声称不日将南下。作者推测,此信可能与麦克凯尔推荐,让他入幕新南威尔士州政府有关。

◎ 柴尔德在澳大利亚推行基尔特社会主义。他想以"真正的工党政府"("genuine Labor Government")制定开明的消费政策,而以"大一统工会"(OBU)保护和扩大工人对生产的控制。这一想法在劳工知识分子中影响最大。威瑟比在他的小册子中对基尔特社会主义做过很好的讨论,但私下认为,柴尔德的想法太辛迪加主义,不可能成功,只不过是中产阶级试图控制工人的最后尝试。柴尔德从内部看到新南威尔士工党政府的问题,不得不面对这种理想政府的局限性,是在《劳工如何执政》出版之后。

案 "太辛迪加主义",指柴尔德欣赏的世界产联(IWW)和大一统工会(OBU)。

第十二章 情报部

讲柴尔德重返悉尼,帮助工党领袖斯托雷竞选新南威尔士州州长。[2]斯托雷上台后,重用柴尔德,推行改革。题目原作"Intelligence Department",指直属州长的州长部(Premier's Department),相当他的耳目。

◎ 1919年9月,柴尔德重返悉尼,住在伊丽莎白湾的金内尔大厦(Kinneil),离他舅舅家不远,政治身份属达令赫斯特支部。1920年2月,

---

[1] 索引无此人。
[2] 1917年2月,斯托雷(John Storey)成为工党领袖。1920年当选新南威尔士州州长(1920年4月13日—1921年10月5日)。

新南威尔士州举行大选，柴尔德帮助斯托雷竞选。4月，工党险胜国家党，斯托雷当选州长，任命柴尔德为私人秘书，年薪394英镑（与霍尔曼时期的秘书同）。这一任命引起公职聘用委员会（Public Service Board，简称PSB）不满，借口仍是他未服兵役。

◎ 新南威尔士州州长部是1914年3月霍尔曼当州长时设立，最初只有七个人，因战时需要，人数激增，1917年达到213人。霍尔曼重视各种国际国内的情报搜集，斯托雷重组政府，有类似考虑，派柴尔德改组此部，但此部有不少霍尔曼留下的人，他们并不买柴尔德的账。

◎ 1920年10月30日，斯托雷去英国前，曾与麦克凯尔商量改革方案，认为柴尔德是执行改革的不二人选，打算任命他为调研员，以后派驻伦敦，任新南威尔士州代办处（NSM Agent-General's Office）的调研员和发言人。1921年1月，斯托雷离开悉尼后，代理州长杜雷任命柴尔德为州长部调研员，[1] 年薪439英镑。1921年4月，斯托雷与新南威尔士州代办处商量，又电告杜雷，把柴尔德的薪水提高到年薪525英镑。斯托雷为柴尔德量身打造的角色是政治顾问。

案　　柴尔德被斯托雷倚为心腹，工资很高。但斯托雷身体不行，人亡政息。

第十三章　州长留守人

讲斯托雷去伦敦，留柴尔德替他处理国内的事，等他回来后，派柴尔德驻伦敦，替他处理国外的事。题目原作"The Premier's Minder"，这

---

[1] 杜雷（James Dooly），斯托雷死后任州长。

里译为"州长留守人"。

◎澳大利亚情报部门一直监视柴尔德，对柴尔德充满敌意。《公告》(The Bulletin) 1920年12月23日刊登过一幅柴尔德的漫画像（作者是Len Reynolds），对柴尔德极尽丑化。作者特意拿伊瓦特档案中保存的一张照片与它做对比，认为这张照片最能代表其朋友眼中的形象。这张照片即封面所印，推测摄于1921年。

◎1921年1月，斯托雷前往伦敦，7月返回悉尼。他肾病危重，逗留伦敦期间，曾延医求治。斯托雷不在期间，柴尔德替他处理国内的事。

◎1921年10月5日，斯托雷去世。10月7日，斯托雷葬礼。作者考证，9月下旬，柴尔德仍在悉尼，他是参加过斯托雷的葬礼后，于10月8日离开悉尼去惠灵顿，15日离开惠灵顿去伦敦。

◎作者问，当年柴尔德在英国是被牛津大学赶走，他重返伦敦又会怎么样，由此引出下文。作者提到，战后女王学院曾让柴尔德申请格雷文奖学金（Graven Fellowship）而终归失败，并称他是带着《劳工如何执政》的手稿前往伦敦。

案 此书封面上的柴尔德像是柴尔德形象最好的照片。

第三部分

默默无闻的无产者一员，伦敦时期（1921 — 1926年）

讲柴尔德重返伦敦，穷愁潦倒，默默无闻（29 — 34岁）。题目出自柴尔德自嘲的话。这一部分分四章。

第十四章　解职

讲柴尔德回到伦敦，遇澳大利亚工党败选，保守党上台，撤掉他的官职。

◎ 1918年11月，德国投降，列强休战，但阶级间的战争并未结束。1918 — 1921年，在布尔什维克胜利的鼓舞下，柏林、巴伐利亚、匈牙利、斯洛伐克、意大利相继爆发革命，成立苏维埃，爱尔兰、印度、巴勒斯坦、埃及也动荡不安。当时，人人谈论"革命"，但"革命"到底是什么意思，柴尔德与他的社会主义朋友看法并不一样。他认为，澳大利亚的工人阶级比欧洲更强大，不适合推行布尔什维克式的暴力革命，他想通过无产阶级民主，创造一种工人政权的独特形式。这是介绍《劳工如何执政》的写作背景。此节提到，经济衰退、工人失业，引发白人反对有色人种的种族骚乱。另外，英国工人干了件漂亮事，他们发起的"停止干涉苏联"（Hands off Russia）运动成功制止了协约国的武装干涉。

◎ 1921年10月，柴尔德回到伦敦，在卡特赖特花园（Cartwright Gardens）34号住过五年（1921—1926年）。他的牛津朋友罗伯特·乔利也住34号。这座花园是以曾住37号的约翰·卡特赖特（John Cartwright, 1740—1824年）命名，柴尔德入住时，也叫布鲁姆斯伯里屋。他从这里可以步行去不列颠图书馆和1917俱乐部。1917俱乐部是由费边研究部的同人发起，以1917年的俄国革命命名。该处虽然简陋脏乱，却是各种左翼激进分子谈论政治、艺术的中心，柴尔德、乔利、科尔、波斯特盖特都是成员。柴尔德常在那儿读书、打桥牌。这个俱乐部位于伦敦的红灯区，后来是个同性恋者聚居地。作者引用约翰·阿姆斯特朗（John Armstrong）的说法，革命冲动好比性冲动。他说，柴尔德是否被这种气氛所吸引，不得而知，但他肯定并不讨厌。

◎ 1921年12月7日，柴尔德终于就任澳大利亚新南威尔士州驻英代办处的调研员和发言人。他的工作是调查欧美各国劳工组织和工人运动的现状，定期给州长写报告。这些报告是通过办事处负责人柯格兰（Sir Timothy Coghlan）寄往悉尼，然后由州长秘书黑（Clifford H. Hay）启封、登记、转发。

◎ 斯托雷去世，杜雷接任州长，[1]黑看出工党政府将下台，开始谋划裁撤柴尔德。1922年3月，澳大利亚大选，保守党上台，富勒出任首相。[2]4月21日，柴尔德的父亲给富勒写信，询问柴尔德何时解职，是否

---

[1] 杜雷，1921年10月5日—12月20日和1921年12月20日—4月13日任州长。
[2] 富勒（Sir. George Fuller），1921年12月20日和1922年4月13日—1925年6月17日任州长。

可报销返英旅费,并提到他儿子靠自己的工资养活他生病的姐姐。4月22日,柴尔德将被免职的消息见诸报端。4月26—27日,柯格兰与黑商量,将柴尔德的工资减半,保留到8月。4月29日,黑复信柴尔德的父亲,跟他打官腔,说柴尔德的任命有政治背景,他去伦敦是他自己要求,因此返英旅费不能报销。同日,麦克凯尔给富勒写信,请他挽留柴尔德。5月31日,新政府把这个决定正式通知柴尔德。麦克凯尔在议会替柴尔德辩护,指出柴尔德解职与资质无关,完全是出于政治考虑。他说,有个人从一开始就恨透了柴尔德。他没点名,但谁都知道,这是指斯旺(W. J. Swan)。斯旺是霍尔曼当州长时的州长秘书。斯托雷上台,起用柴尔德,代替了他。10月19日,为表中立,富勒让黑给麦克凯尔写信,说新政府并不会像斯旺那样成心跟柴尔德作对。

案　柴尔德丢饭碗,人生跌入谷底。但塞翁失马,焉知非福,他回到伦敦,反而是一个新的起点。

Hands off Russia,意思是把手拿开,停止干涉苏联。1918—1920年,英、法、美、日等国纠集波兰等东欧国家,支持白俄叛军,武装干涉新成立的苏维埃俄国,引起英国工人愤怒。1919年,英国工人成立"停止干涉苏联"全国行动委员会。1920年,各地成立了350个行动委员会,650万工人总罢工,迫使英国政府无条件停止干涉,劝说波兰政府与苏联停战。

第十五章　穷困潦倒的"殖民地人"

讲柴尔德来自英国殖民地澳大利亚,在伦敦是"外来者"。他到处找工作,没有固定收入,经济十分拮据。题目出自1923年柴尔德自嘲的话。

◎柴尔德的《劳工如何执政》是由劳工研究部推出。劳工研究部的前身是费边研究部。1916—1917年，柴尔德曾是费边研究部的志愿者。1918年，费边研究部改名劳工研究部，主席是萧伯纳，[1]名誉秘书是科尔。1922年2月，柴尔德成为劳工研究部的成员。7月，柴尔德与劳工研究部签订出版协议。8月，为劳工研究部的暑期学校讲课。

◎柴尔德被撤职后，到处找工作。1922年5月—1923年5月，他四次前往中欧各国考察，为他的《欧洲文明的曙光》一书做准备，牛津大学女王学院提供了半程资助。他的老师迈尔斯和穆瑞帮他找工作、找奖学金：利兹、杜伦、赫特福德等大学不行，耶路撒冷的英国学校，他不愿意去。[2]他缺钱。《劳工如何执政》，稿费很少，只有28英镑。父母留下的遗产，他花掉一半（500英镑）。他和乔利在布鲁姆斯伯里屋的图书馆打工，翻译过两本法文书。乔利介绍他给两位自由主义政治家当秘书，于事无补。1923年11月27日，柴尔德给迈尔斯写信，自称"默默无闻的无产者一员""穷愁潦倒的殖民地人"（226—227页）。[3]柴尔德去世后，很多人都说他是"外来者（outsider）"。如盖瑟科尔有篇文章，题目即《外来者柴尔德》。[4]1924年，柴尔德发表过两篇学术著作，三篇政论，仍然不能忘情于政治。1925年，柴尔德时来运转。迈尔斯和穆瑞帮他找到一份正式工作，当上皇家人类学会的图书管理员，年薪750英镑，工资很高。

案 柴尔德回到伦敦，好像我们说的"北漂"，最初穷愁潦倒，

---

[1] 萧伯纳（George Bernard Shaw，1856—1950年），爱尔兰剧作家，费边社会主义者，1925年获诺贝尔文学奖，1931年访华，1933年访苏，高尔基和鲁迅的好朋友。
[2] 作者说，"反犹主义似乎是他无法割舍的基督教文化的一方面"（225页）。
[3] Childe to Myres, 27 November 1923, Myres, box 8, f.11.
[4] Gathercole, "Childe the 'Outsider,'" *Royal Anthropological Institute News*, 17, 1976.

没有固定工作，没有固定收入，但他有时间，有等待和选择的机会，全看运气如何。迈尔斯和穆瑞帮他找到的工作如天降甘露，真是"命中有贵人相助"。

第十六章 《劳工如何执政》和《欧洲文明的曙光》

讲这一时期柴尔德的两部代表作。作者说，柴尔德的一生分两段，《劳工如何执政》是其"第一生命"的总结，《欧洲文明的曙光》是其"第二生命"的开始。格林称为"转折"。

◎《劳工如何执政》是由劳工出版公司（Labour Publishing Company，简称LPC）于1923年7月出版。公司经理是兰登-戴维斯（Bernard Noel Langdon-Davies）。他是全国公民自由委员会（National Council for Civil Liberties，简称NCCL）创始人的儿子。劳工出版公司是由劳工研究部创办，但相对独立。

◎ 1922年11月英国大选，工党成为下院第二大党。1923年，大有成为下院第一大党的趋势。澳大利亚唯一的工党政府是昆士兰州政府，英联邦各国的工党还在恢复中。《劳工如何执政》的出现是个好机会，它可以让看法不同的人对大众民主政治各自展示其看法。一类看法是害怕，可以追溯到托克维尔。[1]另一类看法是为它创造机会。1923年7月到年底，英国有10篇重量级书评和很多短评，绝大多数是好评。

◎ 1925年，《欧洲文明的曙光》出版。全书共328页，插图148幅（柴尔德自绘），地图4幅，装帧典雅。此书是科甘·保罗出版社出版的"文

---

[1] 托克维尔（Alexis-Charles-Henri Clérel de Tocqueville，1805—1859年），法国贵族，反社会主义者，以批判法国革命和推崇美国民主著称，著有《论美国的民主》《旧制度与大革命》。中国高层领导王岐山曾向广大读者推荐托氏的书。

明史丛书"之一，丛书主编是奥格登(C. K. Ogden)。奥格登比柴尔德大三岁。他是剑桥大学毕业，为《剑桥书评》编每周文摘，摘登德国和其他国家的文章，是反战运动的资源。他在民主控制联盟有很多朋友，是1917俱乐部的成员。他从阅读中发现柴尔德，与柴尔德志同道合。此书只比《劳工如何执政》晚两年，研究考古学史的人都以为，这两本书毫不相干。但盖瑟科尔指出，《曙光》和《曙光》后的著作与《劳工如何执政》有某些共同点。[1] 作者认为，这两本书同具大创意:《曙光》讲东方主义与西方主义之争，并不是简单调和二者，而是为了讲青铜时代早期欧洲"史前文明"的诞生;《劳工如何执政》讲议会道路和革命道路之争，也不是简单调和二者，而是为了讲一种新型民主。他是把考古发现当现代文明的序幕，把历史进步当劳动者的创造。1957年，柴尔德在《回顾》中把《曙光》视为历史著作。作者指出，柴尔德受克罗齐影响很深。1919年致布里尔顿信，他说他曾借克罗齐哲学给工人讲《资本论》;1923年致迈尔斯信，他自称新黑格尔主义者;《曙光》出版不久，他自称金蒂利—克罗齐派。后来，1945、1947和1949年，他也提到克罗齐。所以作者把他的马克思主义定位于西方马克思主义(简称"西马")。作者说，柴尔德写作此书时，非常熟悉马克思主义对唯心主义和机械唯物主义的看法，他很重视精神的创造力，有别于第二国际的经济决定论。

案 《劳工如何执政》讲工运,《欧洲文明的曙光》讲考古，但作者认为，两者仍有可比性。

---

[1] Peter Gathercole, "Childe the 'Outsider'".

第十七章 "一个必须往前走的运动"

继续讲《劳工如何执政》。题目出自1957年10月13日柴尔德的广播讲话，距离他跳崖身亡只有六天。下最后一节（267页）提到这句话，出处见381页参考书目。[1]

◎《劳工如何执政》提到最多的词是"罢工"。作者说，从引用情况看，读者或许该把这本书叫"劳工如何罢工"。柴尔德在澳大利亚推行社会主义改革，曾反对罢工的盲目性和不文明，希望通过工党，劝说国有企业中的工人放弃罢工，留在国有企业中掌控生产。但保留国有企业，扩大国有商业，需要钱。希欧多尔和斯托雷到伦敦借钱，[2]空手而归。回到英国的柴尔德终于发现，要想取代资本主义，得付入场费，这笔破坏资本主义的费用尚未到位。

◎ 1918年，柴尔德在《无法遏制的阶级斗争》中称罢工是"反剥削、反压迫的正当防卫"（255页）。《劳工如何执政》200次提到罢工，其中最重要，当数1908—1917年间的八次。他不再提放弃罢工，对罢工表示同情和理解。他支持世界产联（IWW），拒绝保守的澳大利亚工人联合会（AWU），认同工人的造反精神，而非议会道路。尽管世界产联存在滥用暴力和盲目行动的危险，但却预示了布尔什维克的"无产阶级专政"，日益接近正统马克思主义者理解的那种"权力之路"。1909年，考茨基曾经用这个词当他的书名，它启发了列宁。

◎ 1919年，布尔什维克疲于应付食物短缺、内战和击退协约国武装入侵，靠传播革命保卫革命，建共产国际。在莫斯科的成立大会上，列

---

[1] Childe, "Australian Today is Far from a Socialism Society," *Labour History*, no. 58, May 1990.
[2] 希欧多尔（Edward Theodore），时任昆士兰州财政部长。

宁发表一系列文章，论"资产阶级民主和无产阶级专政"，发挥他在《国家与革命》(1917年)中论述过的观点。柴尔德在《劳工如何执政》中也讲无产阶级民主，但含义不太一样。列宁蔑视资产阶级议会民主，把民主当统治制度，以工人自治取代旧的权力关系，以无产阶级专政捍卫革命，预言国家消亡。柴尔德也强调工人自治，与列宁无异，但目的不是保卫和扩大无产阶级革命，而是利用资产阶级议会制，扩大其代表性。当然，他也知道资产阶级议会制的局限性，如他提到世界产联对议会民主的批判，并且支持工人控制国有企业。作者说，这可能给列宁留下深刻印象。作者怀疑，柴尔德写作《劳工如何执政》，很可能读过《国家与革命》，并且提到1913年列宁写的一篇短文《在澳大利亚》，目的是打消俄国自由主义者的幻想。作者说，列宁是根据二、三手材料，并不了解澳大利亚的实际情况。他把澳大利亚当成避免阶级战争的例外，预言工党将摆脱自由主义，变成社会主义政党。作者说，1922—1924年，英国工党执政，其牛津旧友加入共产党者开始决定去留，他也不得不重新思考澳大利亚的社会主义前途和工党在这一进程中扮演什么角色。

◎柴尔德到达伦敦时，达特是《劳工月刊》的主编。这份杂志是共产党为党外工运活动分子办的。1922年9月号刊出一篇重要文章，《当劳工掌权——在澳大利亚》，署名"一位前执政者",[1]这是化名，但参加过劳工研究部克劳夫顿暑期学校(summer school at Cloughton)的人都知道，这是出自柴尔德。柴尔德在文章中指出，工党的渐进策略和社会主义模式，被经济规律左右，必定徒劳无功。

---

[1] Childe, "When Labour Ruled-in Australia-By an Ex-Ruler," *Labour Monthly*, vol. III, no. 3, September 1922, pp. 171-180.

◎澳大利亚的社会主义运动应采取何种对策，柴尔德的看法前后三变：1917年刚回悉尼，他支持世界产联，主张直接行动，而非通过竞选；后来在布里斯班，他是工党竞选的支持者，主张由"真正的工人政府"鼓动工人掌控国家企业；后来回到伦敦，他又揭露工党理论的矛盾，证明靠选票上台的议会道路没用。柴尔德认为，澳大利亚工运的目标并不仅仅是工人阶级的解放，运动必须往前走。

案 作者怀疑，柴尔德写《劳工如何执政》时，他可能读过列宁的《国家与革命》，而列宁也可能读过《劳工如何执政》。

第四部分

历史上会发生什么，
1927—1957年

讲他生命的最后三十年，即他当上考古学教授以来的三十年。这三十年，世界发生过很多大事：大萧条、希特勒上台、"二战"和冷战。这个题目是借用柴尔德的书名。柴尔德写过《历史上发生过什么》（What Happened in History），"发生"一词是用一般过去时，那是讲历史上曾经发生过什么，这里的"历史上会发生什么"（What Happens in History），"发生"一词是用一般现在时，则泛指历史上通常会发生什么，不仅包括过去，也包括现在，也包括将来。

作者为柴尔德定位：他不仅是个考古学家，也是个马克思主义思想家、苏联社会主义试验的支持者、英国共产党的同路人。

这一部分分六章。

第十八章　作为共产主义的科学

讲柴尔德与马克思主义的关系。题目借自贝尔纳《科学的社会功能》

(*The Social Function of Science*，1939)中的一段话(见下倒数第二段)。[1]柴尔德是理性主义者，一辈子反宗教，持无神论，非常推崇科学。他是把考古学当科学来研究，和贝尔纳等人同道，自称"科学工作者"。

◎ 1927年，柴尔德任教爱丁堡，年薪700英镑，外加讲课费200英镑，待遇接近艺术系的教授(平均工资1000英镑)，从此身份地位变了，生活条件大为改观。他开名牌车，住大饭店(不置房产)——克拉克说他"最资产阶级"。当他动身前往爱丁堡时，他给达特写信说，如果不是代价太高，他会选择革命。其实，他更喜欢当教授(271页)。这话，萨利·格林已经引用过。

◎ 1931年4月，达特与柴尔德通信，讨论澳大利亚工人运动。

◎ 1933年，希特勒上台。柴尔德对纳粹考古学曲解历史非常愤怒，起而反对科西纳的北欧种族优越论和日耳曼扩张说，并参加英国科学工作者协会的一项计划，救助从纳粹德国逃出的"难民考古学家"。[2]

◎ 柴尔德跟考古同行多保持距离，但克劳福德是例外。他俩从1925年就认识，一直是好朋友，志同道合，无话不谈。克劳福德是英国航空考古的先驱。1927年，他创办了著名的《古物》杂志，定位于学术和通俗之间，一办就是30年(死后由丹尼尔接手)。柴尔德提倡"民主考古"，主张把考古学从有钱人的业余玩赏和专家学者的狭隘趣味中解放出来。他大力支持克劳福德，不仅在创刊号上发过一篇文章、三篇书评，后来

---

[1] 贝尔纳(John Desmond Bernal，1901—1971年)，剑桥大学教授，著名物理学家，研究科学史，创立科学学，著有《科学的社会功能》等书。

[2] 如1935年帮助德国考古学家格特鲁德·赫尔米斯(Gertrud Hermes)发表著作，1938年安排德国考古学家格哈德·波苏(Gerhard Bersu)在英国发掘，负担他和他太太的生活费用。但1939年西班牙考古学家佩雷·博什·吉姆佩拉(Pere Bosch Gimpera)逃离佛朗哥控制下的西班牙，他却无力负担。后来，吉姆佩拉去了墨西哥，成为墨西哥的著名考古学家。

魂断蓝山

也发过不少东西。克劳福德对柴尔德的政治抱负像对他的学问一样非常佩服。虽然,克劳福德比柴尔德大六岁,但背景不无相似之处。他出生于英国殖民地印度,父亲死后,跟姑姑在英国长大,姑姑家是虔诚的宗教家庭,但他年纪轻轻就拒绝宗教,蔑视英国的统治阶级。他去过德国,从此憎恶法西斯主义。去过苏联,从此成为马克思主义者,跟共产党眉来眼去。[1]他为马克思、恩格斯住过的房屋和去过的酒馆拍照(可能是供马克思纪念图书馆展出),同柴尔德一道分担流亡者格哈德·波苏的家庭开支。克劳福德在《古物》上说,柴尔德的《人类创造自身》是"马克思自己想写而未写,自其死后积50年之发现,利用所有知识方能写出的著作"(283页)。[2]

◎据英国军情五处档案,英国共产党从1931年就关注柴尔德,有意请一批科学家组成编委会,创办一个马克思主义理论刊物。1951年,柴尔德是《现代季刊》的编委之一。

◎作者说,知识分子为工人阶级服务,通常要加入工会类的行业组织。柴尔德加入过爱丁堡、伦敦和全国的"科学工作者协会"(AScW)。这是另一类工人(他们服务于政府部门和工业组织)的行业组织,代表科学家的经济利益。柴尔德是受过古典学训练的史前学家,他擅长"阐释性的概念"而非"漂亮的发掘"。作者问,他是怎样从一个无产者理解的从事考古的"劳动者"变成"蹲办公室的人"(288页)?答案是:战争和工业已经改变了一切,"科学"的概念发生了变化,"劳动"的概念也发生了变化。贝尔纳在《科学的社会功能》一书中说"科学是共产主义"

---

[1] 作者用"调情"(flirted with the Communist Party)形容这种关系。
[2] 原书未注出处。

(290页)。

◎ 1940年,新版《家庭、私有制和国家的起源》由劳伦斯和卫沙特出版社出版。达特曾邀柴尔德用考古材料为该书作注,因意见不合而中辍。最后,柴尔德写了书评,发表在科学工作者协会的期刊《科学工作者》(Scientific Worker)上。[1]此文避开学界专家,但引起知识分子的注意。他劝学生,跳过其他章,精读第九章,即恩格斯讲野蛮到文明的部分,然后把其方法应用于"当今所能获得的更加丰富也更加可靠的材料上"(291页)。该章讨论了这一过程中的劳动分工、用于交换的剩余产品,以及国家的出现,足以提供马克思主义方法的大致轮廓。但他又警告说,"如果错把该书当金科玉律,用来解释人类历史上实际发生的事情,那就糟了"(同上)。他和达特围绕此书注译工作的争论(1938年)预示了他后来写作《历史上发生过什么》的写作原则(1942年)。他是把马克思主义当科学家"从经验和观察推导真相"的探讨(同上)。

案 柴尔德的左翼朋友是以"科学工作者"自居,意思是"科学工人"。这些朋友都在考古圈外。他在考古圈内只有一个志同道合者,即克劳福德,《古物》杂志的创办人。

第十九章 宏大而充满希望的试验

讲柴尔德与苏联的关系。题目出自柴尔德写给他大姐爱丽丝的信(见下第三节)。柴尔德对苏联的态度复杂多变。最初,他把"斯大林主义"和"希特勒主义"同样归入所谓"极权主义",对"苏德和约"和"苏

---

[1] Childe, "Review of Engels's *The Origin of Family*," *The Scientific Worker*, vol. 12 (1940), p. 100.

芬战争"表示不满,后来,又同情苏联人民付出的巨大牺牲,赞扬他们为打败德国法西斯做出的巨大贡献。

◎ 1937年,柴尔德发表《战争与文化》一文,[1]反对用社会达尔文主义支持战争,强调人类"适者生存"是靠文化而非战争,战争只会消灭文化。柴尔德在爱丁堡主持过左翼读书俱乐部和英苏文化关系协会的会议。

◎ 1938年,柴尔德发表《为民主而战》一文,[2]说"德国知识分子把希特勒当救星,为他欢呼,以为靠他可以免受马克思主义之祸,现在却对科学艺术的灭绝束手无策。英国的知识分子宁可向希特勒求和,也不愿与苏联联手而战,这就难怪人们要问,把伦敦和柏林炸成废墟是否比一个拒绝自由调查因而严重停滞的文明枯骨更好"(295页)。1938年9月29—30日,张伯伦与希特勒、墨索里尼签订《慕尼黑协定》(Munich Agreement),六天后,柴尔德写信给达特,说他"再次倒向左翼"。[3]1939年夏,他在美国加州大学访问,害怕回国后战争爆发,曾考虑延期不归或向哈佛大学求职。8月23日,莫洛托夫与里宾特洛甫签订《苏德互不侵犯条约》,让他联苏抗德的想法受到沉重打击。9月3日,英国对德宣战,苏联保持中立。起初,英国共产党主张两面作战,既反对德国入侵,又反对张伯伦政府,被共产国际批评,总书记哈利·波利特被撤,[4]一度由达特代替。党的新路线是让英、德两个帝国主义国家互斗,寻求停战和谈,成立人民政权,类似一战的《布列斯特和约》。柴尔德支持这一路线,但有所保留。1939年9月3日—1940年5月10日,英、德间有所谓

---

[1] Childe, "War and Culture" in W. B. Tavener et al., *Eleventh Hour Questions: Articles on Peace by Various Authors*, Edinburgh and London, Moray Press, 1937.
[2] Childe, "War for Democracy," letter to *New Statesman and Nation*, 24 September 1938, pp. 451-452.
[3] Childe to Dutt, 6 October 1938, Dutt papers, CPGB Archives.
[4] 哈利·波利特(Harry Pollitt,1890—1960年),英国共产党创始人,1929—1956年任英共总书记。

"假战"(Phoney War)。接着,张伯伦辞职,丘吉尔上台,重启战端。柴尔德很悲观。他把希特勒和斯大林都称为"极权主义",但二选一,他还是选择苏联。

◎ 英国有两个英苏友好组织,一个是1927年由英国共产党成立的英苏友好协会(The British-Soviet Friendship Society),一个是1924年由著名自由知识分子成立的英苏文化关系协会(The Society for Cultural Relations with the USSR,简称SCR)。作者说,前者是苏联的"啦啦队",后者曾反对干涉苏联,但对苏联不抱幻想。克劳福德参加前一组织。柴尔德参加后一组织,是SCR爱丁堡分支的副主席(1932—1946年)。1941年6月,德国入侵苏联,英苏签订了一个互助条约,英美发表《大西洋宪章》(Atlantic Charter)。8月12日,柴尔德给克劳福德写信说:"我们的苏联朋友干得不错嘛。1939年,我们的[史前学会]同行宁肯同希特勒结盟,现在被迫与斯大林结盟,他们作何感想?"(300页)[1] 1942年2月,柴尔德给他大姐爱丽丝写信说:"苏联在当前军事形势下是个亮点,所有人都急于了解情况如何和为什么会如此。我一直相信,苏联至少是个宏大而充满希望的试验,我们可以告给他们一些更可靠的东西,而不是迄今为止多数作者笔下和报纸上的谎言。"(300页)[2] 作者说,早在布里斯班时期,柴尔德就赞同布尔什维克革命,但有所保留。1936年,他称斯大林主义是"极权主义"。1939年,苏芬战争时,他称苏联为"东方专制主义"。然而他该如何解释苏联人民抵抗希特勒的意义呢?作者猜测,一种可能,这是靠了革命释放出的人民的创造力,一种可能,这是个充满希望的试

---

[1] Childe to Crawford, 12 August 1941, Crawford papers, box 67.
[2] Childe to Alice Childe, February 1942, quoted in Green, *Prehistorian*, p. 102.

验,代表了人类进步。

◎ "二战"前后,与这场战争有关,柴尔德写过四部通俗著作,都是关乎人类生存、历史进步的探讨。其中最有代表性是《人类创造自身》(1936年)和《历史上发生过什么》(1942年)。这两部书不是为学者而写,对象是"书摊大众"(bookstall public),他跟出版商说,他的预期售价是六便士。前书不断再版,大获成功。英国,生前再版五次,死后再版四次;海外,生前再版两次,死后再版十次。后书光在1957年就卖了30万册。《人类创造自身》写于"二战"前、访苏后,《历史上发生过什么》写于"二战"后,也与他对苏联战胜德国法西斯的高度评价有关。

案 柴尔德对苏联的态度是既有赞许,也有批评,随形势变化,时有改变,如1939年《苏德互不侵犯条约》签订时和苏联大反攻、攻克柏林时就不太一样。他与塔尔格伦不同,从不公开批评苏联,绝不愿"亲者痛,仇者快",从反共立场批评苏联。他把苏联看成是一个"宏大而充满希望的试验"。

第二十章 对党绝对真诚

讲柴尔德与英国共产党的关系。题目出自英国共产党干部埃米尔·伯恩斯(Emile Burns)对他的评价(见312—313页)。注意:柴尔德是党外人士,"对党绝对真诚"不等于"对党绝对忠诚"。

◎ 柴尔德临死前把他的学术自传(即1958年发表在《古物》杂志上题名《回顾》的文章)寄给格拉厄姆·克拉克,这很奇怪。作者问,为什么柴尔德把它寄给克拉克而不是莫利斯(《古今》杂志的主编)或皮戈特(他在爱丁堡大学的继任者)?他说,克拉克是力挺统治阶级的剑桥大教授,他的政治信仰完全是撒切尔夫人的"向右一边倒"。作者分析,1957年,在左翼全面退潮的形势下,柴尔德似有意回避任何与共产主义有关的事。露丝·特林厄姆曾指出,柴尔德是个非常政治的人物。但在《回顾》中,柴尔德只暗示说,他是通过理性主义和社会主义上升到马克思主义。1940年代晚期,他开始用涂尔干的功能主义讲话,避免用马克思主义术语。作者指出,柴尔德不仅生活在欧洲考古学家的圈子里,也生活在英国共产主义者的圈子里(指他跟考古学家只谈考古,政治只跟左翼交流,他是用不同的语言同不同的人说话)。英国考古学家大多不相信柴尔德是个非常政治的人物,如麦克斯·马洛温说,我们很少有人把他对政治的想法当回事。但在《英国考古学》(*British Archaeology*)的一则消息中,柴尔德的名字竟被乔治·奥威尔列入苏联"同路人"的名单中。编者说,绝大多数考古学家都不拿柴尔德对政治和马克思主义的兴趣当回事,皮戈特甚至说,这是个智力玩笑。但对军情五处的情报人员来说,这可不是玩笑。1947年,他们曾相信柴尔德是共产党员。1953年,又认为他是共产党的同情者。1938年,他拒绝把党摆在马克思主义学派和恩格斯的原著之上。1943年,党不得不承认,他这个人很难驾驭。据军情五处的记录,党的领导干部伯恩斯说,柴尔德不是党员,他甚至说,柴尔德不喜欢党。但另一方面,伯恩斯又说,"他总是同党员讨论他的工作……对党抱绝对真诚和同情的态度"(313页)。[1]

◎"二战"期间,《工人日报》(*Daily Worker*)和《星期》(*Week*)被查禁。柴尔德既反对英国政府以战争为借口,打压左翼和禁锢自由,也

---

[1] "Archaeologists Fingered by Orwell," *British Archaeology*, issue 73, November 2003; Childe's MI5 File, 26 February 1943, October 1943, 21 August 1948, October 1953.

反对苏联采取类似的反应。战后，他作《历史上的理性规律》，探讨历史发展的规律。[1]

◎ 1946年，柴尔德任伦敦大学考古所所长，住在伊索肯公寓（Isokon Flats）。[2]这里住着很多艺术家和知识分子，是个左翼活动的中心。

◎ 1945年，柴尔德和林赛曾在通信中讨论社会对观念的决定性以及上层建筑和经济基础的辩证关系，同年又在英国共产党的文化会议发表他们的见解，反对机械的"反映论"（观念反映社会，上层建筑反映经济基础）。林赛是1939年的党员，柴尔德不是，柴尔德是由林赛建议而受邀列席会议。作者说，林赛曾从其父接受尼采哲学的影响，进而对马克思主义文艺理论感兴趣。马克思的《1844年经济学哲学手稿》让他深受鼓舞。这次会议，爱德华·汤普森（Edward P. Thompson）也在场。柴尔德死后，汤普森成为英国新左翼的代表。他曾写过《社会主义的人道主义》，批判斯大林主义，强调马克思主义的"道德敏感性"（ethical sensibility），但绝口不提柴尔德和林赛。其实，柴尔德和林赛才是英国新左翼的开端。

◎ 1947年，柴尔德的《历史》由科贝特出版社出版，属于"古今丛书"的第六种，主编是爱尔兰共产党员和古典学家本杰明·法灵顿（Benjamin Farington）。作者说，此书无副标题，不写"某某史研究""某某史阐释"之类，就一个词，"历史"，我写的"历史"就是我写的"历史"，题目很霸气，[3]出版社受共产党控制，但并非只出共产党员和共产党同情者的书。作者讨论该书内容，最后提到此书结尾。柴尔德说，斯大

---

[1] Childe, "Rational Order in History," *The Rationalist Annual*, 1945, pp. 21-26.
[2] 这是英国的第一座现代主义公寓建筑。20世纪30年代中叶，包豪斯设计学院（Hochschule für Gestaltung）的三位教授逃离纳粹德国，在汉普斯特德（Hampstead）避难，住于此。公寓由建筑师科特斯（Wells Coates）设计，始建于1934年。
[3] 古典著作希罗多德的书就叫这个名字。

林是"伟大的政治家",此语常常令他的后学羞愧。但作者解释说,柴尔德"从未赞同作为统治制度的斯大林主义,也从未参加共产党和其成员要求服从的不民主的集中制",相反,他只是"把斯大林当作'世界历史进程'的符号"(327页)。它代表的是苏联在这个历史进程中的作用和地位。"欧洲从法西斯统治下解放出来,苏联扮演的角色,普通人特别是苏联普通人的意识,他们表现出的抵抗能力和他们在战争中所渴望的变化,正如全世界的左翼所企盼,最接近柴尔德想象的未来"(327—328页)。

◎冷战,美苏对峙。美国利用其军力、财力和文化上的优势,迫使苏联处于守势。1947年,柴尔德写《历史》时,左翼已经开始退潮。1948年,两家美国著名出版社本已签约出版此书,迫于美国国务院的压力,受命毁约,美国人类学家莱斯利·怀特等学者邀他访美也被拒签。1949年,柴尔德为《剑桥学报》写《史前学与马克思主义》,该杂志的编辑迈克尔·奥克肖特(Michael Oakeshott)拒绝刊登。[1]柴尔德早年的经历让他见怪不怪。他主张少用或不用马克思主义讲话。这在冷战环境下不仅是一种自我保护,也是一种更容易被公众接受的说话方式。1950年,柴尔德对英国共产党的说话方式表示不满。他说,布尔乔亚称之为"马克思主义黑话"(Marxist jargon)。这种说话方式只会把那些从未读过马克思主义书的读者赶跑,他主张用"糖衣包裹"的方式讲话(如用克罗齐的术语讲辩证法,用涂尔干的术语讲社会发展),慎之又慎。但他的政治表态有时却十分大胆。1945年底和1946年,他说他乐见苏联发展核武器,打破美国对原子弹的垄断。1945年12月,他跟克劳福德开玩笑说:"我

---

[1] Childe, "Prehistory and Marxism," *Antiquity*, vol. 53, issue 208, July 1979, pp. 93-95. 案:作者说,格林·丹尼尔称柴尔德是"马克思主义史前学的倡导者",但这正是他被拒的原因。只是等丹尼尔当了《古物》杂志的主编后,他才把这篇短文发表在《古物》第53卷。萨利·格林书重印了此文。

敢肯定，很快我们就会有比洋基大叔更好的原子弹。我们在哈萨克斯坦和乌兹别克斯坦加盟共和国有大量铀矿，你就等着爆炸吧……"（330页）[1] 1947年，十月革命30周年庆，他是公开发言人之一。1950年代的"保卫和平"签名运动，他是英国分支的推动者和赞助者。[2] 他频繁访问"铁幕国家"：1949年访捷克，1953年访苏联，1955年访匈牙利、罗马尼亚、保加利亚，1956年再度访苏。虽然，柴尔德未能访问中国，但1950年，他反对英国阻止中华人民共和国派代表团访问英国，1952年出任英中友协副主席（主席是李约瑟）。[3] 这些言行令军情五处断定，他是共产党员和铁杆斯大林分子。1915年以来，他一直坚持思想自由和科学、理性，既不想遭反共势力打压，又不想被斯大林主义分子抹黑，始终保持"糖衣包裹"的风格，一直到去世。1950年，《马克思主义季刊》复刊，改名《现代季刊》，请他做编委，他本来答应得很痛快，但后来退出。1952年，《古今》杂志创刊，最早的编委会就在他住的公寓召开。他死前的最后一篇文章就是寄给这个杂志，即《古今》12期刊登的《青铜时代》。

案 作者说，柴尔德和林赛是英国新左翼的开端。西方马克思主义迷早期马克思和《1844年经济学哲学手稿》。这是一种"迎合时代需求的误读"，曾被东西方的许多马克思主义者当作"思想解放"的武器（提倡"马克思主义人道化"和精神对物质的反作用）。林赛曾参与此类活动，没问题，柴尔德扮演什么角色，不清楚。

---

[1] Childe to Crawford, 12 December 1945, 67/74.
[2] 斯德哥尔摩会议是1950年3月召开，背后是苏联。6月，针锋相对，有罗素、克罗齐、杜威、雅斯贝斯等人参加的柏林"文化自由大会"，背后是美国。
[3] 当然，他对苏联也有不满，1953年，他从苏联回来后，曾抱怨苏联不让他去他想去的地方和在中亚推行苏联化。

作者列举的冷战大事是：1946年，丘吉尔宣布苏联用铁幕包围东欧，自绝于西方（其实是西方围堵苏联和东欧的另一种说法）。1947年，杜鲁门斥巨资展开反共宣传，法共、意共部长遭罢免。1949年，美国在欧洲永久驻军，成立北大西洋公约组织，引发"保卫和平"运动，希腊共产党在内战中失利。1950年，英国大事是丘吉尔败选，工党执政；美国大事是麦卡锡"猎巫"，令左翼噤声。

柴尔德曾三次访苏（1935、1945、1953年），如果加上这里提到的1956年（331页）就是四次访苏。但1956年访苏，他书未闻，不知根据是什么。

第二十一章　1956年

讲柴尔德对赫鲁晓夫报告（1956年2月25日）和匈牙利事件（1956年10月23日—11月4日）的反应，[1]他的《社会与知识》等书出版，以及他提前退休，安排后事，回澳大利亚。

◎ 1956年春，柴尔德最后一次拜访他的苏联同行。从1926年起，他一直研读苏联出版的考古著作，并赞扬苏联考古的成就，但苏联考古学家，如蒙盖特，仍然认为他是"资产阶级学者"（尽管前面加"进步的"）。他跟英国同行说，想不到你们拿我当马克主义者批判，苏联学者反而不拿我当马克思主义者。[2] 1942年，他从阅读中得知，苏联考古学家克里切夫斯基（E. Y. Krichevskii）关于多瑙河社会的研究对批判纳粹考古学很有

---

[1] 英国共产党遭受过两次打击：一次是1939年苏联和德国签订互不侵犯条约，英共支持英国政府的对德宣战，书记被撤；一次是1956年赫鲁晓夫做秘密报告和苏军出兵平息匈牙利事件，大批党员退党。
[2] 原书无出处。

魂断蓝山

价值。[1]克里切夫斯基死于列宁格勒保卫战，留下一部遗稿，柴尔德打电话给克里切夫斯基的遗孀，希望发表这部遗稿，作为纪念，被对方谢绝（害怕因涉外而获罪）。当他从苏联回到英国，反共气氛空前高涨。如果他向媒体介绍他的访苏之行和批评苏联，当然大受欢迎，但他没有这样做。他宁可选择给苏联考古界的顶尖学者写信（至少三封），直截了当地对苏联考古提出批评。6月，赫鲁晓夫秘密报告的全文被西方媒体公布，他没有像很多共产党员那样捶胸顿足、大呼上当。作者说，他很平静，因为他本来就没上过什么当。他也没有出卖同志，对党真诚，依然如故。作者说，这条道实在难走，特别是1950年，就连他的老朋友克劳福德都说（不是跟柴尔德，而是跟他的另一个朋友说），他已经变成"狂热地反苏、反共"（336页）。7月，《劳工月刊》为达特主编该刊举办35周年庆，他没有因达特为斯大林辩护正饱受攻击而抛弃这位老朋友，反而同意在酒会上发表祝酒辞，避开敏感话题，只谈他和达特在牛津的友谊。11月，柴尔德发表《过去、现在和将来》，认为工党主张的福利社会和斯大林式的共产主义是其所在社会的两种选择，"1946—1956年间爆发的冲突是一种先入为主的观念冲突"。[2]他仍然相信马克思主义，相信唯物主义历史观是研究历史的基础。回澳大利亚前，他还特意为共产党在剑桥大学的研究生部做了报告。

◎ 1956年11月，柴尔德写信给他的表弟亚历山大·戈登，[3]告诉他自

---

[1] 克里切夫斯基（Евгений Юрьевич Кричевский，1910—1942年），1930年毕业于圣彼得堡大学历史—语言学系。1930—1942年在圣彼得堡大学历史系工作，同时也在"国家物质文化史科学院"工作，并在该院获得副博士学位，学位论文为《特里波利文化的房屋建筑》（1938）。1942年死于列宁格勒保卫战，具体死因不明。特里格《考古学思想史》（第2版）提到此人（中文本251页）。

[2] Childe, "The Past, the Present, and the Future," *Past and Present*, no. 10, 1956, pp. 3-5.

[3] Childe to Alexander Gordon, 20 November 1956, Munster papers, State Library of NSW.

己已退休，打算回澳大利亚，并且送他一本《社会与知识》。此书是美国伦理学家露丝·南达·安申（Ruth Nanda Anshen，1900—2003年）主编的"世界展望丛书"的一种。该书最后一章讲了他的无神论信仰。

◎柴尔德决定提前退休，重返澳大利亚。此年，除《社会与知识》，他还写过《重缀过去》《考古学导论》。作者讲了他的退休安排和他回澳大利亚前的活动，大体同格林所述。作者提到，柴尔德离开英国前，曾向伦敦大学国王学院的伍尔德里奇（S. W. Wooldridge）和继任所长葛莱姆斯吐露过他想跳崖的念头。[1] 在前往澳大利亚途中，他告诉克劳福德，他已经很穷，决定取消《古物》杂志的订单，不再为考古学的民主化做什么事情。

案 冷战七大事件：东柏林事件（1953年6月16—17日）、波兹南事件（1956年6月28—30日）、匈牙利事件（1956年10月23日—11月4日）、布拉格之春（1968年1月5日—8月20日）、团结工会（1980年）、东欧剧变（1989年）、苏联解体（1991年12月25日）。

这些事件都被西方称为"革命"。战争，敌人是最好的老师。当过去的革命者急于"告别革命"时，"革命"的敌人却学会了搞"革命"。

1956年的波兹南事件和匈牙利事件是发生在赫鲁晓夫的苏共二十大秘密报告（1956年2月25日）之后。当年出版的灰皮书，墨雷·蒂波尔《震撼克里姆林宫的十三天——纳吉·伊姆雷与匈牙利革命》（世界知识出版社资料室，1964年），[2] 题目故意跟约翰·里德《震撼世界的十天》唱反调。[3]《震撼世界的十天》是写"十月革命"。这两本书，中学时代，

---

[1] *Antiquity*, vol. 54, no. 210, March 1980, p.1.
[2] 墨雷·蒂波尔（Meray Tibor），匈牙利人。
[3] 约翰·里德（John Reed，1887—1920年），美国左翼记者、诗人、政论家，美国共产党创始（转下页）

我都读过。

柴尔德是死于波匈事件的第二年。

第二十二章　徒增伤感的旅程

讲柴尔德的感情生活和1957年他重返澳大利亚。题目出自1922年柴尔德回忆他第一次回澳大利亚的话（见下最后一节）。

◎作者从两件小事说起。1955年，有一张柴尔德参加伊索肯公寓21周年庆的照片保存下来。照片上的他，同盛装赴会的其他人不同，只穿一件黑衬衫，手中端着个空酒杯，神情恍惚，不知找谁说话。1956年5月，他受邀参加格林·丹尼尔主持的BBC电视节目《琳琅满目》(Animal, Vegetable, Mineral)。当两件史前遗物传到他面前，别人都面有难色，他却直截了当地说，这是男根，这是女阴，那是乳房。这两件小事，看似与主题无关，却折射出柴尔德的性格特点。

◎柴尔德同马克思、恩格斯一样，一向看不起多愁善感。但人非木石，他也有他鲜为人知的一面。1936年，柴尔德对克劳福德说，他患有"该死的自卑综合征"(the hell of inferiority complex)。澳大利亚精神分析学家阿德勒(Alfred Adler)说，人生面临三大任务：一是职业或工作；二是社会或友谊；三是爱或性。作者说，柴尔德学问好，工作出色，第一个任务完成得很好；第二个任务，他社交广泛，朋友多，也完成得不错；第三个任务，有问题，最合理的解释恐怕是，他是个同性恋。因为按阿德勒的说法，自卑综合征往往正是对性问题缺乏勇气，对性别认同过于自卑。萨利·格林认为，柴尔德患有严重的抑郁症，但没有明确的

(接上页)人之一，《震撼世界的十天》的作者。1919年，被控煽动罪，重返苏联。1920年因伤寒去世，葬于红场。

性取向。1976年，她写柴尔德传时，曾向杰克·林赛求证，柴尔德的性取向是什么，他跟罗伯特·史蒂文森（柴尔德在爱丁堡的学生）到底是什么关系。林赛的回答是："我不想过分强调同性恋。的确，他看上去性格内向，对任何男女都无动于衷。尽管他跟这个学生相处过一段，对他的态度确实不一般，超出我注意到的他与其他人的关系，但除此之外，我就不知道了。"（354页）[1]这是格林说的主要依据。但作者说，这个问题还可进一步推敲。柴尔德从小就不喜欢体育和打斗，缺乏阳刚之气，种种迹象表明，他可能是同性恋，只不过同性恋在当时还无法公开，这种性关系和与性无关的友情往往混在一起，很难分辨。作者提到，林赛答复格林还有一段话："我想，柴尔德很重友情——他用一般方式表达他对社会主义的感情，用私人方式表达他对那些撒手人寰彻底远去者的感情。他的悲剧是，他对如何充分满足他对友情的追求无能为力，他的受虐感掩盖着他的恐惧，这种无能表明，其实他很清楚他到底想要一种什么样的表达方式。"（355页）[2]作者说，除性伙伴，柴尔德最亲密的朋友或同志全都是左翼男女，如伊瓦特、达特、科尔、克劳福德、林赛、莫里斯。他常常在书信的一头一尾，用不同的称谓区别亲疏远近，如用西里尔字母签名就是写给亲近者。

最后，言归正传，作者掉过头来解释这一章的题目。1922年，柴尔德曾把他第一次回澳大利亚说成是"徒增伤感的旅程"。作者说，1957年，柴尔德重返澳大利亚，同样是"徒增伤感的旅程"。

---

[1] Jack Lindsay to Sally Green, no date on carbon copy, but 1976, in Lindsay papers, National Library of Australia, MS 7168, box 18.
[2] 同上。

案 　　柴尔德重返澳大利亚,死在他出生的地方,令人唏嘘。作者试图探察其感情深处最为隐秘的地方。他再次暗示,柴尔德在爱丁堡大学的学生罗伯特·史蒂文森可能是第三个同性恋怀疑对象。

第二十三章 "今日澳大利亚远离社会主义社会"

讲柴尔德重返澳大利亚(第二次也是最后一次)。三十六年过去,他发现,他的祖国依然老旧,令他非常失望。题目出自柴尔德语(364页)。

◎柴尔德于1957年4月14日(他65岁生日)到达悉尼。在船上,他一直在写《欧洲社会的史前史》。首先,他想告诉莫里斯,他已经找到一种办法,可以简洁明快地解释,为什么欧洲青铜时代的社会不同于其他野蛮人的社会和极权主义的西亚、北非社会。第一,金属、机械和知识很容易通过贸易,从美索不达米亚和印度河流域到达欧洲;第二,由于城市革命,欧洲社会受僧侣束缚少,并未导致阶级分化,因此"它所释放出的专业工匠并未马上如此,沦落为事实上的被剥削阶级,反而建立起一种独立的传统,正如荷马所说'到处受欢迎',这种传统从未断绝"(357页)。[1]作者说,听上去,他好像在讲淘金热时代的澳大利亚无产者。记者问他,你为什么回澳大利亚,他一会儿说只是回来跑跑,还要返回英国,一会儿又说他要住下来。问他的经历,他也刻意回避当年的"走麦城",更不愿涉及他的红色倾向。他一下船,就去看伊瓦特夫妇,住在他们家。当时,伊瓦特因"苏联间谍案"和工党中的保守派分裂,正饱受右翼攻击。10天后,当年把柴尔德赶走的悉尼大学授予柴尔德名誉博士,伊瓦特出席仪式,高度赞扬他的学术成就,他也表达了对伊瓦特

---

[1] Childe to Morris, 14 April 1957.

的敬意。5月，柴尔德在考古学家詹姆士·斯图尔特家做客，并与老友佩尔西·史蒂芬森通信，他们都敌视伊瓦特，与柴尔德立场相左。[1]柴尔德发现，澳大利亚已经美国化，不仅非常保守，而且非常落后，如旅馆没有暖气，还不如丹麦和苏联舒服。

◎柴尔德与克劳福德无话不谈，他们讨论过自杀，认为野蛮独裁、文明倒退，人可以选择自杀。克劳福德终生不婚，病重而无人照顾。柴尔德回澳大利亚后，曾写信宽慰他。克劳福德一收到信，马上在信上标注，这是最后一信；柴尔德的死讯一传到英国，他马上就断定是自杀，可见相知甚深。柴尔德死后几星期，他也去世。柴尔德回澳大利亚，为什么半年后才采取行动？作者认为，他内心仍在挣扎。作者提到，澳大利亚左翼在罗宾·戈兰（Robin Golan）家为他组织过一个私人宴会，席间他一言不发。戈兰问他打算做点什么，他说他什么也不想干，只想到卡通巴翻越悬崖。接着，作者详述柴尔德在澳大利亚看过什么人，去过什么地方。最后，作者讨论柴尔德自杀前写的三篇短文，即我称之为《回顾》《展望》《告别》的"绝命三书"。萨利·格林已经讨论过这三篇文章。

◎柴尔德的尸体被找到后，第三天，他的好友伊瓦特和他舅舅家的表弟亚历山大·戈登为他在圣托马斯教堂举行葬礼，参加者有60人。他的骨灰被安放在悉尼北郊火葬场（Northern Suburbs Memorial Gardens and Crematorium）。2000年，有个美国考古学家前来吊谒，到处打听柴尔德葬在哪里，谁都不知道。后来有人在圣托马斯教堂以西的这个火葬场找到他的最后归宿。这是一个树荫遮蔽的角落，没有坟冢，没有墓碑，

---

[1] 詹姆士·斯图尔特（James R. Stewart），悉尼大学考古学家，父亲是镇压澳大利亚土著的将军，本人是大地主。他骂伊瓦特是澳大利亚卖国贼，人人得而诛之。史蒂芬森，早年参加共产党，后来是澳大利亚法西斯组织的最早成员，1942年被伊瓦特判罪入狱三年半。

魂断蓝山

柴尔德的骨灰安葬处标志(水涛先生提供)

只有半块砖头大小一个水泥块做标志,编号NT 45 IA。牌子上有四行字,上面两行是先刻,作"Marion H. Shannon, Died 28 th October, 1940";下面两行是补刻,作"Vere G. Childe, Died 19 th October, 1957"。[1] Marion H. Shannon是亚历山大·戈登妻子的姐姐。下面的文字估计是亚历山大·戈登所加。柴尔德不信教。他在《社会与知识》中讲过他的信仰,他以著作传世为不朽。萨利·格林曾引用,作者再次引用,认为在教堂举办葬礼并不符合逝者的意愿。最后,作者以大卫·马丁(David Martin)的诗《戈登·柴尔德》作为结束。他说,马丁的诗与林赛、皮戈特的诗不同。林赛的诗是回忆他们在布里斯班的往事和他们多年的友谊,皮戈特的诗是歌颂柴尔德对考古学的贡献,注重的是他的成名之作,每一节都以答案在《曙光》作结。作者说,马丁不同,他抓住了柴尔德对"不朽"的理解。马丁是匈牙利出生,参加过西班牙内战,1950年定居澳大利亚。他跟柴尔德没有私交,[2] 但马丁说,他看到了柴尔德著作中的"希望"。诗中提到的不朽之作,是柴尔德后来写作、更加广为人知的两部书:《人类创造自身》和《历史上发生过什么》。

案 最后,作者再次回到"柴尔德之死"这个话题,讲他生命的最后时刻,重温他的"绝命三书"。1957年10月19日,一位20世纪最伟大的考古学家,他以这样的方式,悄无声息地离开了世界,距今已经65年。

---

[1] 参看 Huw Barton, "In Memoriam V. Gordon Childe," *Antiquity*, vol. 74 (2000), pp. 769-770;水涛《悉尼拜谒柴尔德墓纪行:魂归蓝山》,《大众考古》2016年2期,19—22页。
[2] 1957年9月,马丁在墨尔本听过柴尔德演讲(363页)。

尾声　柴尔德的革命和致命诱惑

作者说，柴尔德的一生涉及三种革命：一种是他渴望的澳大利亚革命，追求的是无产阶级民主；一种是他从远处观望的俄国革命，追求的是共产主义；还有一种是他从史前史中发现的两大变迁，即他命名的"新石器革命"和"城市革命"。"柴尔德的革命"是盖瑟科尔的说法，就是指后者。[1] "致命的诱惑"是柴尔德的说法。

1917年，布尔什维克在俄国夺取政权，柴尔德刚好回到澳大利亚。当时，他心中的"革命"还是澳大利亚式的无产阶级民主，而不是布尔什维克式的暴力革命。

1921年，他回到英国，受达特和波斯特盖特（他们是英国共产党的创始人）影响，通过写《劳工如何执政》，总结议会道路的失败教训，才转向布尔什维克。作者说，《劳工如何执政》是"世界上分析议会式社会主义的首次尝试"（376页）。

1931年，资本主义大危机，柴尔德说，澳大利亚是试验苏维埃制度的理想国家，但这需要一个"超级列宁（super-Lenin）"（376页）。[2]

柴尔德多次访问苏联。他不赞同苏联政府的"极权制度"（totalitarian system），但又认为，这是共产主义的萌芽阶段所不可避免。他很少公开批评苏联，只在私下里称斯大林主义为"专制主义"（dictatorship）。[3] 他参加过很多共产党外围组织的活动，但从未入党。很多人对此大

---

[1] Peter Gathercole, "Childe's Revolution," in Colin Renfrew and Paul Bahn (eds), *Archaeology—The Key Concepts*, London: Routledge, 2004. 中文本：科林·伦福儒、保罗·巴恩主编《考古学：关键概念》，陈胜前译，36—41页。

[2] 原书未注出处。

[3] 原书未注出处。案：列宁用"无产阶级专政"（dictatorship of the proletariat）指革命后对敌对阶级复辟活动的镇压，以便向社会主义过渡的时期，字面含义就是"无产阶级专制"或"无产阶级独裁"。

惑不解。作者用他的家庭背景打比方，说这很简单，"革命的共产主义是柴尔德的人间信仰，共产党是他的教堂，苏联是他的应许之地"（377页）。

作者说，柴尔德的马克思主义信仰是植根于"十月革命"前，并贯穿于他的所有著作。但他的"新石器革命"和"城市革命"却并非马克思主义术语。他不喜欢直接搬用马克思主义的词句，更喜欢用"糖衣包裹"的方式讲话，以利读者接受。[1]

最后，作者强调，柴尔德的遗产可能有双重意义。政治对学术是"致命的诱惑"，学术对政治也是"致命的诱惑"。[2]

案　　柴尔德的一生，政治对学术是"致命的诱惑"，学术对政治也是"致命的诱惑"。这是最后点题。柴尔德的"自杀之谜"，谜底在这里。

申　谢

申谢在后。作者首先感谢的人是盖瑟科尔。作者说，他俩是三十多年的老朋友。盖瑟科尔一直鼓励他为柴尔德写一本政治传记。其次是向威廉·皮斯致谢。他是通过盖瑟科尔认识皮斯。他到过纽约，皮斯带他游览，让他住在自己家。第三位是格雷戈里·梅尔鲁什（Gregory Melleuish）。他跟盖瑟科尔和作者组织过1990年在昆士兰大学的柴尔德百年纪念会，并合编过会议论文集《柴尔德和澳大利亚》。考古方面，他

---

[1] 如以新黑格尔主义包装他的唯物辩证法，以功能主义包装他的历史唯物主义。
[2] 瞿秋白在《多余的话》中也表达过类似苦恼。他很羡慕郭沫若流亡日本期间的学术成就。

提到谢拉特和特里格的帮助。

书后附书目：

1. 柴尔德的著作：专著(13种)和文章(50种)混编，按字母排序，共63种。
2. 手稿：私人文件。
3. 政府档案：澳大利亚国家档案、英国国家档案、新南威尔士州档案、澳大利亚和新南威尔士州议会档案。
4. 报刊：列报名、刊名。
5. 初级史料：书、文章和章节。
6. 次级史料：书。
7. 次级史料：文章、章节和网络文。
8. 学位论文。

书目后附索引和作者简介。

小　结

作者是澳大利亚人，柴尔德死前，两人有一面之缘，当时他还是个年轻学生。前面四位作者都没见过柴尔德，只有他见过柴尔德(自杀前不久的柴尔德)。他很以这位澳大利亚工运的先驱和老乡为自豪。

此书是献给盖瑟科尔，柴尔德最忠实的学生。盖瑟科尔生前一直鼓励作者，希望他能为柴尔德写一部政治传记，写出柴尔德终其一生的马克思主义追求。作者实现了他的遗愿。他与皮斯相识，志同道合，惺惺相惜。此书是继皮斯书后的第二部政治传记。

柴尔德生于澳大利亚，死于澳大利亚。他这一生，有三段在澳大利亚度过。

1892—1914年是他的青少年时代，他的启蒙时代。他的马克思主义来自悉尼大学的读书生活，以及他对澳大利亚工人运动的同情。

1917—1921年，他从牛津大学返回澳大利亚，因反战立场遭政治迫害，转而投入澳大利亚的工人运动，后来写出《劳工如何执政》。作者特别看重这本书。

1957年是他生命的最后一年，也是国际共产主义运动遭受最大挫折的一年，难免令他想起"二战"时期，他一生中经历过的最黑暗的时代。他离开英国时，对英国很失望，已起轻生之念；回到澳大利亚，对澳大利亚同样很失望。他回到他儿时的家，登临蓝山，盘桓久之，纵身一跃，葬身于他挚爱的这片土地。

作者是澳大利亚人，又是澳大利亚工运史的专家，借地利之便，对这三段着力尤多，可补上述四传之遗。

附录 柴尔德的书

柴尔德的作品很多，第一位给他编著作目录的人是他的学生伊索贝尔·史密斯。[1] 上述五传所附参考书目对该目各有增补，但搜集最全还数彼得·盖瑟科尔与特里·欧文合编的目录（下简称"盖欧目"）。[2] 盖瑟科尔也是柴尔德的学生，而且是他最忠实的追随者。特里·欧文则来自其故乡，读其书而景慕其风，深以这位乡贤为骄傲。

最后这个目录分四部分：第一部分是书籍和专著；第二部分是文章和书中章节；第三部分是书评；第四部分是书信、悼词和杂文，共收762种。

下面的书目是据盖欧目重新分类，只收书，不收文章。柴尔德的书，计专著27种，译作4种，这是原创版，其他多是英语重印本和非英语国家的译本。盖欧目把所有著作，不分国别，一律按年代排序，这里则把英语书和非英语国家的译本分为两大类。英语书，又分英国版、美国版和其他国家版三类，各自对重，以第1版居前，而把重印本附在第1版后，然后各自按年代排序。非英语国家的译本，也按国别分类，各自对重，以第1版居前，而把重印本附在第1版后，然后各自按年代排序。

---

[1] Isobel F. Smith, "Bibliography of Publications of Professor V. Gordon Childe," *Proceeding of the Prehistoric Society*, vol. 21 (1955), pp. 295-304.

[2] Peter Gathercole and Terry Irving, "A Childe Bibliography: a Hand-list of the Works of Vere Gordon Childe," *European Journal of Archaeology*, vol. 12: 1-3 (2009), pp. 1-43.

一、英语版

(一) 原创版(除一种在挪威出版, 一种在美国出版, 皆在英国出版)

- **1923年**

 《劳工如何执政: 澳大利亚工人代表研究》

 How Labour Governs: A Study of Workers' Representation in Australia. London: Labour Publishing Co. xxxii + 210 pp.

- **1925年**

 《欧洲文明的曙光》(第1版)

 The Dawn of European Civilization. London: Kegan Paul, Trench, Trubner; New York: Knopf. xvi + 328 pp.

 1927年第2版(对第1版稍加修改)

 The Dawn of European Civilization (designated 2nd edition but actually reprint of 1st edition with some corrections). London: Kegan Paul, Trench, Trubner; New York: Knopf.

 1939年第3版(修订重编本)

 The Dawn of European Civilization (3rd edition; revised and reset). London: Kegan Paul, Trench, Trubner; New York: Knopf. xviii + 351 pp.

 1947年第4版(修订重编本)

 The Dawn of European Civilization (4th edition, revised and reset; actually published in 1948 and so referred to in subsequent editions). London: Kegan Paul, Trench, Trubner. xviii + 362 pp.

 1950年第5版(修订本)

 The Dawn of European Civilization (5th edition, revised). London: Routledge & Kegan Paul. xviii + 362 pp.

 1957年第6版(修改重编本)

 The Dawn of European Civilization (6th edition, revised and reset). London: Routledge & Kegan Paul. xiii + 368 pp.

 1961年第6版重印本

 The Dawn of European Civilization (6th edition, reprinted). London: Routledge & Kegan Paul.

 2004年重印本

 The Dawn of European Civilization (reprinted). London: Kegan Paul International. 382 pp.

- **1926年**

 《雅利安人: 印欧人探源》(第1版)

 The Aryans: A Study of Indo-European Origins. London: Kegan Paul, Trench, Trubner; New York: Knopf. xiii + 221 pp.

 《英国、爱尔兰皇家人类学会图录: 塔登努阿等族的细石器工艺展品》

 Catalogue of Products Illustrating the Tardenoisian and Other Microlithic Industries Exhibited at the Rooms of the Royal Anthropological Institute of Great Britain and Ireland. [8-22 June]. With J. P. T. Burchell. London: Royal Anthropological Institute. 8 pp.

- **1928年**

 《远古的东方: 欧洲史前史的东方序幕》(第1版)

The Most Ancient East: The Oriental Prelude to European Prehistory. London: Kegan Paul, Trench, Trubner. xiv + 258 pp.

1929年重印本

The Most Ancient East: The Oriental Prelude to European Prehistory (reprinted). London: Kegan Paul, Trench, Trubner.

1934年第2版（《远古东方新探》）

New Light on the Most Ancient East: The Oriental Prelude to European Prehistory (2nd edition of *The Most Ancient East*). London: Kegan Paul, Trench, Trubner. xviii + 327 pp.

1935年第3版（《远古东方新探》，稍加修改的重印本）

New Light on the Most Ancient East (reprinted with some corrections as 3rd edition of *The Most Ancient East*). London: Kegan Paul, Trench, Trubner.

1952年第4版（《远古东方新探》，修订本）

New Light on the Most Ancient East (4th edition, revised). London: Routledge & Kegan Paul. xiii + 255 pp.

1954年稍加修改的重印本（《远古东方新探》）

New Light on the Most Ancient East (reprinted with some corrections). London: Routledge and Kegan Paul.

1958年重印本（《远古东方新探》）

New Light on the Most Ancient East (reprinted). London: Routledge & Kegan Paul.

- 1929年

《史前的多瑙河》

The Danube in Prehistory. Oxford: Clarendon Press. xx + 479 pp.

- 1930年

《青铜时代》

The Bronze Age. Cambridge: Cambridge University Press; New York: Macmillan. xii + 258 pp.

1932年《英国史前考古手册》本

The Bronze Age [attributed to Childe] in *A Handbook of the Prehistoric Archaeology of Britain*, pp. 30-41. Oxford: Oxford University Press. 75 pp.

- 1931年

《斯卡拉布雷：奥克雷的皮克特人村庄》

Skara Brae: A Pictish Village in Orkney. With chapters by T. H. Bryce and D. M. S. Watson. London: Kegan Paul, Trench, Trubner. xiii + 208 pp.

- 1933年

《奥克雷的斯卡拉布雷古代居址》（第1版）

Ancient Dwellings at Skara Brae, Orkney. Official Guide: Ancient Monuments and Historic Buildings, H. M. Office of Works. Edinburgh: His Majesty's Stationery Office. 24 pp.

1950年本（原作第3版，疑第2版之误）

Ancient Dwellings at Skara Brae, Orkney. Official Guide: Ancient Monuments and Historic Buildings, Ministry of Works, 3rd edition.

Edinburgh: His Majesty's Stationery Office. 23 pp.

1983年本(修订本,疑即第3版)

Skara Brae (official guidebook, revised edition) with D.V. Clarke. Edinburgh: Her Majesty's Stationery Office.

- 1935年

《苏格兰史前史》

The Prehistory of Scotland. London: Kegan Paul, Trench, Trubner. xv + 285 pp.

- 1936年

《人类创造自身》(第1版)

Man Makes Himself. London: Watts. xii + 275 pp.

1937年第二印

Man Makes Himself (2nd impression). London: Watts.

1939年第三印

Man Makes Himself (3rd impression). London: Watts.

1941年稍改本(疑即第2版)

Man Makes Himself (slightly revised). London: Watts (The Thinker's Library 87). xiii + 242 pp.

1948年重印本

Man Makes Himself (reprinted). London: Watts.

1951年重印本(稍加修订)

Man Makes Himself (reprinted, slightly revised). London: Watts.

1956年第3版(稍加修改)

Man Makes Himself (3rd edition, slightly revised). London: Watts. xiii + 242 pp.

1965年第4版(稍加修改)

Man Makes Himself (4th edition, slightly revised with additional preface by Glyn Daniel pp. ix–xii). London: Watts. 244 pp.

1966年 《人类创造自身》(第4版)

Man Makes Himself (4th edition, Preface by Glyn Daniel, issued in the Fontana Library Series). London: Collins.

1981年 《人类创造自身》(重印本,第一个插图本)

Man Makes Himself (reprinted; first illustrated edition, with introduction by Sally Green, pp. 7-23). Bradford on Avon: Moonraker Press. 192 pp.

- 1940年

《不列颠群岛的史前社群》(第1版)

Prehistoric Communities of the British Isles. London and Edinburgh: Chambers. xiv + 274 pp.

1942年重印本

Prehistoric Communities of the British Isles (reprinted). London and Edinburgh: Chambers.

1947年第2版(修订本)

Prehistoric Communities of the British Isles (2nd edition, revised). London and Edinburgh: Chambers. xiv + 274 pp.

1949年第3版(修订本)

Prehistoric Communities of the British Isles (3rd edition, revised). London and Edinburgh: Chambers. xiv + 274 pp.

1956年重印本

Prehistoric Communities of the British Isles (reprinted). London: Chambers.

《史前的苏格兰》

Prehistoric Scotland (Historical Association Pamphlet, No.15). London: Historical Association. 24 pp.

- **1942年**

《历史上发生过什么》(第1版)

What Happened in History. Harmondsworth: Penguin Books. 256 pp.

1943年重印本

What Happened in History (reprinted). Harmondsworth: Penguin Books.

1948年重编本

What Happened in History (reset). Harmondsworth: Penguin Books. 288 pp.

1950年重印本

What Happened in History (reprinted). Harmondsworth: Penguin Books.

1952年重印本

What Happened in History (reprinted). Harmondsworth: Penguin Books.

1954年第2版

What Happened in History (2nd edition). Harmondsworth: Penguin Books. 288 pp.

1957年重印本

What Happened in History (reprinted). Harmondsworth: Penguin Books.

1960年重印本

What Happened in History (reprinted). Harmondsworth: Penguin Books.

1960年本(加注释和书目)

What Happened in History (reissued with notes and updated bibliography by J.D. Evans and J. du Plat Taylor). London: Max Parrish. 250 pp.

1961年重印本

What Happened in History (reprinted). Harmondsworth: Penguin Books.

1964年重印本

What Happened in History (reprinted, with foreword and footnotes by Grahame Clark). Harmondsworth: Penguin Books. 303 pp. (Also reprinted 1965, 1967, 1969, 1971, 1973, 1975, 1976, 1978; in Peregrine Books 1982, 1985, 1986.)

1973年重印本(1960年版重印)

What Happened in History (reprint of 1960 edition). London: Book

Club Associates.

- **1944年**

《工具的故事》
The Story of Tools. London: Cobbett Publishing Co. 44 pp.

《进步与考古学》
Progress and Archaeology. London: Watts (The Thinker's Library 102). 119 pp.

1945年重印本
Progress and Archaeology (reprinted). London: Watts.

- **1946年**

《苏格兰人前的苏格兰：1944年莱因德讲座》
Scotland Before the Scots: Being the Rhind Lectures for 1944. London: Methuen. vii + 144 pp.

- **1947年**

《历史》
History. London: Cobbett Press. 83 pp.

- **1949年**

《知识的社会世界》
Social Worlds of Knowledge. L.T. Hobhouse Memorial Trust Lecture 19, delivered on 12 May 1949 at King's College, London. London: Oxford University Press. 26 pp.

- **1950年**

《欧洲的史前迁徙》(在挪威出版)
Prehistoric Migrations in Europe. Oslo: Instituttet for Sammenlignende Kulturforskning, Serie A, Forelesninger XX; H. Aschehoug (W. Nygaard). ix + 249 pp.

《巫术、手艺和科学》
Magic, Craftsmanship and Science. The Frazer Lecture, delivered at Liverpool, 10 November 1949, Liverpool: Liverpool University Press. 19 pp.

- **1951年**

《社会进化》
Social Evolution. Based on a series of lectures delivered at the University of Birmingham in 1947–1948 under the Josiah Mason Lectureship founded by the Rationalist Press Association (also reprinted). London: Watts; New York: Schuman. viii + 184 pp.

1952年重印本
Social Evolution (reprinted). London: Watts.

1963年重印本
Social Evolution (reprinted; foreword by Sir Mortimer Wheeler pp. 5-7). London: Collins. 191 pp.

- **1952年**

《建筑部管辖古代遗迹图解指南》(第1版，未见第2版)
Illustrated Guide to Ancient Monuments in the Ownership or Guardianship of the Ministry of Works; Vol. 6, Scotland, with W. D. Simpson. Edinburgh: Her Majesty's Stationery Office. 127

pp. *Craftsmanship.*

1959年第3版
Illustrated Guide to Ancient Monuments in the Ownership or Guardianship of The Ministry of Works; Vol. 6, Scotland, with W. D. Simpson (3rd edition). Edinburgh: Her Majesty's Stationery Office. 130 pp.

1961年第4版
Illustrated Guide to Ancient Monuments in the Ownership or Guardianship of the Ministry of Works; Vol. 6, Scotland, with W.D. Simpson (4th edition). Edinburgh: Her Majesty's Stationery Office. 130 pp.

1967年第5版
Illustrated Guide to Ancient Monuments in the Ownership or Guardianship of the Ministry of Works; Vol. 6, Scotland, with W.D. Simpson (5th edition). Edinburgh: Her Majesty's Stationery Office. 139 pp.

- 1956年

《重缀过去：考古资料的阐释》
Piecing Together the Past: The Interpretation of Archaeological Data. London: Routledge & Kegan Paul; New York: Praeger. vii + 176 pp.

《考古学导论》
A Short Introduction to Archaeology. London: Muller; New York: Macmillan. 142 pp.

1958年重印本
A Short Introduction to Archaeology (reprinted). London: Muller; New York: Macmillan.

1960年重印本
A Short Introduction to Archaeology (reprinted). London: Muller.

《社会与知识》（在美国出版）
Society and Knowledge. New York: Harper & Brothers. xvii + 119 pp; London: Allen & Unwin. xvii + 131 pp.

- 1958年

《欧洲社会的史前史》
The Prehistory of European Society. Harmondsworth: Penguin Books. 185 pp.

1962年精装本
The Prehistory of European Society hardback edition, edited by J.M. Coles. London: Cassell. 184 pp.

译 作

- 1923年

《美索不达米亚：巴比伦—亚述文明》（译自法文）
Translation from the French: L. Delaporte, *Mesopotamia: the Babylonian and Assyrian Civilization.* London: Kegan Paul, Trench, Trubner; New York: Knopf. xvi + 371 pp.

- 1926年
    《从部落到帝国：远古东方的社会组织》(译自法文)
    Translation from the French: A. Moret and G. Davy, ***From Tribe to Empire: Social Organization among the Primitives and in the Ancient East***. London: Kegan Paul, Trench, Trubner; New York: Knopf. xxx + 371 pp.
    2003年版(1926年版重印)
    Translation from the French: A. Moret and G. Davy, ***From Tribe to Empire: Social Organization among the Primitives and in the Ancient East*** (reprint of 1926 edition). London: Kegan Paul International. 402 pp.
- 1927年
    《原始意大利和罗马帝国主义的开端》(译自法文)
    Translation from the French: L. Homo, ***Primitive Italy and the Beginnings of Roman Imperialism***. London: Kegan Paul, Trench, Trubner. xv + 371 pp.
    1968年重印本
    Translation from the French: L. Homo, ***Primitive Italy and the Beginnings of Roman Imperialism*** (reprinted). London: Kegan Paul, Trench, Trubner.
- 1928年
    《斯基泰艺术》(译自德文)
    Translation from the German: G. Borovka, ***Scythian Art***. London: Benn; New York: Stokes. 111 pp.

(二) 美国版
- 1925年
    《欧洲文明的曙光》(第1版)
    The Dawn of European Civilization. New York: Knopf. xvi + 328 pp.
    1927年第2版(对第1版稍加修改)
    The Dawn of European Civilization (designated 2nd edition but actually reprint of 1st edition with some corrections). New York: Knopf.
    1939年第3版(修订重编本)
    The Dawn of European Civilization (3rd edition; revised and reset). New York: Knopf. xviii + 351 pp.
    1948年第4版(重印本)
    The Dawn of European Civilization (4th edition, reprinted). New York: Knopf.
    1958年第6版
    The Dawn of European Civilization (6th edition). New York: Knopf. xii + 367 pp.
    1964年重印本
    The Dawn of European Civilization (reprinted). New York: Vintage Books.
    1973年重印本
    The Dawn of European Civilization (reprinted, with introduction

by Barry Cunliffe. pp.15-28). Frogmore: Paladin. 463 pp.

- **1926年**

  《雅利安人：印欧人探源》(第1版)

  The Aryans: A Study of Indo-European Origins. New York: Knopf. xiii + 221 pp.

  1970年重印本

  The Aryans: A Study of Indo-European Origins (reprinted). Port Washington (NY): Kenikat Press. London: Bailey Bros. & Swinfen.

  1987年重印本

  The Aryans: A Study of Indo-European Origins (reprinted). New York: Dorset Press.

- **1929年**

  《远古的东方：欧洲史前史的东方序幕》

  The Most Ancient East: The Oriental Prelude to European Prehistory. New York: Knopf. xiv + 258 pp.

  1953年第4版(《远古东方新探》)

  New Light on the Most Ancient East (4th edition). New York: Praeger. xiii + 255 pp.

  1957年重印本(《远古东方新探》)

  New Light on the Most Ancient East (reprinted). New York: Grove Press.

  1969年第4版重印本(《远古东方新探》)

  New Light on the Most Ancient East (4th edition, reprinted). New York: Norton (PB).

- **1930年**

  《青铜时代》(第1版)

  The Bronze Age. New York: Macmillan. xii + 258 pp.

  1930年Biblo and Tannen本

  The Bronze Age. Cheshire, CT, USA: Biblo and Tannen.

  1950年重印本

  The Bronze Age (reprinted). New York: Cambridge University Press.

  1963年重印本

  The Bronze Age (reprinted). New York: Biblo and Tannen.

- **1946年**

  《历史上发生过什么》(重印本)

  What Happened in History (reprinted). New York: Penguin Books. 280 pp.

  1948年重印本

  What Happened in History (reprinted). New York: Mentor Books, New American Library.

  1972年重印本

  What Happened in History (reprinted). Santa Fe: Gannon.

  1976年重印本

  What Happened in History (reprinted). New York: Pathfinder Press.

- **1948年**

  《工具的故事》(重印本)

  The Story of Tools (reprinted). New York: Macmillan.

1949 年重印本
: **The Story of Tools** (reprinted). New York: Transatlantic Press.

- **1950 年**

《人类创造自身》(重印本)
: **Man Makes Himself** (reprinted). New York: British Book Center [Thinker's Library 87].

1951 年重印本
: **Man Makes Himself: Man's Progress Through the Ages** (American imprint of 1951 English edition). New York: New American Library. 192 pp.

1983 年重印本
: **Man Makes Himself** (reprinted, with foreword by Glyn Daniel, pp. v-xxi). New York and Scarborough, Ontario: New American Library. xxi + 181 pp.

《进步与考古学》(重印本)
: **Progress and Archaeology** (reprinted). New York: British Book Center [Thinker's Library 102].

1971 年重印本
: **Progress and Archaeology** (reprinted). Westport: Greenwood Press.

1976 年重印本
: **Progress and Archaeology** (reprinted). Norwood PA: Norwood Editions.

- **1951 年**

《社会进化》(重印本)
: **Social Evolution**. Based on a series of lectures delivered at the University of Birmingham in 1947-1948 under the Josiah Mason Lectureship founded by the Rationalist Press Association (also reprinted); New York: Schuman. viii + 184 pp.

1963 年重印本
: **Social Evolution** (reprinted). New York: World Publishing Co.

1963 年重印本
: **Social Evolution** (reprinted). Boston: Peter Smith.

《欧洲的史前移民》(重印本)
: **Prehistoric Migrations in Europe** (reprinted). Cambridge, MA: Harvard University Press.

1953 年重印本
: **Prehistoric Migrations in Europe** (reprinted). New York: British Book Center.

1976 年重印本
: **Prehistoric Migrations in Europe** (reprinted). New York: Gordon Press.

《知识的社会世界》(重印本)
: **Social Worlds of Knowledge** (reprinted). New York: Oxford University Press.

- **1953 年**

《历史是什么》(《历史》的美国版)
: **What Is History?** (American edition of **History**). New York:

Schuman. 86 pp.

-1956年

《重缀过去：考古资料的阐释》

Piecing Together the Past: the Interpretation of Archaeological Data; New York: Praeger. vii + 176 pp.

《考古学导论》

A Short Introduction to Archaeology. New York: Macmillan. 142 pp.

1958年重印本

A Short Introduction to Archaeology (reprinted). London: Muller; New York: Macmillan.

1962年重印本

A Short Introduction to Archaeology (reprinted). New York: Collier Books. 127 pp.

1968年重印本

A Short Introduction to Archaeology (reprinted). New York: Collier Books.

《社会与知识》（初版于美国）

Society and Knowledge. New York: Harper & Brothers. xvii + 119 pp.

1972年年重印本

Society and Knowledge (reprinted).Westport and London: Greenwood Press.

-1972年

《不列颠群岛的史前社群》（重印本）

Prehistoric Communities of the British Isles (reprinted). New York: Arno Books.

-1977年

《斯卡拉布雷》（重印本）

Skara Brae (reprinted). New York: A.M.S. Press.

（三）澳大利亚版

-1964年

《劳工如何执政：澳大利亚工人代表研究》（第2版）

How Labour Governs: A Study of Workers' Representation in Australia (2nd edition; edited with foreword by F.B. Smith, pp. v-x). Parkville: Melbourne University Press. xxii + 193 pp.

-1965年

《工具的故事》

The Story of Tools (reprinted with preface by G.M. Dawson pp. 3–4). Brisbane: Coronation Printery for the Building Workers Industrial Union (Queensland branch). 48 pp.

二、译本

（一）瑞典版（1种）

-1955年

《历史上发生过什么》

Människan skapar sig själv translation into Swedish of ***What Happened in History*** by A. Ellegård. Uppsala: Almqvist & Wiksell/ Gebers Förlag AB. 310 pp.

(二)芬兰版(1种)
- 1966年
《历史上发生过什么》
Varhaiskulttuureja translation of ***What Happened in History*** by Aatu Leinonen. Helsinki: Kustannusosakeyhtio Otava. 297 pp.

(三)丹麦版(3种)
- 1959年
《社会与知识》
Samfund og Viden: Belyst af en Arkaeolog translation of ***Society and Knowledge*** by Kristian Thomson. Copenhagen: Munksgaard. 132 pp.
- 1962年
《欧洲社会的史前史》
Europas Forhistorie translation of ***The Prehistory of European Society*** by Urik Friis Moller, foreword by Johannes Bronsted. pp. 5-6. Copenhagen: Munksgaard. 175 pp.
- 1965年
《历史上发生过什么》
Kulturernes historie translation of ***What Happened in History*** by Helle Salskov. Copenhagen: Steen Hasselbalchs Forlad. 293 pp.

(四)苏联版(3种)
- 1949年
《进步与考古学》
Progress i Arkheologiya translation of ***Progress and Archaeology*** by M.B. Sviridova-Grakova. Moscow: Foreign Literature Publishing House. 194 pp.
- 1952年
《欧洲文明的曙光》(译自英文第5版)
Uistokov Evropeiskoi tsivilizatsii translation of ***The Dawn of European Civilization*** (5th edition) by M.B. Sviridova-Grakova, introduction by A. Mongait, pp. 3-18. Moscow: Foreign Literature Publishing House. 467 pp.
- 1956年
《远古东方新探》(译自英文第4版)
[?title] translation of ***New Light on the Most Ancient East*** (4th edition) by M.B. Grakova-Sviridova, introduction by V.I. Avdiev. Moscow: Foreign Literature Publishing House. 393 pp.

(五)波兰版(3种)
- 1950年
《工具的故事》

Jak Powstaly Narzçdzia translation of *The Story of Tools* by T. Szumowski. Warsaw: Ksiazka Iwiedza. 52 pp.

- 1954年

《进步与考古学》

Postep a archeologia translation of *Progress and Archaeology* by A. Ponikowski and Z. Slawska. Warsaw: Panstwowe Wydawnictwo Naukowe. 177 pp.

- 1963年

《历史上发生过什么》

Orozwoju whistorii translation of *What Happened in History* by Halina Krahelska. Warsaw: Panstwowe Wydawnictwo Naukowe. 291 pp.

(六) 捷克版 (2种)

- 1949年

《人类创造自身》

Clovek svym tvurcem translation of *Man Makes Himself* by J. Schránilová, preface by Jaroslav Bohm, 3 pp. Prague: Nakladatelstvi Svoboda. 199 pp.

- 1966年

《历史上发生过什么》

Na prahu de˘jin translation of *What Happened in History* by Vladimir Špinka, with epilogue by Jan Filip, pp. 255–258. Prague: Orbis. 368 pp.

(七) 匈牙利版 (5种)

- 1949年

《工具的故事》

A szerszámok története translation of *The Story of Tools* by Jolán Székely. Budapest: Szikra Kiadás. 59 pp.

- 1958年

《社会与知识》

Sociedad y conocimiento translation of *Society and Knowledge* by Josefina B. de Frandiziz. Buenos Aires: Ediciones Galatea Neuva Vision. 141 pp.

- 1959年

《历史上发生过什么》(译自英文第2版)

A civilizáció bölcso˝je translation of *What Happened in History* (rev. edn 1954) by Ervin Szuhay-Havas; introduction by R. Palme Dutt. Budapest: Gondolat Kiadó. 257 pp.

- 1962年

《欧洲社会的史前史》

Az európai társadalom o˝störténete translation of *The Prehistory of European Society* by János Lengyel, introduction by Ferenczy Endre, pp.3-11. Budapest: Gondolat Kiadó (Studium Könyvek No.35). 181 pp.

- 1968年

《人类创造自身》(译自英文第4版)
Az ember önmaga alkotója translation of *Man Makes Himself* (4th edition) by Andorne Székely, preface by Glyn Daniel, Budapest: Kossuth Konyvkiado. 175 pp.

(八)德国版(3种)

- 1952年

《历史上发生过什么》
Stufen der Kultur, von der Urzeit zur Antike translation of *What Happened in History* by F.W. Gutbrod, Stuttgart, Zürich, Salzburg: Europäischer Buchklub; Stuttgart: W. Kohlhammer Verlag.

- 1960年

《欧洲社会的史前史》
Vorgeschichte der Europäischen Kultur translation of *The Prehistory of European Society* by Emesto Grassi. Hamburg: Rowohlt. 155 pp.

- 1968年

《社会进化》(译自英文1963年版，1975年重印)
Soziale Evolution translation of *Social Evolution* (1963 edition) by Hans Werner. Frankfurt: Suhrkamp Verlag. 196 pp. [reprinted 1975].

(九)奥地利(1种)

- 1948年

《工具的故事》
Eine Geschichte der Werkzeuge translation of *The Story of Tools* by Emil Machek, Vienna: Tagblatt-Bibliothek im Globus-Verlag. 54 pp.

(十)荷兰版(1种)

- 1952年

《历史上发生过什么》
Van Vuursteen tot Wereldrijk translation of *What Happened in History*, translated, adapted and illustrated by R. Van Amerongen, introduction by A. E. van Giffen. Amsterdam: N. V. Em. Querido's Uitgeversmij. 323 pp.

(十一)法国版(4种)

- 1935年

《远古东方新探》
L'Orient préhistorique (translation of *New Light on the Most Ancient East*, by E.J. Levy). Paris: Payot.
1953年本(译自英文第4版)
L'Orient préhistorique translation of *New Light on the Most Ancient East* (4th edition) by A. Guieu. Paris: Payot. 326 pp.

- 1949年

《欧洲文明的曙光》

魂断蓝山

L'Aube de la civilisation européenne translation of *The Dawn of European Civilization*. Paris: Payot.

- 1961年

《历史上发生过什么》

Le mouvement de l'histoire translation of *What Happened in History* by André Mansat and Jean Barthhalan, preface by Raymond Furon, pp.7-12. Paris: B. Athaud. 271 pp.

- 1962年

《欧洲社会的史前史》

L'Europe préhistorique: les premières sociétés européennes translation of *The Prehistory of European Society* by S.M. Guillemin. Paris: Payot. 186 pp.

(十二) 西班牙版 (6种)

- 1958年

《欧洲社会的史前史》(1968年重印)

Los orígenes de la sociedad europea translation of *The Prehistory of European Society* by Mª Rosa de Madariaga. Madrid: Ciencia Nueva. 204 pp. [reprinted 1968]

1978年本 (1979年重印)

La prehistoria de la sociedad Europea translation of *The Prehistory of European Society* by Juan Torres. Revisión técnica: M. Eugenia Aubet, introduction by J. Maluquer de Motes, pp.5–10. Barcelona: Icaria. 206 pp. [reprinted 1979]

- 1965年

《社会进化》(译自英文1963年重印本)

La evolución de la sociedad. Con un prólogo de Sir Mortimer Wheeler (translation of 1963 reprint). Madrid: Editorial Ciencia Nueva. 202 pp.

1971年本 (译自英文1951年版，1973、1980、1984年重印)

La evolucion social translation of *Social Evolution* (1951 edition) by Maria Rosa de Nadmadariaga. Madrid: El Librode Bolsillo. 199 pp. [reprinted 1973, 1980, 1984].

- 1967年

《人类创造自身》

El naixement de la civiltzació translation of *Man Makes Himself* by Humbert Pardellans, preface by Miguel Tarradell, pp. 9-12. Barcelona: Edicions 62. 278 pp.

- 1968年

《远古东方新探》

El nacimiento de las civilizaciones orientales translation of *New Light on the Most Ancient East* by E.A. Llobregat. Barcelona: Península. 303 pp.

1986年本

Naciniento del las civilizaciones orientales translation of *New Light on the Most Ancient East* by D.A. Llobregat. Barcelona: Planeta-

Agostini. 303 pp.

《历史上发生过什么》(译自英文1964年版)

El progres de la historia translation of *What Happened in History* (1964 edition) by Eduard Feliu i Mabres. Barcelona: Ediciones 62. 282 pp.

1985年本

Que sucedió en la historia translation of *What Happened in History.* Barcelona: Planeta-Agostini. 297 pp.

2002年本

Que sucedió en la historia translation of *What Happened in History* by Elena Dukelsky, with a prologue by Josep Fontana. Barcelona: Crítica. 301 pp.

《考古学导论》(1972、1973、1977年重印)

Introducción a la Arqueología translation of *A Short Introduction to Archaeology*, prologue by Juan Maluquer de Motes. Barcelona: Ariel. 180 pp. [reprinted: 1972, 1973, 1977]

(十三)葡萄牙版(1种)

- **1961年**

《考古学导论》

Introducão a arqueologia translation of *A Short Introduction to Archaeology* by Jorge Borges de Macedo, preface by the translator, pp.7-8. Lisbon: Publicacoes Europa–America. 159 pp.

(十四)意大利版(5种)

- **1949年**

《历史上发生过什么》(有1963年重印本)

Il progresso nel mondo antico translation of *What Happened in History* by A. Ruata. Turin: Einaudi Editore. 299 pp. [reprinted 1963].

1963年本(1949年版重印)

Il progresso nel mondo antico translation of *What Happened in History* by A. Ruata (new issue of 1949 edition). Turin: Piccola Biblioteca Einaudi. 312 pp.

- **1952年**

《人类创造自身》

L'uomo crea se stesso translation of *Man Makes Himself* by C. Gorlier. G. Einaudi Editore. 393 pp.

- **1953年**

《进步与考古学》

Progresso e archeologia translation of *Progress and Archaeology* by G. Fanoli, preface by S. Donadoni, pp. v-x. Milan: Universale Economica. x + 128 pp.

- **1958年**

《欧洲社会的史前史》(又Universale Sansoni 1962、1966、1979年版)

Preistoria della società Europea translation of *The Prehistory of European Society* by J. P. Le Divelec. Florence: Sansoni. 272 pp. (Also Universale Sansoni editions: 1962, 1966, 1979.)

-1960年

《重缀过去》

I frammenti de passato: archaeologica della prehistoria translation of *Piecing Together the Past* by Maria Louisa Rotondi and Enrico De Luigi, preface by Salvatore M. Puglisi, pp.v–x. Milan: Feltrinelli Editore. 207 pp.

(十五)罗马尼亚版(1种)

-1966年

《人类创造自身》(译自英文第4版)

Faurirea civizatiei translation of *Man Makes Himself* (4th edition) by Florica Eugenia Condurachi, prefaces by E. M. Condurachi, pp. 5-20 and Glyn Daniel, pp. 21-23. Bucharest: Editura Stiintifca. 277 pp.

(十六)希腊版(1种)

-1971年

《人类创造自身》(译自英文第4版)

[?title] Greek translation of *Man Makes Himself* (4th edition), preface by 'A.P'.

(十七)中国版(3种)

-1953年

《工具发展小史》(即《工具的故事》, 盖欧目误作 *Gongju Fazhan Jianshi [Brief history of evolution of tools]*, 相当"工具发展简史", 并系1954下, 亦误) 周进楷译, 上海: 中国科学图书仪器公司, 49页。1956年中国科学出版社本。

-1954年

《远古文化史》(即《人类创造自身》) 周进楷译, 上海: 群联出版社(盖欧目误作上海文艺出版社, 盖与下1990年上海文艺出版社本混淆), 228页(当年印刷三次)。

1958年中华书局本。

1990年上海文艺出版社本。

-1983—1985年

《历史论》(即《历史》) 陈楚祥译, 分四次刊载于《新筑学刊》(社会科学版)1983年创刊号, 19—23页;1984年1期, 38—50页;1984年2期, 52—65页;《贵阳师专学报》(社会科学版)1985年1期, 14—25页。

案:《进步与考古学》(1944年), 王祥第译, 夏鼐校阅, 见《夏鼐日记》1964年3月19、24、26、27、29日, 4月1—3、5—7日, 7月17日(卷七, 17—21、41页), 未闻出版。

(十八)日本版(6种)

-1944年

《远古东方新探》

Ajia no Kodai Bunmai translation and abridgment of *New Light on*

the Most Ancient East by Masashi Nezu. Tokyo: Ito Shoten.
- 1954年
  《历史》
  Rekishigaku Nyumon. Japanese translation of ***History*** by Masashi Nezu. Tokyo: Shin Hyoron-sha.
- 1957年
  《人类创造自身》(修订本)
  Bunmei no Kigen translation of ***Man Makes Himself*** (revised edition) by Masashi Nezu. Tokyo: Iwanami Shoten.
  1969年本
  [?title] Japanese translation of ***Man Makes Himself.*** 193 pp.
- 1958年
  《历史上发生过什么》
  Rekishi no Akebono translation of ***What Happened in History*** by Rikuro Imaki and Kiyoshi Muto. Tokyo: Iwanami Shoten.
- 1966年
  《重缀过去》(有1981年修订本)
  Kokogaku no Hobo translation of ***Piecing Together the Past*** by Yoshiro Kondo. Tokyo: Kawade Shobo Shinsha [revised translation 1981].
- 1969年
  《考古学导论》
  Kokogaku to wa Nani ka translation of ***A Short Introduction to Archaeology*** by Yoshiro Kondo and Toshiko Kimura. Tokyo: Iwanami Shoten.

(十九) 印度版 (1种)
- 1971年
  《人类创造自身》(印地语译本)
  [?title] Hindi translation of ***Man Makes Himself*** by K.S. Mathur. Lucknow: Granth Academy. 211 pp.

(二〇) 伊朗版 (7种)
- 1967—1968年 (回历1346年)
  《历史上发生过什么》(译自英文第1版)
  Sair-i tarikh translation of ***What Happened in History*** (1st edition) by Ahmad Bahmanish. Tehran: Danishgah-i Tihran. 292 pp.
  1990—1991年 (回历1369年) 本 (译自英文第2版)
  Sair-i tarikh translation of ***What Happened in History*** (2nd edition) by Ahmad Bahmanish. Tehran: Danishgah-i Tihran. 283 pp.
- 1973—1974年 (回历1352年)
  《人类创造自身》(译自英文第2版)
  Insan khud-ra misazad translation of ***Man Makes Himself*** (2nd edition) translated by Husain Asadpur Piranfarr. Tehran: Payam. 217 pp.
- 1975—1976年 (回历1354年) 本
  Insan khud-ra misazad translation into Persian of ***Man Makes***

Himself by Ahmad Karimi Hakak and Moh. Hil Ata'i. Tehran: Ketab-ha-yi jaibi. 336 pp.

《社会进化》（译自英文第1版）
Tatavvur-i ijtima'i translation of *Social Evolution* (1st edition) translated by Ahmad Saburi. Tehran: Nil. 203 pp.

- 2007—2008年（回历1386年）本（译自英文第2版）
Tatavvur-i ijtima'i translation of *Social Evolution* (2nd edition) by Ahmad Saburi. Tehran: Nil. 203 pp.

- 1975—1976年（回历1354年）
《历史》（有重印本）
Tarikh. Barrasi-yi nazriyah-ha'i dar barayi tarikh gira'i translation into Persian of *History* by Moh. Taqi Faramarzi. Tehran: Maziyar. 105 pp. [reprinted]

1976—1977年（回历1355年）本
Tarikh translation of *History* by Sa'id Hamidiyan. Tehran: Amir Kabir. 133 pp.

- 1976—1977（回历1355年）
《社会与知识》（译自英文第1版）
Jami'ah va Danish translation of *Society and Knowledge* (1st edition) by Moh. Taqi Faramarzi. Tehran: Maziyar. 160 pp.

1985—1986年（回历1364年）本（译自英文第2版）
Jami'ah va Danish translation of *Society and Knowledge* (2nd edition) by Moh. Taqi Faramarzi. Tehran: Suhravardi. 133pp.

- 1989—1990年（回历1368年）
《考古学导论》
Dar-amadi-ya kutah bar bastan-shinasi translation of *A Short Introduction to Archaeology* by Haidah Mu'ayyiri. Tehran: Mu'assisa-yi mutali'at va tahqiqat-I farhangi. 172 pp.

- 2007—2008年（回历1386年）
《雅利安人》
Ariya'i-ha translation of *The Aryans* by Moh. Taqi Faramarzi. Tehran: Nigah. 312 pp.

（二一）土耳其版（1种）
- 1946年
《远古的东方》（译自1935年法文本）
Doğunun Prehistoryasi translation of *L'Orient préhistorique* (1935) by S.A. Kansu, with new introduction by author, Ankara: Türk Tarih Kurumu Basimevi. xx + 250 pp.

（二二）墨西哥版（3种）
- 1954年
《人类创造自身》（译自英文第1版，后重印17次）
Los orígenes de la civilización translation of *Man Makes Himself* (1st edition) by E. de Gortari, Mexico: Fondo de Cultura Económica. 291 pp. (subsequent reprintings 1959, 1965, 1967, 1970, 1971, 1973, 1974,

1975 [twice], 1977, 1978, 1979, 1980, 1981, 1982, 1984, 1996.)

- **1958年**

《重缀过去》

Reconstruruyendo el pasado translation of *Piecing Together the Past* by Maria Teresa Rabiela de Rojas, Problemas científicos y filosóficos 12. Mexico City: Universidad Nacional Autonorna de Mexico. 171 pp.

- **1964年**

《社会进化》（译自英文1951年版）

La evolución social translation of *Social Evolution* (1951 edition). Mexico City: UNAM. Dirección General de Publicaciones.

（二三）巴西版（3种）

- **1966年**

《人类创造自身》（译自英文第4版）

A evolucao cultural do homen translation of *Man Makes Himself* (4th edition) by Waltensir Dutra, preface by Glyn Daniel, pp. 11-4. Rio de Janeiro: Zahar Editores. 229 pp.

- **1973年**

《历史上发生过什么》（译自英文第3版）

O que aconteceu na historia translation of *What Happened in History* (3rd edition) by Waltensir Dutra. Rio de Janeiro: Zahar Editores. 292 pp.

1981年本（1973年版重印）

O que aconteceu na historia (reprint of 1973 edition). Rio de Janeiro: Zahar Editores. 292 pp.

1988年本（1981年版重印）

O que aconteceu na historia - 5a. edicao (reprint of 1981 edition). Rio de Janeiro: Guanabara. 292 pp.

《重缀过去》

Para uma Recuperação do Passado translation of *Piecing Together the Past*. São Paulo: Difel. 183 pp.

（二四）阿根廷版（3种）

- **1956年**

《历史上发生过什么》

Que sucedió en la historia translation of *What Happened in History*. Buenos Aires: Leviatán.

1969年本（1977年重印）

Que sucedió en la historia translation of *What Happened in History* by Elena Dukelsky, with preliminary study by Gregorio Weinberg. Buenos Aires: La Pléyade. 309 pp. [reprinted 1977].

- **1971年**

《历史》（1974、1976、1983年重印）

Teoría de la historia translation of *History* by Aníbal Leal. Buenos Aires: La Pléyade [reprinted 1974, 1976, 1983].

-1973年

《进化与考古学》

Progreso y arqueología translation of *Progress and Archaeology*. Buenos Aires: La Pléyade. 171 pp.

总　结

以上所录柴尔德的书，真正属于原创，只有27种，绝大多数是重印本和译本。译本分24国版，以伊朗(7种12本)、西班牙(6种11本)、日本(6种7本)最多，其次是意大利(5种6本)、匈牙利(5种5本)、法国(4种5本)。其他，只有一至三种。中文版，我增补了一种。目录截止于2008年。2008年，中国又有五个译本，可附列于后：

1.《欧洲文明的曙光》，陈淳、陈洪波译，上海三联书店，2008年。

2.《考古学导论》，安志敏、安家瑗译，陈淳审校，上海三联书店，2008年。附柴尔德单篇论文的译文三篇：《城市革命》《青铜时代》《作为技术阶段的考古学时代》，以及《附录：布鲁斯·特里格谈柴尔德》三篇。

3.《历史发生了什么》，李宁利译，陈淳审校，上海三联书店，2008年。即上《历史上发生过什么》。

4.《人类创造了自身》，安家瑗、余敬东译，陈淳审校，上海三联书店，2008年。即上《人类创造自身》。此书旧有周进楷译本，题目作《远古文化史》(周谷城校，有上海群联出版社1954年本和北京中华书局1958年本)，夏鼐曾写过这个中文本的评论，见《夏鼐文集》，第四册，325—328页。

5.《历史的重建——考古材料的阐释》，方辉、方堃杨译，陈淳审校，上海三联书店，2008年。附译文九篇：《考古学与人类学》《考古学与社会进步》《考古学的未来》《作为科学的考古学》《社会的演进》《东方与欧洲》《五万年葬俗的演变趋势》《回顾》《告别辞》。即上《重缀过去——考古材料的阐释》。

这五种，加上目中已有的两种译本(《远古文化史》与《人类创造了自身》)重)，中国也算是出版柴尔德译作最多的国家。

总结

这是我的读书笔记，读的都是常见书、普通书，关注点是近百年的考古学史。上面写了点儿提要和案断，最后总结一下。

1. 我的笔记是从博物馆说起。博物馆收藏文物，最初跟古物学有关，后来跟考古学有关。文物打哪儿来？途径很多，包括"巧取豪夺"。英文有三个词，都是以Ex打头，一个是Expedition，一个是Exploration，一个是Excavation。第一个词，本义是远征、探险，常指海外考古。第二个词，本义是探索，常指考古调查，动手动脚找材料。第三个词，本义是挖掘，常指考古发掘。它们都是主动寻找、探索、发现古物的活动。这类活动跟资本的全球扩张有关。没有资本扩张，就没有考古。

2. Excavation，是动词Excavate加后缀-tion，名词化，意思是action or process of excavating，即一种跟挖掘有关的行为和过程。[1] 我把中文的"考古"和"考古学"分开，当两个词。"考古"指行动，"考古学"指学问。这门学问，不光靠野外发掘，还靠室内整理和室内研究。研究，从基础到高层，步步高，但田野工作永远是基础，行动仍然是第一步。考古学是一种知行合一、实践出真知，随时调整行动和思维的学问。这种特点最像军事学。军事最重行动，最重随机应变。

3. 现代学术，大趋势，越来越像工厂。现在就连最最人文的艺术创作都可以是工厂制作。比如电影，号称"梦幻工厂"。有人说，我国电影是"主旋律"加"好莱坞"，那是高成本，大制作，紧跟票房。考古虽不比电影，只花钱，不挣钱，不是挣钱的买卖，但同样靠团队作业，分工

---

[1] 盗墓（tomb robbing）也是"挖"。考古与盗墓有不解之缘。但目的、方法不一样。

协作，有一套复杂的生产流程。知识生产也有私有制，照样分劳心劳力、蓝领白领、老板和打工仔，"种瓜未必得瓜，种豆未必得豆"。电影结束，有滚动字幕，人名一大串，主次分明。考古报告是不是也要跟进，进一步细化？

4.考古学算什么学，学者争论不休。有人说，考古学是历史学。有人说，考古学是人类学。还有人说，考古学就是考古学。我理解，考古学是研究人类历史，不是小历史（成文史），而是大历史（史前史加成文史），范围大得很。它跟军事学有点像。军事学是综合性的学科，它与各门学科都有交叉，任何手段、任何知识，甚至心理学（兵不厌诈，斗心眼）都用得上。你无法说，它是自然科学，还是社会科学，或人文学术。特别是"兵法"（指挥艺术和战略研究），更难归类。大道理要靠许多小道理来支撑。

5.欧洲考古，上下五百年，与资本主义同步。[1]考古学是地理大发现以来，伴随资本扩张，与博物学、人种志、民族志、人类学、社会学、东方学一同发展起来。它是以欧洲人的考古活动为中心，最初只限欧洲本土和欧洲近邻。这种考古，向分三大类：古典考古、史前考古和近东考古。古典考古是南欧考古（希腊考古和罗马考古），史前考古是北欧考古（斯堪的纳维亚考古）和西欧考古（英法考古），近东考古是西亚、北非考古（以英、法为主的考古），欧洲近邻的考古。柴尔德最清楚，没有东欧、俄国的考古，不能叫欧洲考古。

---

[1] 很多年前，在一个学术会议上，我见到美国左翼学者德里克（Arif Dirlik）教授。他问我，中文系做文学批评和文艺理论，是不是在批判资本主义，我说不太清楚。他说，考古学跟殖民史关系最深，考古系总该批吧，我说毫无迹象。

6. 考古学有话语权，此事与资本霸权有关。意大利是资本主义发祥地，也是文艺复兴的起源地，古典考古曾经很时髦。西欧、北欧缺古典遗存，只能拿史前遗存做文章，自大西洋海上霸权崛起，反而后来居上，史前考古成为正宗。近东考古，参与的国家很多，英、法分治中东，两国最有发言权。20世纪有两次世界大战，第一次大战打出个"英国和平"，第二次大战打出个"美国和平"，霸权转移。美式过程考古学取代英式文化—历史考古学，美式中国学取代法式老汉学，也在情理之中。

7. 世界考古分三大块：一块是欧亚大陆西段的考古，即欧洲考古和近东考古(包括西亚、北非)；一块是欧亚大陆东段的考古，即泛称的远东考古(含北亚、东北亚、南亚、东南亚、中亚)；一块是非洲、大洋洲和美洲的考古，最典型的殖民地考古。人类学家和考古学家对欧洲考古和近东考古最熟悉，对南亚考古和东南亚考古也比较熟悉(南亚是英国殖民地，东南亚是英、法殖民地)。他们对殖民地考古最感兴趣，[1]对中国考古和俄罗斯考古相对陌生，最多偏见(汤因比称这两国为最后的"红色帝国")。[2]

8. 欧亚大陆，总面积为5475.9万平方公里。其西段，欧洲加西亚、北非，面积为1739.7万平方公里，约占欧亚大陆总面积的31.7%；其东段，北亚、东北亚、南亚、东南亚加中亚，约占欧亚大陆总面积的68.3%。中国和中国周边，即使不算日本、朝鲜、南亚、东南亚，光

---

[1] "未开化民"最容易接受"教化"，对史前考古最有参考价值。
[2] 欧洲人的"仇俄"情节，既有历史背景(西罗马与东罗马矛盾)，也有现实原因(共产主义)。中国和西方并非世仇，"反华"是因"反共"。

把俄国的亚洲部分、蒙古国和中亚五国加一块儿，就占欧亚大陆总面积的51%。没有这七国的考古，不能叫世界考古。丹尼尔说，世界考古的希望在中国。其实更正确地说，是在中国和中国所在的远东地区，他们最陌生的地方。

9. 世界考古学史可粗分为四段。1819年是一道线，丹麦国家博物馆于此年开馆，此前是古物学，此后是早期考古学；1859年是一道线，达尔文《物种起源》于此年出版，此前是早期考古学，此后是进化考古学。[1] 20世纪上半叶，流行文化—历史考古学，1925年柴尔德的《欧洲文明的曙光》是标志；20世纪下半叶，流行过程考古学和后过程考古学，1962年宾福德的《作为人类学的考古学》是标志。柴尔德是以综述欧洲全境的考古学文化，探讨欧洲文明的起源而著称；宾福德是以研究美洲旧石器考古的理论而著称。

10. 考古也有时尚。西人好以我划线论新旧，把新旧搞得很对立、很夸张。如古物学是旧，考古学是新；文化—历史考古学是旧，过程考古学是新。过程考古学出，不到十年，又有后过程考古学，比它更新，只好叫后新考古学，或新新考古学。历史进步，先进和落后经常换位，古人云，"譬如积薪，后来居上"。两者的关系，不是登高去梯、数典忘祖。如考古学出，古物学亦不废，反而成为考古学的一部分。过程考古学出，文化—历史考古学也还是基础。高楼万丈平地起，高楼不是空中楼阁，下面要有坚实的基础。

---

[1] 进化考古学，也叫达尔文考古学(Darwinian Archaeology)。参看科林·伦福儒、保罗·巴恩主编的《考古学：关键概念》，陈胜前译，60—64页。

11. 读世界考古学史，论者曰：古物学是前考古学，不懂科学发掘；进化考古学，导致直线发展观和种族主义；文化—历史考古学导致传播论和民族主义，总是"昨日之我与今日之我战"，今是而昨非。实际上，古与今、前与后，你中有我，我中有你。新旧关系，多半是推陈出新，而不是弃旧图新。《兰亭序》："后之视今，亦犹今之视昔。"古今一体，人心同理，这是历史学的基本道理，也是人类学的基本道理。考古从现代地层，一层层往下挖，古代就在你的脚下。古代离我们并不远。

12. 考古学是一部人类自我认识的历史。最初，欧洲人认祖归宗，认为希腊、罗马是欧洲文明的源头。这是文艺复兴和古典考古的认识。后来，欧洲人发现，近东文明更古老，又转而认为欧洲文明是从埃及、两河流域和小亚细亚传过来的。这是《圣经》考古和近东考古的认识。再后来，欧洲人发现，欧洲本土同样很古老，欧洲文明有自己的源头，它受惠于东方，反而后来居上。再后来，他们发现，亚、非、澳、美还有更原始的生活，更像是大家的祖宗。这是人类学和民族学的启示。

13. 考古理论，代为沉浮。独源和多源，进化和传播，外因和内因，并非水火不容，关键是看它针对什么。比如进化论，出发点是反宗教，讲科学，把人类史放进自然史中，跟植物、动物、地质环境搁一块儿研究。这对史前考古学的形成很关键，即使今天，也还是史前考古学的基本思路。但自然法则不等于社会法则，物种优劣不等于种族优劣，此说发展为社会达尔文主义和种族主义，又有负面影响。

14. 考古文化就像传染病，有输入，有扩散，就像眼前的COVID-19。地是死的，人是活的。只要有贸易，有战争，有人口流动，就有传播，特别是人口密集的地方，交通要道和贸易集散地，宗教圣地和国际大都市。传播肯定有，不能完全抹杀。问题不在有没有迁徙，有没有传播，本土起源和外来影响哪个更重要，而在中心与边缘如何形成，从点到线，从线到面，形成一定的传播范围，施有施的背景，受有受的背景，怎样互动、对接、融合，有伸有缩，有进有退，这是个双向和多边的历史过程。

15. 独源、多源之争在所有起源问题上都存在。地方主义往往强调本土起源，世界主义往往强调传播。江河都是百川所汇，源头很多。徐霞客有"河源唯远"说，以远源为源。柴尔德曾强调，欧洲文明落后于东方，受惠于东方，但后来居上，他是把欧洲放在欧、亚、非三洲的关系中来考虑，这是从世界主义的角度看问题。晚年，他开始告诫后人，不要把一切归因于传播和外因，但并非放弃传播说。汤因比讲世界21个文明平行独立发展，表面是多线，其实是单线，多线只是单线的集合，柴尔德曾批评此说。

16. 过程考古学批评文化—历史考古学，主要批评它的考古文化概念。[1] 这一概念是由柴尔德确立。柴尔德受蒙特留斯和科西纳影响。蒙特留斯讲类型学是给器物分类，科西纳讲文化圈是给考古文化分类。他把史前考古文化与历史时期的族群甚至现代族群挂钩，后来被纳粹考古利用。德国人讲泛日耳曼文化，意大利讲泛罗马文化，日本人讲大东亚共荣圈，这是滥用文化圈概念。柴尔德的"欧洲文化东来说"恰恰是用来抵制这类概念。考古文化还是个很有价值至今也很有用的概念。中国传

---

[1] 关于考古文化的概念的形成，参看特里格《考古学思想史》(第二版)，179—181页。

统，族是文化概念。

17. 文化—历史考古学的"老三论"各有来源，地层学借自地质学，类型学借自生物分类学，模仿生物分类学，按纲目科属种，建动植物（包括人类）的进化谱系。器物分类，可按材质、器形、纹饰、风格、功能分，考古文化讲综合特征，属更高层次。过程考古学讲"透物见人"，柴尔德也讲。他讲排队，讲分类，不是为排队而排队，为分类而分类，而是希望通过这类基础工作，探讨考古遗存背后的各种"人群"。他更关心的"人"不是"吃喝拉撒睡"的"人"，而是"人类社会"的"人"，"人以群分"的"人"。

18. 柴尔德是古典学出身的考古学家，最初重陶器、铜器，轻石器、骨器，后来探索欧洲文明从哪儿来往哪儿去，带有更多人文性质和历史性质。它与过程考古学不同，目标在下不在上，他更关心"走出伊甸园"，而不是"返回伊甸园"。兴趣不在狩猎采集社会，而在农业如何发生，城市如何发生；不在寻找类似自然科学的"通则"，而在研究人类如何创造自身，目标更接近社科院考古所的研究，而不是中科院古脊椎动物和古人类所的研究。柴尔德有强烈的现实关怀和马克思主义立场，这使他有别于其他史前学家。

19. 研究考古，大家都想找到一些带有普遍规律性的东西，但社会科学和自然科学不一样。1985年5月29日，夏鼐见宾福德，问他找到这种东西了吗，宾福德承认，他和他一派的人还没找到。考古学发展到今天，真正普遍接受、经常使用的概念，大概只有两说：一是汤姆森的"三期说"；二是柴尔德的"两个革命说"（新石器革命和城市革命），前者是古物学的遗产，后者是文化—历史考古学的遗产。柴尔德想把两者整合在一起。这两条总结有很多变例，不断被细化，但至今不废。

20．中国考古有"夏苏异同""俞张异同"。夏、苏二公，一个留过洋，一个没留过，一个来自"中研院"，一个来自北研院，学术经历不同，各有各的兴趣，各有各的风格，但1950年，从建所第一天，他们就在一起，共同参与了这个所的创设。他们对考古学的理解，在大方向上是一致的。他们都热爱新中国，都服膺马克思主义，都把考古事业当国家领导的公益事业。"改开"以来，中国的考古事业面临市场化、私有化、旅游化的全面冲击，他们都抵制这股不正之风，都反对日益猖獗的盗掘盗卖。

21．1949年后的中国考古学应如何定位？有三种不同看法。俞伟超认为，它是以"老三论"（层位论、形态论、文化论）为代表的文化—历史考古学，即"新考古学"之前的传统考古学。这种考古学，与世隔绝三十年，完全落伍，应当回归世界考古的主流，走"新考古学之路"。张忠培认为，"老考古学"未必一无是处，"新考古学"也未必天经地义，没必要妄自菲薄，盲目跟风。杜正胜则认为，它是史语所传统的延续，仍属傅斯年倡导的"新史学之路"，中国大陆应回归台湾史语所代表的"考古正宗"。

22．中国考古，1949年以前和1949年以后确实有历史继承性。一是管理体制，两者都是国家体制，文物归国家管，考古归国家管；二是新机构的班底，最初是起用老人；三是学术传统，两者都强调"重修国史""史学取向"，欧美汉学家称之为"民族主义"。但1949年后，中国考古的风水宝地在大陆，台湾除了原住民考古，只能吃"剩饭"。新中国考古早已改地换天，不可能重走"新史学之路"。"新考古学"是美国特色的考古学，异说纷呈，值得参考，但不必亦步亦趋，跟在"新考古学"

的屁股后面跑。

23. 张光直说，考古学分材料、技术、方法、理论四层次，理论和前三个层次不同，理论有立场。大家说，中国考古是柴尔德式的考古。柴尔德说，他是用马克思的唯物史观讲考古，他就有立场。马克思一生致力于当代社会的批判。私有制是几千年都搬不动的大山，只有《共产党宣言》说，消灭私有制，解放劳动者。马克思的唯物史观完成于1845年的《德意志意识形态》，以后多以提纲式简述，反复见于恩格斯的序跋。马克思用唯物史观研究历史，代表作是《资本论》，还有好几部讲当代史的著作。

24. 马克思主义对中国考古影响最大，[1]一是唯物史观，二是《家庭、私有制和国家的起源》。很多人以为，马克思的唯物史观就是"唯物质主义历史观"，其"社会经济形态"说是"经济决定论"，人类历史，无论什么地方，都是按《联共(布)党史简明教程》的"五种社会形态"说发展，学者或削足适履，套欧洲模式，在中国找奴隶，找农奴，或以"亚细亚生产方式"解释中国特色，都是教条主义的理解。[2]这类理解的最大错误，就是把欧洲历史发展的模式当成世界历史发展的模式。

25. 马克思说的"社会经济形态"，最初叫"所有制"。"部落所有制"指亚细亚，"古代公社所有制和国家所有制"指希腊、罗马，"封建的或等级的所有制"指日耳曼，三种"所有制"对应于三种历史文化。这不是马克思的发明，黑格尔的《历史哲学》就这么讲。他把亚细亚当正题，希

---

[1] 中国翻译史，译介最多，除汉唐佛教译经，就数马克思主义的书。马克思主义是中国最大的西学。
[2] 或说，不信教条主义，只信"实事求是"，就是马克思主义。"实事求是"见《汉书·刘德传》，是古代成语，马克思以前早有，不能等同于马克思主义。马克思主义不是实证主义。

腊、罗马当反题，日耳曼当合题。欧洲考古分近东考古、古典考古（南欧考古）、史前考古（北欧考古），正是对应于这种三分法。[1]这是19世纪欧洲历史学通用的老三段，但马克思没说，全世界都得按这个老三段来发展。

26. 现代人类学家不喜欢"蒙昧""野蛮""文明"这类词，[2]也不喜欢使用"剥削""压迫"一类阶级斗争术语，宁愿把"文明社会"叫"复杂社会"。其实这只是换个说法。摩尔根用民族志"三期说"配汤姆森"三期说"，属于"透物见人"的最初尝试。几千年来，大家相信，家庭、私有制的存在是天经地义，没人知道它从哪儿来，到哪儿去，恩格斯的《家庭、私有制和国家的起源》把核心家庭、私有制和国家当"文明社会"的三位一体，对它刨根问底，其实很有意义。柴尔德看得很准，该书第九章是全书的总结和重点所在。

27. 恩格斯写过《劳动在从猿到人转变过程中的作用》。他对"劳动"的强调，跟他的政治立场有关。人类起源，基因说、化石说，有很多争论，这是双古所研究的大问题，旧石器考古的大问题。现代学者说，动物也会劳动，如老鹰会从空中往下摔乌龟，猴子会用石块砸坚果。还有人说，从猿到人，不是劳动创造人，而是肉创造人，理由是：吃肉跟大

---

[1] 欧洲人的三类考古，近东考古相当黑格尔的"亚细亚"，古典考古相当黑格尔的"希腊、罗马"，史前考古相当黑格尔的"日耳曼"（北欧"蛮族"的笼统称谓）。史前考古最初是为北欧"蛮族"寻根问祖。
[2] 张光直说，"我认为'野蛮'和'文明'这两个词是不合适的。蒙昧（savagery）、野蛮（barbarism）和文明（civilization）是摩尔根在《古代社会》里所用的名词。在英文中，Savagery和Barbarism两个词的意思相近，都是不文明的意思。但在实际上，原始人的行为、人与人之间的关系以及对动物的态度等，比所谓文明人要文明得多。我们也知道：战争、人和人之间的暴力关系只是到了文明时代才愈演愈烈的。从这个意义上看，倒是把野蛮时代和文明时代的顺序颠倒过来才算合适。因此我觉得，这些词无论是翻译还是原文都有问题。这些名词给我们一种先入为主的偏见，容易造成我们对自己祖先的成见"。见氏著《考古学专题六讲》，18页，注[1]。

脑进化有关，劳动不会造成遗传变异，吃肉会。但有个小孩问，肉从哪里来？问得好。旧石器是干什么用的？打猎。不打猎，没肉吃。打猎不是劳动吗？

28. 中国古语，"家"是"私"，"国"是"公"。摩尔根的《古代社会》是一部人类学经典。王铭铭写过一本书，《从经典到教条》。[1]大家说的"教条"主要是指摩尔根的"婚姻形态"五段说。其实《家庭、私有制和国家的起源》一书，重点不在婚姻形态的演变，而在一夫一妻制的产生，以及它跟私有制的关系。如《共产党宣言》就是把"消灭私有制"与"消灭家庭"相提并论，因而一直被反共宣传诬为"共产共妻"。或说，人跟鸟差不多，早就一夫一妻制，但男性统治女性，把家当私有制的基本单位，并非从来如此。[2]

29. 有人说，史前社会未必和谐，打打闹闹，比现代更暴力。[3]但

---

[1] 王铭铭《从经典到教条》，北京：生活·读书·新知三联书店，2020年。

[2] 郑也夫说，"鸟类的91%是一夫一妻制，灵长类是18%，何以哺乳动物只有3%？原因不一而足。而其中一个原因是一夫一妻制不利于一些物种有效地逃避或抵抗天敌的捕食"。他说，"为对抗天敌发明武器，为内部秩序建立乱伦禁忌"才是人类走向一夫一妻制中的主要原因。参看郑也夫《文明是副产品》，北京：中信出版社，2015年，第一章。案：谢拉特（1946—2006年）有"副产品革命说"，见 Andrew Sherratt, *Economy and Society in Prehistoric Europe*, Edinburgh : Edinburgh University Press, 1997。

[3] 陈胜前提到，"著名学者伊恩·莫里斯（Ian Morris）、史蒂芬·平克（Steven Pinker）等都提出人类社会越来越和平，而不是越来越暴力了，立论的重要基石就是史前社会更加暴力。得出这样的结论自然需要考古学的研究。伊恩·莫里斯本来就是考古学出身（博士读的是考古学方向），他的研究从史前狩猎采集社会一直到当代社会，跨越数百万年。他注意到狩猎采集者可以容忍暴力，但不能容忍不平等；农业社会相对更能容忍不平等，不能容忍暴力；现代社会是两者都不能容忍"。见氏著《人之追问：来自史前考古学的思考》，北京：生活·读书·新知三联书店，2019年，2页。案：当今世界，"和平"即"核平"（核武器的平衡）。当年，美国在广岛、长崎投原子弹，有人说，原子弹真是好东西，多杀人才能少死人。难怪有人说，杀人即救人，战争即和平。"人类社会越来越和平"，含义不过如此。

暴力分"公斗""私斗"。[1]史前社会的人为食、色、地盘大打出手，跟动物差不多，类似现在的街头斗殴、黑帮火并，那叫"私斗"。"公斗"不同，"文明社会"的暴力，那是由国家批准、国家组织和国家行使的暴力。[2]国家暴力，特点是以"公斗"代"私斗"，"公斗"禁"私斗"。这两种暴力有本质区别。文明社会的"和平"都是由国家出面，以杀止杀，以战止战。它丝毫不能证明，上述"三位一体"如何"永恒""神圣"。

30. 马克思认为国家机器是个保护私有财产、镇压敌对阶级反抗的发明，至今谁也不能证明它不是如此。历史上的统治者，僧侣也好，武士也好，他们都是以"公"的形式维护他们的"私"。中国古语，"国"就是"公"，"官"就是代表"公"。"公"是由"官"维护社会秩序，或不平等的"公平"，既保证少数人对社会财富的绝对垄断，又通过社会财富的再分配，调节贫富。既维护不均，又调节不均。这就是孔子说的"丘也闻有国有家者，不患寡而患不均，不患贫而患不安"（《论语·季氏》）。

31. 现代考古学家喜欢讲"复杂社会"，不喜欢讲"阶级社会"。但社会再怎么复杂，也无法掩盖剥削、压迫和不平等的存在。"昔有霍家奴，姓冯名子都"。冯子都，好吃好喝，有钱有势，"依倚将军势，调笑酒家

---

[1] 如《史记·商君列传》："民勇于公战，怯于私斗，乡邑大治。"魏源《海国图志》："兵者，是用武以伸吾之道理。有公斗、私斗。公斗系两国所兴之兵，私斗乃二家所怀之忿。"

[2] Mark Edward Lewis, *Sanctioned Violence in Early China*, Albany: State University of New York Press, 1990. 案：Sanction既含批准、许可之义，也含惩罚、制裁之义。现在的美国，到处滥用制裁。Sanctioned Violence是用战争代替刑罚、公斗代替私斗，假托天意，由国家批准和认可的暴力，犹古语所谓"天罚"。

胡"。欺负"奴"的"奴"，也还是"奴"。现代史学，不管如何细化其研究，仍无法否认，"文明社会"一直不怎么"文明"，始终存在各种各样的"奴役"。马克思对社会经济生活的重视，对社会经济基础的重视，对社会下层的重视，对"劳动形态"的重视，至今仍是研究社会历史的切入点。

32. 夏鼐有个梦，有点像孔子的"周公之梦"。他希望，中国的考古事业最后能"天下归心"，归"一元化领导"。当年，夏鼐跟吴金鼎夫妇和曾昭燏聚餐伦敦顺东楼。他说，"我以为五年中吾人应提倡发掘，今日则应禁止乱掘，让未受训练的人大规模地乱掘，为害较乡人盗掘更甚。又谓中央古物保管委员会、中央博物院及中研院考古组，现为三位一体，但在组织上言之应归为一。否则如落在互相敌视的三个人手中，将来将一事无可为"。这种"三分归一统"的想法，一直是他的核心思想。[1]

33. 1949年后，新中国的考古也分三大系统：一是中科院古脊椎动物与古人类研究所和社科院考古所；二是国家文物局领导的地方考古所；三是高校的考古文博院系。中科院古脊椎动物与古人类研究所以旧石器为主，社科院考古所以新石器、三代和三代以下为主，地方考古所以地区性的考古研究为主，高校的考古文博院系以培养考古人才为主。1985年以前，第一个系统曾独领风骚，但以后呢，考古多元化，成为大趋势，后两个系统，地位不断上升。考古学"三分归一统"，最后是一统于国

---

[1]《夏鼐日记》1937年6月6日（卷二，112页）。

家，不是某一单位。[1]

34. 中国考古的特色是什么？我想，第一，中国地大物博、民族林立，青铜礼器、文字系统、占卜系统、城市系统特别发达，对象本身就很有特色；第二，中国考古，以"五大发现"、西域南海史地之学、罗王之学、疑古运动、族团说为背景，学术传统也很有特色；第三，西方考古对中国的影响，主要在史前考古。历史考古是与中国古物学和中国自己学术传统对接，靠土法上马、土洋结合，自起炉灶。美国考古是美国特色的考古，中国考古是中国特色的考古，研究对象不同，研究方法不必强求一致。

35. 冷战时期，中国与西方隔绝，不光是中国的不幸，也是西方的不幸，损失更大是西方。因为中国考古是研究中国的考古，而不是研究其他地方的考古。中国失去的只是西方理论，而西方失去的却是中国本身。没有中国，还谈什么中国考古？没有中国考古的"世界考古"不能叫"世界考古"。1949至1979年，这三十年里，中国和中国考古，自力更生，艰苦卓绝，即使"文革"十年，也只是短暂停顿。[2]1970年代，战云密布，但"深挖洞，广积粮，不称霸"，虽有运动干扰，考古照样"大丰收"。

36. 研究中国，离不开世界。中国位于欧亚大陆东部，由近及远，关系最直接，一是中国的四大边疆(东北三省、内蒙古、新疆和青藏高

---

[1] 1958年，尹达总结大跃进的形势，说"各省皆将成立分院及历史(考古)研究所"，见《夏鼐日记》1958年4月13日(卷五，364页)。案：各省成立中国科学院分院和在分院下设考古所只是一时，后来的地方考古所是归文物局领导，但考古多元化，毕竟是大势所趋。

[2] "文革"十年，只有1966年下半年到1970年这一段是停顿。参看《夏鼐日记》卷七，218—271页。

原),二是东北亚四国(俄罗斯的远东地区、蒙古、朝鲜、日本),三是古之所谓西域(中亚五国、巴基斯坦、阿富汗、伊朗),四是古之所谓南海(东南亚、南亚)。俄罗斯考古,以及与俄罗斯关系密切的蒙古考古和中亚考古,占了很大一块,最值得重视。欧洲、近东、非洲、大洋洲和美洲,远了点。远亲不如近邻。考古,离开对象,没有材料,理论、技术将无所附丽。[1]

37. 夏鼐留学英国,考古理论受柴尔德影响,田野方法受惠勒影响,并有近东考古的全面训练。他就考古理论写文章,多半出于工作需要,并非个人兴趣,讲义教材类的文章多采英国、苏联、日本等国成说,原创成分比较少,目的是统一学术规范,严格学术训练,让从业者知所依从,中规中矩。他领导和组织的中国考古事业,主要属于20世纪上半叶的考古学传统。这个定位没错,但我们到底"落后"在哪里,他们到底"先进"在哪里,却值得讨论。20世纪后半叶的考古理论,异说纷呈,还要慢慢消化。

38. 考古文化是文化—历史考古学的核心概念。柴尔德兼顾人、地、时。夏鼐两次讲考古文化定名,主要强调三点:一是约定俗成,不必刻意求深;二是应以考古遗存的综合特征为依据,而不是抓住个别特征;三是最好采用地点命名法(如仰韶文化),而不是特征命名法(如彩陶文化)。史前文化,族属不明,以地点命名为宜,不等于没有族;但如"小屯文化",既已进入历史时期,族属明确,就不必这么叫了,最好叫"殷

---

[1] 当年,科西纳关心日耳曼考古(莱茵河流域),柴尔德关心东欧考古(多瑙河流域)和苏联考古,中东欧和苏联是欧洲政治的敏感地区,也是欧洲考古的软肋。他的《欧洲文明的曙光》《史前的多瑙河》就是以此而出名。

商文化"。但考古文化有交叉，你中有我，我中有你，文化之间有跨文化，文化内部有类型和文化要素。

39. 苏秉琦的区系类型说对中国考古影响很大，特别是夏鼐去世后。张光直认同这一总结，称之为"文化互动圈"。此说在考古文化谱系上下功夫，亦属文化—历史考古学的大范畴。它不仅是对中国史前文化的总结，也为三代考古提供大背景，前后是打通的概念。这一思路跟柴尔德有关，不等于科西纳的"文化圈"，更不等于科西纳后学的纳粹考古学。"疑古运动"破古史，考古学登场，年代问题一时解决不了，于是有各种"族团说"，侧重族群的空间分布。苏氏之说有徐旭生的影子。

40. 苏秉琦的六大区系，让我想起中国的菜系。菜系是按地区分。八大菜系是解放后才有，据说"文革"后才流行，偏重奢华吃喝，不一定真能反映各地区的特点。但各地区的食材、厨艺、菜品、口味与一定的人群分布有关，可以肯定。中国吃喝，有早有晚，如所谓"脍炙人口"的"脍炙"，肯定很早，川菜、湘菜主辣，肯定早不了。鲁菜，北京人也吃。清真菜是回民的菜，各地都有。很多吃法，你中有我、我中有你，非常复杂，[1] 关键是看综合特征归纳得对不对。

41. 中国考古国际化，张光直是主要推手。他对美国考古新思潮的介绍，在中国年轻学者中刮过一阵风，为中国补了理论课。美国的理论

---

[1] 给吃喝分区系，难就难在人是活的，地是死的。什么是演化，什么是传播，很难分辨。小时候，我妈妈常给我做"苦累"（也叫"傀儡"，更普通的名称是"蒸菜"），这种吃法主要流行于山西、河北，太行山两侧，但其他地区也有。我在北京吃清真菜，回民到处都有，不是回民，也吃清真菜。有些吃法，让我想起考古学上的"跨文化现象"。有些吃法，让我想起同一"考古学文化"下的"文化类型"或"文化要素"。

源自美洲考古的经验，异说纷纭，莫衷一是，他并不迷信。他自己的研究有双重背景，台大、史语所的背景和耶鲁、哈佛的背景。他以泛萨满说为枢纽，把亚洲、美洲归一堆儿，视为一端；把欧洲、近东归一堆儿，视为另一端，对我有启发。但他受杜维明"存有连续"说（源自宋儒的"天人合一"说）影响，把前者定义为"天人合一"，后者定义为"天人分裂"。我不大赞同。[1]

42. 中国考古与西方考古不同，关键不在先进、落后，而在体制不同。新中国为文物立法，土地国有，一切地下文物归国家所有，考古文博事业由国家掌控，当公益事业，这是根本不同。尽管"改开"以来，中国与世界"接轨"，文物拍卖、文物市场、私人收藏、私人博物馆很热闹，盗墓和文物走私十分猖獗，[2]但新中国成立之初立下的规矩毕竟尚未取消，它与西方的考古和博物馆在体制上仍有区别，关键是"公""私"概念不同。[3]西方博物馆的藏品有另一套历史背景和产供销一条龙。此不可不察也。

---

[1] 李零《中国方术续考》（典藏本），北京：中华书局，2019年，8—14页。

[2] 文物盗掘和文物走私是殖民时代的噩梦。中国曾经摆脱过这个噩梦，现在又转回去了。文物买卖会助长盗墓，正像象牙、犀角的交易会助长偷猎一样。

[3] 张光直说，"美国也许是实际上惟一的没有法律保护古代文物的大国，这一点简直让人无法忍受"，见氏著《考古学——关于其若干基本概念和理论的再思考》，曹兵武译，沈阳：辽宁教育出版社，2002年，110页。

后记

从去年开始，新冠肺炎（Corona Virus Disease 2019，简称COVID-19）肆虐全球，死了很多人，开会、聚餐、体育、娱乐，一切热闹事全都消停了。今年春节，街上空空荡荡，非常宁静。

每天在家猫着，靠读书打发时光。

电视，每天都有个杨梅状或水雷式的东西出现，专家在讲病源病理、传播途径、外防输入、内防扩散。这让我浮想联翩，想起考古学上的演化传播之争、独源多源之争，想起苏秉琦喜欢说的原生、次生、续生……

天下熙熙，皆为利来；天下攘攘，皆为利往（《史记·货殖列传》）。

文明就像传染病，文明就是传染病。

托夫勒的《第三次浪潮》预言，将来的世界，没人上学，没人上班，学校、工厂、写字间、办公楼，所有人类扎堆儿的地方全都成了多余，大家都变隐士，宅在家里，一切都在电脑终端自己家里办，连足球都没了，遑论革命……

上世纪80年代，各单位曾组织学习，拼了老命，也要赶上这个浪潮。我一直以为，这都是胡说八道。别的不说，老板能答应吗？

想不到，眼前的一切，还真是这般模样。

我把一堆跟考古学史有关的书码在书桌左前方的书架上，一本本翻，一本本看，回味百年来的中国考古、世界考古，特别是我身边的考古学界，一个个我曾经见过现已远去的前辈。

秋天到了，大树飘零。冬天到了，树叶差不多都已落光。

他们还活在他们的书里。

眼前的世界跟考古有关系吗?太有关系了。考古就是研究人怎么来的,怎么想起种庄稼养牲口,搬到城里住,最后发展成蜂房蚁穴般,人挤人,人㧟人,车水马龙,人流物流,天上飞的,地上跑的,水里游的,全都围绕一个钱字。

有人说,将来的人都住在城里,农村不复存在。绿色农业,让梯田上楼,水渠上楼,一推门,一开窗,满目瓜果蔬菜(如新加坡的"绿色天空")。

打开电视,有个消息,连猪都上了楼,什么地方盖了养猪大楼……

"文明"是怎么来的,"文明"跟"病"是什么关系?"文明病"的病源在哪里,怎么输入,怎么扩散,乐极生悲,否极泰来,一会儿哭,一会儿笑,笑完再哭,哭完了再笑……全都跟考古有关。

考古博大,有如沧海。我们的生命太渺小,跟它相比,只是沧海一粟。

东临碣石,以观沧海……日月之行,若出其中。星汉灿烂,若出其里。(《观沧海》)

曹操的诗写得真好。它让我想起一个考古学家的名字。

考古,充满细节,似乎只是个埋头苦干、挖山不止的活儿,读书太累,思考太多余。其实,考古这本书,它是需要读也需要想的。求知和悟道,一样不能少。它跟读古书是一个道理。古人把书写出来,总得有人读,有人想。没人读,没人想,写它干吗?

魂断蓝山

孔子说，"学而不思则罔，思而不学则殆"（《论语·为政》）。书，光读不想，越读越糊涂；舍书不读，胡思乱想，又非常危险。怎么办？

还是老子说得好。《古籍新书报》百期纪念、中华书局百年庆，我借他的话（见今本《老子》第四十八章）写过贺词：

"为学日益，为道日损"，古书常读常新。

"为学日益"，是说学习知识，靠日积月累，做加法。
"为道日损"，是说琢磨道理，靠损之又损，做减法。
"古书常读常新"，才有经典。《老子》五千言，就是这么损出来的。经典的意思，就是常读常新。

古人云："苟日新，日日新，又日新。"（《礼记·大学》）用大家更熟悉的一句话讲，就是"好好学习，天天向上"。读书是个慢功夫，慢慢读，慢慢想，每天都有进步。它让我想起另一个考古学家的名字。

厚积才能薄发。书，越写越薄才是本事。
我还做不到。

2020年3月3日写于北京蓝旗营寓所
2022年2月1日，全书修改杀青
又是一个春节，疫情仍未结束
百年考古，有如一眨眼

Copyright © 2023 by Life Bookstore Publishing Co., Ltd.
All Rights Reserved.
本作品版权由生活书店出版有限公司所有。
未经许可,不得翻印。

图书在版编目(CIP)数据

考古笔记:疫中读书记/李零著. — 北京:生活书店出版有限公司,2023.9
ISBN 978-7-80768-395-7

Ⅰ.①考… Ⅱ.①李… Ⅲ.①考古学-文集 Ⅳ.①K85-53

中国版本图书馆CIP数据核字(2022)第228676号